Geschlechts-Geschichte Des Hochadelichen Hauses Von Campe Auf Isenbuttel Und Wettmarshagen, Etc.

J. H. Steffens

Geschlechts = Geschichte

des

Hochadelichen Hauses

von Campe

auf Isenbüttel und Wettmarshagen ꝛc.

nebst

dazu gehörigen Stammtafeln, Wapen, Siegeln, und
andern größten Theils noch ungedruckten Urkunden
und Nachrichten

zusammen getragen von

J. H. Steffens

Rector der Zell. Schule.

Zelle,

gedruckt mit Schulzischen Schriften. 1783.

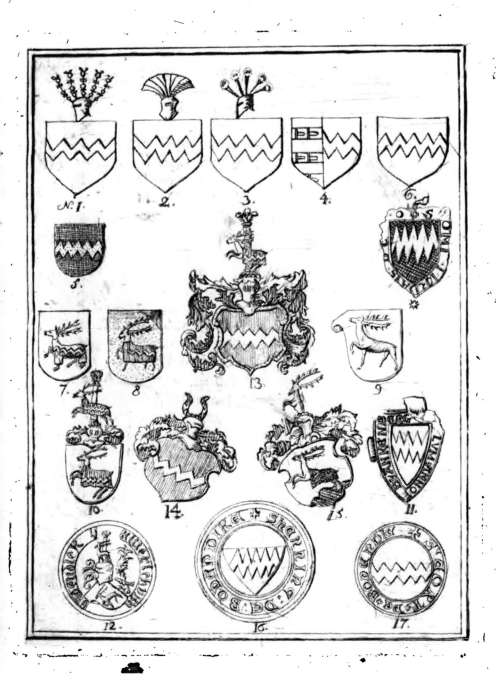

Verzeichniß der Kupfer.

Einleitung.

Eigene Verdienste, nebst den angestammten Vorzügen der Geburt und des Alterthums so vieler noch blühenden Adelichen, Rittermäßigen Geschlechter in den Braunschweig-Lüneburgischen Landen, machen dieselben so respectabel, daß es auch schon der Wahl eines Panegyristen oft schwer fallen würde, wenn es darauf ankäme, zu entscheiden, welches vor andern reichhaltiger an Stoff für seine Bearbeitung seyn mögte. Verwandt sind sie fast alle unter einander, das eine mehr oder weniger; nur diese Verwandschaft richtig zu bestimmen, die Abstammung der Descendenten von ihren Vorfahren nicht muthmaßlich, sondern mit Gewißheit anzugeben, das Ahnen-Register so weit in die grauen Zeiten zurück zuführen, als die zuverläßigen Quellen reichen, das ist die Arbeit des Genealogisten. Redneri-

A

nerische, weit gesuchte Ausschmückungen werde ich nicht
nöthig haben, da mir aufgetragen ist, die Geschlechts-
Geschichte des weiland Königl. Churfürstl. Braunschweig-Lüneburgischen Herrn Hofrichters zu Zelle,
Herrn Heinrich Wilhelm August von Campe,
Erbherrn auf Isenbüttel, Wettmarshagen und Neun-
hagen, Land- und Licent-Commißär zu Fallersleben,
Oberhauptmann und Amtsvoigt zu Eicklingen, genea-
logisch abzufassen. Denn, sobald man diesen Namen
nennt, weiß auch schon ein jeder, daß dieses Geschlecht
eines der ältesten und ausgebreitesten in den hiesigen
benachbarten Landen sey; aber um so viel schwerer wird
die Vollführung.

Bekanntermaßen sind seit langen Zeiten die Herren von Campen und von dem Campe auf Isenbüttel und Wettmarshagen nicht die einzigen, welche
diesen Geschlechts-Namen führen; man weiß, daß noch
andere gleiches Namens in dem Herzogthum Bremen,
jetzt zu Aschwerden ihren Sitz haben a).

Andere im Herzogthum Wolfenbüttel, auf Kirchberg, b) andere in der ehemaligen Grafschaft Eberstein, auf Deensen, c) noch andere in der Grafschaft Wölpe, zum Poggenhagen, d) derer zu geschweigen, die unter eben diesem Namen zu Bremen, Lübek
und Lüneburg Patricien gewesen sind.

Soll-

a) Ihre Genealogie beschreibt Mushard in monumen-
tis Nobil. Bremens, p. 178.
b) Harenbergs histor. Gandersch. p. 1041, 1554, 1369.
c) Letzners Daßelsche Chronik. p. 188.
d) Scheidts Anmerkung zu Mosers Staatsrechte. p. 406.

aber diese verschiedene Familien wol so sehr von einander unterschieden seyn, daß sie sich gar nicht in einem Stamme vereinigen ließen? Es wäre zu wünschen, daß der orthographische Unterschied in den Namen Campe, Campen, Kampe, e) von einiger Bedeutung seyn möchte. Man könnte wenigstens bei einigen Vorfällen etwas apodictischer verfahren; man könnte alsdann, die Wappen zu Hülfe genommen, also bald wissen, bei welcher Familie eine in den Documenten gefundene Person zu suchen sei. Aber wird in den Urkunden auch das Wappen gesagt? Und wenn auch das wäre, würde sich aus den Wappen, wie sie jetzt sind, die Abstammung von dem Hauptstamme allezeit errathen lassen?

Es könnte geschehen, wenn sie nicht von jeher so vielen Abänderungen unterworfen gewesen wären. Fast eben so oft, als eine Stamm-Linie sich trennte, und sich in verschiedene Zweige oder Neben-Linien

A 2   aus=

e) Letztere Däßelsche Chronik p. 188. In unsern Lüneburgischen Vaterlande hat man drey unterschiedliche Adelgeschlechter, so die von Campe, etliche von Campen genannt werden; sie sind aber nicht alle einerley Geschlechts und Herkommens, wie das die Wappen, die Oerter, da sie wohnen, und die Final-Buchstaben e und n klärlich unterscheiden. Die Etymologie des Namens bleibt um deswegen doch immer dieselbe, und es ist sehr wahrscheinlich, daß nicht die Oerter von dem Besitzern, sondern umgekehrt, die Besitzer oft von den Oertern dieselben angenommen haben; dergleichen Beyspiele Pfeffinger in Vitriario illustrato T. II. p. 842 - 845 in großer Menge aufführt.

ausbreitete, wurden auch einige Abwechungen In Ansehung der Stammzeichen, Zierrathen und Farbe gemacht. Bald ward etwas weggelassen, bald etwas
hinzugesetzt, das etwa eine Beziehung auf die Aqui-
sition neuer Dynastien, Lehn, oder erheyrathete Güter hatte. Dem besten Turnier = Voigte und Ehren-
Holden ee) würde es vielleicht schwer, ja wol gar
unmöglich fallen, bloß aus dem vorgezeigten Wappen
mit Gewisheit zu entscheiden, zu welcher von den erstgenannten Linien oder Zweigen der von Campen,
dieser oder jener zu rechnen sei, und noch viel weniger läßt sich daraus das Ahnen = Register bis in die
ältesten Zeiten zurückführen. So sehr verändert sind
die Stamm = Zeichen der Wappen mit den Namen
auf unsere Zeiten gelanget. So hatte z. E. Ascho
unter dem Namen Aschuini de Blankenborch im
Jahr 1346 das Wappen mit einem Hirsch vermehrt,
welches Jordanus de Campok noch im Jahr 1305
in

ee) Die Turnier waren in den mittlern Zeiten zur Uebung
der Ritterschaft angestellte Kämpfe. Es ward niemand
zugelassen, dem ein Ritterlicher Mann den Kampf wei-
gern konnte, niemand, er sei denn von seinen vier Ahnen, Vater und Mutter edel, d. i. von väterlicher und
mütterlicher Seite vier Ahnen aufweisen könnte. Die
Alten waren darauf sehr aufmerksam. Es waren dazu
eigene Turnier = Voigte und Ehrenholden bestellt, welche auf alle und jede Wappen zeigen, auf Balken und
Sparren genau Acht geben, und solche untersuchen
mußten, damit eines jeden Geschlecht daraus mögte
erkannt werden, ob es ein Schild = oder Wappen = Ge-
nosse sey. Die Turniere sind zwar im Jahr 1487 in

in der Gestalt eines alten teutschen dreieckigten
Schilds geführt hatte, und gleichwohl waren beide
von einer Familie. Nach der Hand ist dieses Wappen auch noch mit einer Säule, Pfauenfedern und
andern Zierrathen bereichert worden f).

Wenn es blos mit der Aehnlichkeit des Namens ausgerichtet wäre, und man mit Wortspielen
zufrieden seyn wollte, so ließ sich vielleicht eben derselbe edle Römer Oselarius, der schon im Anfange
des ersten Jahrhunderts soll gelebt haben, eben so
leicht zum ersten Ahn-Herrn der Herrn von Campe
machen, als er für den Stamm-Vater der jetzt noch
noch blühenden adelichen Familie von Uslar angegeben wird. Denn von ihm soll Oslarius oder Uslarius de Doro Campo abstammen. Dieser wird

A 3　　　　　in

Abgang gerathen, aber hernach sind statt ihrer an Höfen die Caroussels, Ringelrennen u. d. gl. eingeführet
worden. Diejenigen, die dazu gelassen wurden, müßten
ihren Geburts-Adel nicht bloß mit 4 Ahnen beweisen,
sondern von väterlicher und mütterlicher Seite 8, und
endlich gar 16, und also insgesammt 32 Ahnen beibringen, und zwar nach dem Exempel der Dohm-Stif-
ter, welche, um den neuen Adel auszuschliessen, und den
Beweiß des alten stiftsmäßigen Geburts-Adels zu er-
schweren, diese Zahl erst vestgesetzt haben. Cramer de
jurib. nobilitatis avitæ. p. 353. 354. Strubens Nebenstunden, 3ter Theil, 21ste Abhandlungen, §. 8. Joh.
Mich. v. Loen Abhandlung vom Adel. p. 168, 200. Franz
Telgmanns Abhandlung von der Ahnen-Zahl, §. 3. p. 64.
f) Joh. F. Pfeffingers Braunschw. lüneb. Historie, 1ter
Theil. p. 6.

n Uslar von Doerfeld umgeschaffen, und zum ersten Besitzer des Hauses Kirchberg gemacht g). Wenn
gegen diese Deduction nichts zu erinnern wäre, so
würde freilich wol kein adeliches Geschlecht das von
Uslar an Alterthum übertreffen; es würden doch aber
immer die Herrn von Campen oder Campe, gleiche
Ansprüche auf dasselbe machen können. Denn da
der Name de Campo und von Campe einerlei bedeuten, so käme es nur darauf an, daß man dessen
Vornamen anzugeben wüßte, der den Zunamen von
Campe zuerst angenommen, und in welchem Jahr
es geschehen sei, daß sich beide Familien von einander getrennt hätten.

Dies ausfündig zu machen, gebe ich in Ermangelung hinlänglicher Urkunden alle Hofnung auf, und
überdem, wo sind die Urkunden, die uns wegen der
Abstammung von jenem edlen Römer Oselariüs die
Gewähr leisten mögten? "Ich sage es frei, dieß sind
"die Worte eines verdienstvollen Adelichen Schriftstel-
"lers, h) "daß ich noch wenig Stammregister gese-
"hen, deren richtige Proben über sechs bis sieben hun-
"dert Jahre hinausgelaufen wären. — Ich muß
"lachen, wenn einige teutsche Geschlechter sich von den
"alten Porciern, Gemmiern, Fabiern, Lentulieren,
Per-

g) Auf dieser Angabe in einer gedruckten Leichenpredigt auf
Friedrich Franz von Uslar, der 1653 zu Braunschweig
gestorben und begraben ist, gründet sich vermuthlich auch
der in Kupfer gestochene Stammbaum der Uslarischen
Familie.
h) v, Loen in der Abhandlung vom Adel. p. 164.

"Perleones u. s. w. herschreiben. — Eben so lustig
"ist es zu lesen, wenn man alle unsere Durchlauch-
"tigen Häuser, von den Carolingen, oder von den
"Wittekinden herleitet. Das beste ist, daß alle diese
"Abstammungen weiter keine Rechte nach sich ziehen,
"und also auch keines rechtsgültigen Beweises bedürfen.

"Spangenberg, Bucelinus, Bütkens, Ham-
"melmann, Reusner, Rittershausen, Schönleben,
"Imhoff, Spener, Layritz, Humbracht, Herrgott
"und andere Genealogisten, welche den Ursprung der
"ältesten Geschlechter in Europa beschrieben haben,
"gelten hier weiter nichts, als die Proben, die sie
"mit einem historischen Glauben beybringen können.

Die Geschichtskunde gestattet keine bloße Muthmaßung, und wir sind über die Zeiten hinaus, da
sie nur eine Beschäftigung der Mönche in den Klöstern war. Wie viel Fabeln haben uns die nicht
hinterlassen, und gleichwol ist es gut, daß wir sie
haben. Sie dienen wenigstens dazu, manche Lücke
auszufüllen, und bisweilen bringen sie uns auch wol
auf die Wahrheit. Hätten unsere adelichen Geschlechter
etwas früher angefangen, für ihre Familien-Ar-
chive zu sorgen, und sich nicht blos damit begnügt, ihre
Ahnen nur so weit in ein Register oder einen Stamm-
Baum tragen zu lassen, als es etwa die Lehnsfolge
erforderte, oder die legitimation zu einem Kloster-Platze
für die Fräuleins es nöthig machte, so würde das
freilich dem Genealogisten die Arbeit sehr erleichtern.

Wo aber das nicht ist, da müßen unzählige
Documente oft vergeblich durchgesucht werden, um

eini-

einige zu den vorhabenden Geschlechte gehörende Namen aus den ältern Zeiten auf zu spüren, und ist davon eine beträgliche Anzahl gefunden, so ist man noch nicht versichert, ob sich nicht irgendwo noch andere aufhalten; alte Chroniken, alte Kauf= und Lehns=Briefe, Receße, Vergleiche, Verschenkungen, Ehepacten, Registraturen u. d. gl. halbvermoderte Papiere, wo sie zu haben sind, Grabschriften, Personalien, Wappen in den Kirchen, Fensterscheiben u. d. gl. thun alsdann oft unerwartet die besten Dienste, einen Zusammenhang herauszubringen, wenn sie mit der Zeit-Rechnung verglichen werden. Auch damit ist noch nicht alles bei so verschiedenen Familien, von eben demselben Namen, ausgerichtet. Der bloße Name der von Campe allein genommen, ist an sich nicht so characteristisch, daß nicht gar leicht die eine Familie mit der andern könnte verwechselt werden. Wie oft muß man nicht da im Finstern tappen, wenn in den Urkunden weiter nichts, als der bloße Name, ohne alle Zusätze angeführt wird. Der Ritter Sitz, militairische Beinamen, Hofämter und andere Benennungen, sind die gewöhnlichsten Unterscheidungs-Zeichen i), und wenn die nicht angegeben werden, müßen bloß einige Nebenumstände, die sich aber auch nicht allemal so leicht finden laßen, die Spur zur Wahrheit zeigen. Nach dem Plane, dem ich bei dieser Geschlechts-Geschichte zu folgen gedenke, zerlegt sich dieselbe in folgende Theile.

Erster

---

i) Ein Verzeichniß der Vorgehörsten wird hinten beygefügt.

Erster Theil.
Enthält die Geschlechts-Folge der von Campe auf Isenbüttel und Wettmarshagen.

Abschnitt I. So lange sie nur noch unter dem Namen der von Blankenburg vorkommen, nämlich von 1163 bis 1230.

Abschnitt II. Seitdem diese Familie angefangen hat den Namen von Campe zuführen, bis auf die Zeit, da sie zu Isenbüttel ihren Sitz genommen, von 1230 bis 1367.

Abschnitt. III. Erzählt die merkwürdigsten Umstände der Isenbüttelschen von Campen, bis auf unsere Zeit 1367-1782.

Zweiter Theil.
Von den Wappen und Branchen dieser Familie.

Abschnitt I. Macht die alten und neuen Wappen vorstellig.

Abschnitt II. Macht die Branchen nahmhaft, die mit der Campischen Linie einerlei Wappen führen.
  - *A.* Die Bodenteichische.
  - *B.* Die zu Nendorff.
  - *C.* Die übrigen, nämlich die zu Herlingsberg, Löwenberge, Gersdorf und Elbingerode.

Abschnitt III. Bringt von den übrigen Campischen Hauptlinien so viel bei, als sich hier thun läßt.
  - I. Der Deensische oder Stadt Oldendorp.
  - II. Der von Poggenhagen.
  - III. Der Kirchbergischen.
  - IV. Der Brem- und Städischen.

B   Drit-

Dritter Theil.

Abschnitt I. Enthält einige größten Theils ungedruckte Urkunden und Nachrichten.
Abschnitt II. Erklärt einige vorkommende Beinahmen und Erb=Hof=Aemter.

Des ersten Theils
erster Abschnitt.

§. I.

Vorausgesetzt, das jetzige Braunschweigsche Amthaus Campe sei der Ort von dem die Herren von Campe auf Isenbüttel entweder den Namen erhalten, oder dem sie denselben gegeben; so läßt sich doch hieraus nicht erzwingen, daß hier der erste Anfang dieser sich in so vielen Seitenlinien ausgebreiteten Familie zu suchen sey. Wenn das wäre, so würde Balduin, dessen zuerst im Jahre 1221, nebst seinem Bruder Jordan gedacht wird *a*), der 1230 das Kreuz=Kloster bey Braunschweig soll angelegt haben *b*), und dessen in so manchen Urkunden unter dem Namen von Campe gedacht wird: so müßte, sage ich, derselbe der älteste Ahnherr dieser Familie seyn.

Aber

----

a) Braunschw. Anzeigen vom Jahr 1751, p. 1091 - 1092.
b) Leibnitz h. Br. T. H. narrat. de fundatione. hujus monasterii, Meibom. T. III. p. 553.

Aber eben dieser Balduin von Campe heißet
in den Urkunden auch eben so oft Balduin von
Blankenburg, führet mit den damaligen Herrn
von Blankenburg einerlei Wappen c), und vermacht
1244 zu Anlegung einer Kirche und Pfarre zu Steinhorst, in der Inspection Gifhorn, einen gewissen Zehenten d).

§. 2.

Sollte sich nicht auch schon aus diesen Umstän-
den zusammen genommen die Wahrscheinlichkeit zu einer Gewißheit erhöhen, daß die damalige Campische
und Isenbüttelsche Familie der Herrn von Campe
nichts anders sei, als eine fortgesetzte Linie der edlen
Herren von Blankenburg, die aus unbekannten Ursachen, mit dem Grafen einerlei Namen und auch wol
etwas Aehnlichkeit in dem Wappen geführet haben e)?
Blos die Veränderung der Land-Sitze hat also die
Veränderung der Namen hervorgebracht.

§. 3.

Es kann seyn, daß die Abstammung dieser Her-
ren von Blankenburg noch wol weiter, als bis in die
Carolingischen Zeiten zurück reichet; wer getrauet sich
B 2 aber

c) Br. Anzeigen 1747, p. 1668.
d) Die von dem Hildesheimschen Bischofe Conrad con-
firmirte donation ist hinten N. 1. beygefügt. Siehe
auch Hofemanns Regenten-Saal, p. 633.
e) Verschiedene Namen der damaligen Grafen von Blankenburg werden im Originibus Guelff T. IV. p. 191.
angeführt. Auch in der lüneburgische Amtsvoigtei Essel

12

aber jene Dunkelheit mit einigem Glücke zu durchdringen? Da wir uns nicht mit Muthmaßungen befangen wollen, so begnügen wir uns, da anzufangen, wo man mit Gewisheit anfangen kann.

1164 Schon im Jahr 1164 waren *Anno* de Blankenburg und *Ludolfus* de Blankenburg, jener als Camerarius, und dieser als dapifer am Hofe Herzogs, Heinrich, des Löwen.

Beide werden in dem Documente als Zeugen angeführt, als dieser große Fürst, den Jütländern (Gutensibus) und besonders den Wisbyer Seefahrern einige Freiheiten ertheilte f). Im Jahr 1164 wird Jordan und sein Bruder Jusarius (Jurius), beide aus dem Geschlechte der von Blankenburg, als Zeugen nahmhaft gemacht, da der Herzog Heinrich, das von seiner Groß-Mutter, der Kaiserin,

Ri-

ist noch ein Dorf oder Hof, Blankenburg, anzutreffen, welches wenigstens beweiset, daß dieser Name in den hiesigen Gegenden nicht ganz fremde gewesen sei. Auch bei Halberstadt soll ein Ort Lütgen Blankenburg liegen, wo vielleicht der Sitz dieser adelichen Familie gewesen ist. Es ist mehr malen geschehn, daß sich adeliche Familien von den Schlössern, welche ihre besondere Grafen gleiches Namens zu Eigenthümern gehabt, geschrieben, weil sie Castrensis oder sonst Eingesessene daselbst gewesen sind. (Histor. Anmerkungen aus einem Mspt. des Herzogl. Braunschw. Geheimenraths, Herrn von Praun, 1750.)

f) O. G. T. III. p. 490. Rathleff von den ältesten Hof-Aemtern der Durchl. Häuser Br. Lüneb. §. 19. p. 21.

Richenza, dotirte Kloſter zu Northeim in ſeinen
Schutz nahm g). Dieſe beiden Edelleute waren
vorzügliche Günſtlinge des Herzogs, und ob ſie ſchon
ſich nicht durch militairiſche Ehren-Titel *), die erſt
in der Folge mehr in die Mode kamen, auszeichneten, ſo erwecket doch das ſchon eine große Meinung
von ihnen, daß ſie faſt beſtändig an der Seite dieſes Heldenmüthigen Fürſten waren.   Ohne Zweifel
waren ſie auch mit unter den vielen Comitibus, et
Nobilibus fere omnium circum jacentium pro- **1168**
vinciarum et omnibus Miniſterialibus, als der
Herzog ſeine Königliche Braut Mathilde zu Minden heimhohlte h).

Im Jahr 1170 ſtiftet und beſchencket der Her- **1170**
zog eine Kirche zu Schwerin, und Jordan als
Dapifer und Miniſterialis ſteht unter den Zeugen i).

B 3   In

g) O. G. T. III. p. 424.

*) Dergleichen Benennungen waren: Miles, Famulus, Ser-
vus, Nobilis. Scheidt de nobilitate in praefat. ad Mantiſſam documentorum p. IX. Miniſteriales bezeichnen
ſolche Adeliche, die entweder im Kriege oder am Hofe ihr
Glück machen konnten, die gezwungen waren einen Erb-
Herrn zu dienen, übrigens aber gleiche Vorrechte mit
den ganz Freien hatten, und die vornehmſten Bedienungen
bekleideten. Zu den adelichen Hof-Beamten gehörten
Marſchalle, (Mareſchalli) Truchſeſſe oder Droſten, (Dapiferi) Schenken, (princernae) Cammerer. (camerarii)
Hinten wird mehr von ihnen geſagt werden.

h) O. G. ib. 501.

i) ibidem p. 513.

In eben demselben Jahre vertauschte der Herzog einige Güter zu Northeim; unter den dabei angeführten Zeugen stehen, Jordan Dapifer und Anno Camerarius *k*). Auch bestätiget der Herzog in demselben Jahre, die unter den Slaven drei angelegte Bisthümer Lübeck, Schwerin, Ratzeburg, und dabei ist der Dapifer Jordan nebst dem Bruder Jusarius, der hier Notarius genannt wird, Zeuge.

1171   Nicht weniger bezeuget dieser Jordan 1171, daß der Herzog einem gewissen von Machtenstäte die Erlaubniß gegeben, in einer niedrigen Gegend bei Bremen an der Weser, Dörfer nach holländischer **1172** Weise anzulegen *l*). Und als der Herzog 1172 eine Wallfahrt über Regensburg, Wien, Gran, Adrianopel, Constantinopel nach Jerusalem unternahm, befanden sich auch in dieser ansehnlichen Suite von Bischöfen, Prälaten, Grafen, Freien und Ministerialen, die Günstlinge Jusarius und Jordan. Der Günstling Jordan wäre aber bei der Ueberfahrt über die Donau beinahe ertruncken, wenn er sich nicht durchs Swimmen gerettet hätte *m*), und als der Herzog nach einigen Aufenthalt zu Constantinopel die Reise fortsetzte, und zu Jerusalem das heilige Grab mit 3 Lampen beschenket, und andere milde Stiftungen gemacht hatte, waren Zeugen die Geistlichen des Grabes, und de homini-

---

k) ibidem, p. 513.

l) Rathlef von den Hof-Aemtern, p. 25.

m) ibidem, p. 75.

minibus des Herzogs, unter andern *Jordanus* dapifer und *Jusarius* frater ejus *n*). Beide folgten
auch im Jahr 1175 ihrem Landesherrn nach Baiern **1175**
und Italien, und waren mit dabei, als dem Kloster
Chremesmünster in Oberöstereich gewisse Schenkungen
bestätiget wurden *o*). Ja der Abt von Urspergen *p*)
meldet so gar, ein gewisser officialis ipsius ducis,
dies war Jordan, sei gegenwärtig gewesen, als der
Kaiser Friedrich I. den Herzog um seinen persönlichen
Beistand zu einem italiänischen Feldzuge angespro-
chen, und da der Kaiser bei der Verweigerung dieser
Hülfe, sich so gar auf die Knie habe werfen wollen,
der Herzog aber solche Demüthigung verbethen hätte,
habe Jordan zum Herzog gesagt: finite, Domine,
ut corona imperialis veniat vobis ad pedes,
quia venit ad caput.

Noch im eben dem Jahre genehmiget der Herzog
dem Aegidien Kloster zu Braunschweig die von Ludolph
von Peine gemachte Schenkung, und dabei werden
Jordanus dapifer und Jusarius frater suus unter
den Zeugen nahmhaft gemacht *q*).

§ 4.

Der Herzog Heinrich der Löwe starb zwar erst im
Jahr 1195, aber in diesen 20 Jahren erscheinet Jor-
B 4 *danus*

n) ibidem, p. 75 et 517. Rathlef p. 25.
o) ibidem, p. 524.
p) in O. G. p. 85.
q) O. G. p. 531.

damus dapifer nur noch ein paarmal in den Urkunden, nämlich 1190 zu Schönigen, als der Herzog einige Güter mit dem Kloster Riddagshausen vertauschte *r*), und zuletzt 1191 in einem Documente, welches der Herzog nebst seinem ältesten Sohne, Heinrich, dem Pfalz = Grafen dem Kloster Walkenried, wegen des Ankaufs einiger Güter hat ausfertigen lassen *s*). Bekanntermaßen waren inzwischen solche Unruhen eingetreten, die diesen großen Fürsten nöthigten zweimal aus seinen Ländern zu weichen, und da wird der Hof= Staat gewiß sehr eingeschränckt gewesen seyn. Man findet keine Nachricht, wo die sämtlichen Hof= Bediente des Herzogs geblieben sind. Es kommen zwar in den meisten folgenden Jahren bis 1225 noch immer Jordans und Jusarier vor; wenn es aber dieselben sollten gewesen seyn, die seit 1164 am Hofe gewesen, so müßten sie ein ungewöhnliches hohes Alter erreicht, und über 60 Jahre dem Herzoge gedienet haben. Der Jordanus Dapifer und sein Bruder Jusarius bei Heinrich dem Löwen von 1164, müssen also wahrscheinlich von dem Jordan cum fratre Jusario unterschieden seyn, welche der alte Herzog seinen 3 Söhnen 1195 hinterließ *t*).

§. 5.

r) O. G. T. III. p. 560.

s) ibidem, p. 573.

t) Dies ist die gegründete Anmerkung des oft angeführten Herrn Ratheleffs, §. 43. p. 41. und vermuthet er noch, daß diese beide im Geschlechte de Blankenburg so gewöhnliche Namen, etwa Familien = Namen könnten gewesen seyn.

§ 5.

Von diesen 3 Prinzen war Heinrich der Pfalz-
Graf der älteste. Als das Haupt des fürstlichen Hauses führte er in den ersten Jahren über die unzertheil-
ten Erblande die Regierung allein; und so lange blieb es
mit den Hof-Bedienten vermuthlich in statu quo. Aber
nun war Otto 1198 zum römischen Kaiser erwählt worden, und verschiedene Umstände machten es nothwen-
dig, daß sich die Brüder auseinander setzen musten.
Das geschahe auch im Jahr 1203. Es läßt sich
nicht genau angeben, wie lange die alten Hof-Bedienten, Anno, Jordan und Jusarius gelebt haben.
Sind sie unter der einseitigen Regierung des Pfalz-Grafen nicht mehr da gewesen, wie es scheint: so waren
doch die Gebrüder Jordan II. und Jusarius II. an ihren
Platz gekommen. Ob aber Jordan I. oder Jusarius I. ihr
Vater gewesen? das ist noch nicht ausgemacht, das erste
ist glaublicher. Genug 1196 bestättigt Heinrich, der 1196
Pfalz-Graf zu Braunschweig, einen Verkauf, und da
wird Jordanus dapifer, es sei nun der Vater
oder Sohn, als Zeuge angeführt u). In eben dem
Jahre bezeugen *Jordanus* dapifer und Anno von
Blankenburg die Bestätigung des Verkaufs einiger
Güter an das Kloster Riddagshausen x), und als
1197 in subsidium peregrinationis eine Summe 1197
von dem Kloster Marienthal mußte angeliehen werden,
wird in der Verschreibung nebst vielen andern Zeugen

C   auch

---

u) O. G. ibidem p. 606.
x) ibidem p. 607.

auch Jordanus dapifer nahmhaft gemacht *η).* Auch

1199 1199 ſtehet Jordan in einem Schenkungs-Briefe
für Riddagshauſen unter den Zeugen mit oben an *a).*

1200 Im Jahre 1200 ſind in einem Schenkungs-Briefe
für Walkenried Jordan und Juſarius Zeugen *h).*
Der Erzbiſchof, Adolf von Cöln, hatte dem Kaiſer Otto
bei der Kaiſerl. Wahl viel Gefälligkeiten erwieſen, und
zur Erkenntlichkeit hatte ihm der Prinz mit Genehmi-
gung der Brüder einige importante Güter in Engern
und Weſtphalen abgetreten. Und in dem darüber 1200
ausgeſtellten Receſſe, mußte der Pincerna Juſarius,
nebſt vielen andern ſich eidlich verpflichten, dafür zu
ſorgen, daß dieſe Verſchenkung von den Brüdern nicht
angefochten würde *c).*

§. 6.

1203 Man hätte denken ſollen, daß durch die 1203
gemachte Theilung unter den 3 Prinzen einjeder auch
ſeine Hofämter mit ſolchen Männern würde beſetzt haben, die in dem zugefallenen Theile zu Hauſe gehörten.
Das war auch in dem Erbtheilungs-Vergleiche ausgemacht *d).* Der Pfalz-Graf, Heinrich, nahm Göttingen, Nordtheim, Einbeck, Hannover, Zelle, Stade, der römiſche Kaiſer, Otto, behielt Braunſchweig,
den Harz, und die an Heinrichs Erbtheil angrenzende
Länder, bis über Göttingen hinaus, Wilhelm aber
bekam

η) ibidem, p. 616.
a) ibidem, p. 621.
h) ibidem, p. 624.
c) ibidem, p. 763.
d) ibidem, p. 630.

bekam Lüneburg und den Elbſtrich Wꝰ Hitacker, und auch Blankenburg, Regenſtein, Lebenberg, Heimburg, & totam proprietatem in Nendorp et omnes Ministeriales, qui intra praefatos terminos commorantur, præter *Jordanum*, et *Jusarium* et *Annonem.* Ein ſehr merkwürdiger Umſtand! davon ſich aber die Urſach nicht völlig errathen läßt. Genug, gedachte 3 Männer blieben am Hofe der ältern Brüder in der Nähe bei Braunſchweig, und vielleicht iſt dies die Veranlaſſung geweſen, daß nach der Zeit der Sitz der Herren von Blankenburg nach Campen iſt verlegt worden.

§. 7.

Schon im Jahre 1204 nennet der Pfalz Graf, Heinrich, Jordanum, ohne Zweifel den 2ten dieſes Namens ſeinen dapifer, und überläßt mit väterlicher Einwilligung den Sohn, Jordan III. dem Kaiſer Otto zum Ministerialis e), den er 1219 in Vergleichung mit dem Vater Jordanum juvenem nennet. Dieſer Jordan der II. ſtarb etwa ums Jahr 1222, und hinterließ fünf Söhne, Jordan den dritten dieſes Namens oder juvenem, Boldewin, Jusarius, Lothevicus und Johannes. Jordan war wieder Dapifer, und Jusarius Pincerna. Inzwiſchen hatte der Tod gewaltige Revolutionen in dem fürſtlichen Hauſe verurſachet, die auch einen ſtarken Einfluß in die Familie der Herren von Blankenburg hatten.

Herzog Wilhelm war 1212 mit Hinterlaſſung eines einzigen unmündigen Prinzen von zarten Jahren

C 2 ge

e) ibidem, p. 630.

gestorben. Der Prinz hieß Otto; und in der Geschichte hat er den Beinamen, Kind, beständig beibehalten. Unter dem Titul der Vormundschaft gehörte dem Pfalz-Grafen Heinrich auch die Regierung
des Lüneburgischen Landes. Sechs Jahre hernach
starb auch der Bruder, Kaiser Otto IV., und nun
war das ganze Erb-Herzogthum, Heinrichs des Löwen,
gewissermassen in seine Hände gekommen. Der Pfalz-
Graf, Heinrich, starb endlich gleichfalls 1227, und in
dieser Zeit fehlte es dem Herrn von Blankenburg nicht
ganz an Gelegenheit, sich an dem Hofe ihres Landesherrn zu zeigen.

1218   Im Jahr 1218, gleich nach dem Tode Kaisers Otto, stiftete Heinrich Seelen-Messen zu Braunschweig für
denselben, und davon ist nebst vielen andern Zeuge
Jordanus dapifer *f*), und in einer andern Urkunde
dieser Art, vom Hildesheimischen Bischof Siegfried
wegen eines gewissen Vermächtnisses vom Kaiser Otto
an die Braunschweigische Kirche S. Blasii, sind Zeugen *Jordanis* dapifer, und *Jordanis* filius ejus.

1219   Werden in einer Urkunde wegen Stade 1219 als
Zeugen nahmhaft gemacht: Lotharius, oder vielmehr
Jusarius pincerna, *Jordanis* juvenis *g*).

1221   Confirmirt der Pfalzgraf, Heinrich, den Verkauf
einiger Grundstücke an die Kirche zu Nendorp, und
dessen sind Zeugen *Jordanus* dapifer, Baldewinus, juvenis (filius Jordani) *h*).

                                      Giebt

f) O. G. T. III. p. 661.
g) ibidem, p. 664.
h) ibidem, p. 691.

Giebt der Pfalz=Graf seine Einwilligung, daß **1222**
die Herren von Sülinge einige Ländereien in Hollen-
stadt, dem Kloster Fredesloh, verkaufen, und Jordanis
dapifer ist Zeuge i).

Im folgendem Jahre 1223 bestätigt der Pfalz= **1223**
Graf eine Donation seiner Mutter, Mathilde, die sie
noch bei Lebzeiten ihres Gemahls dem Altar S. Mariæ
zu S. Blasii in Braunschweig gemacht hatte, und das
bezeugen nebst vielen andern Jordanus dapifer und
Baldewinus frater suus k). Dieser Balduin ist
auch vermuthlich der Stamm=Vater der von Herlingsberg, so wie von dessen Bruder Jusarius die Schenken von Wendorf abstammen.

In einer Urkunde vom Jahre 1224, worin der **1224**
Verkauf eines Gartens an die S. Blasii=Kirche bestätigt wird, ist Jordanus dapifer noster, und Baldewinus frater dapiferi, Zeuge l).

In eben dem Jahre wird dem Kloster Marien-
berg ein wüstes Dorf geschenket, das hilft mit bezeugen
Jordanus dapifer m).

Der Probst zu Einbeck verkauft in eben dem Jahre etliche zu weit entlegene Grund=Stücke an den Abt
de Lapide S. Michaelis, um nähere zu kaufen, und
in der Bestätigung dieses Contracts ist Jordanus
dapifer Zeuge n).

E 3 Der

---

i) ibidem, p. 694.
k) ibidem, p. 677.
l) ibidem, p. 645.
m) ibidem, p. 606.
n) ibidem, p. 697.

22

Der Pfalz-Graf schenket in eben dem Jahre der Kirche zu Nendorp, im Hoyischen, das Eigenthum der Güter in Linsberg, die ein gewisser Vasall aufgekündigt hatte. Solches bezeugen Jordanus dapifer *o*).

1225   Der Pfalz-Graf schenket 1225 dem Kloster Schinna, im Hoyischen, seine Güter in Weltwidel, und das bezeuget *Jordanus*, dapifer noster *p*).

Auch die in eben dem Jahre dem Kloster Walkenried von eben demselben gemachte reiche Donation bezeugen Jordanus dapifer noster, Baldewin frater Jordanis dapiferi, Jusarius pincerna *q*)

1226   Vertauscht der Pfalz-Gräfliche Güter mit dem Abbate Vallis S. Mariæ, und Jordanis dapifer ist Zeuge *r*). In eben dem Jahre verleihet der Pfalz-Graf der Kirche S. Cyriaci die ihm resignirte advocatiam in Dennendorp, und dessen sind Zeugen, Jordanis dapifer, *Johannes* de Blankenbork, *Jusarius* frater dapiferi *s*).

Nicht weniger sind Jordanis dapifer noster, et fratres sui *Balduinus* et *Jusarius* in eben dem Jahre Zeugen, daß den Mönchen in villa Pollede die acquirirten Güter bestätigt werden *t*).

Und

o) ibidem, p. 698.
p) ibidem, p. 698.
q) ibidem, p. 699.
r) ibidem, p. 709.
s) ibidem, p. 712.
t) ibidem, p. 713.

Und endlich bestätigt auch der Pfalz = Graf,
Heinrich, auctoritate Regia et sua donationem
Schimmensem *u*)

§. 8.

Nun war auch der Pfalz=Graf, Heinrich, 1227 1227
gestorben, und Herzog Otto, das Kind hatte nun auch
alles, und zugleich auch alle Hof=Bedienten seiner bei=
den Onkels geerbt.   Alle kan er sie nicht zugleich ge=
braucht haben, sondern es ist zu vermuthen, daß er sich
nach seinem verschiedenen Hoflager bald dieser, bald
jener werde bedient haben *a*)

Es ist hier der Ort nicht, sie alle nahmhaft zu ma=
chen, die in den Urkunden vorkommen; Nur die aus
der Blankenburgischen Familie dürfen nicht über=
gangen werden.

Im Jahre 1229 ermahnet der Herzog, Otto, die 1229
Einwohner zu Göttingen zur Treue gegen ihn, und ver=
spricht ihnen seinen Schutz.   Die Mittels = Person ist
Bernhard von Hardenberg, und unter den Zeugen be=
finden sich J o r d a n i s dapifer und Balduinus sein
Bruder *b*)

Im Jahre 1233 verspricht der Herzog der Aeb= 1233
tißin zu Gandersheim eine Ersetzung des Schadens,
den das Kloster während seiner Schwerinischen Gefan=
genschaf erlitten hatte, und J o r d a n i s dapifer
C 4 stehet

u) ibidem, p. 678.
a) Rathlef l. c. p. 46.
b) O. G. T. IV. p. 112.

ſtehet mit unter den Zeugen *c*). Auch war dieſer
1234 Jordanis 1234 bei Ausfertigung eines Reglements,
wegen der alten Nonnen gegenwärtig. In eben dem
Jahre 1234 kündigt Baldewin de Blankenborg zugleich mit Henrico von Oſingen, Hertmann de Os-
berneshuſen und Johann de Wienhuſen der Aeb-
tißinn von Quedlinburg das Lehn Soltau auf.
(Erat. Cod. dipl. Quedlinb. p. 158) und iſt daher
glaublich, daß gedachte drei, Baldewins Schwäger
oder Schwiegerſöhne geweſen ſind.

1235   *c* Unterſchreibt Jordanis dapifer eine Urkunde
zu Braunſchweig, in welcher Graf Sigfrid von Oſter-
burg dem Herzoge ſeine 2 Allodial-Güter, Dienſtorp
und Lengete, überläßt *d*). Und Juſarius pincerna
nebſt *Jordano* dapifero bezeugen zu Braunſchweig in
eben dem Jahre, daß der Herzog den Canonicis S.
Blaſii, pro denariis piſcinalibus etliche Grund-
Stücke giebt *e*). Auch iſt Jordanis dapifer Zeuge in dem Receſſe, den der Herzog mit der Fürſtin
Agneſe, der Stifterinn des Kloſters Wienhauſen, für
den Abtritt des Caſtri Tſelle errichtet **).

§. 9.

Bei der großen Verwandelung, da in dem Jahre
1235 die ſämtliche Beſitzungen des Herzogs Otto, des
Kindes zum beſondern Herzogthume von Braunſchw.
Lüne-

c) O. G. T. IV. p. 128.
d) ibidem, p. 144.
e) ibidem, p. 152.
**) Pfeffinger, T. I. p. 77.

Lüneburg gemacht werden, blieben doch die damaligen Hof-Bediente aus dem Blankenburgischen Geschlechte bei Lebzeiten des Herzogs noch immer in Activität.

Als aber der Graf Sifrid von Osterburg 1236 dem Herzoge Otto sein ganzes Eigenthum in Comitia Stadensi mit allen Ministerialen, desgleichen zwischen Saltzwede, Brone und Gardelege, wie auch von Zelle bis Bremen verkaufte, ist auch Jordanis dapifer und Baldewinus de Blankenborch Zeuge f), und in einem Vergleiche zwischen dem Kloster Woltingerode und dem Capitul S. Blasii zu Braunschweig, wird *Anno filius* Jordani dapiferi und *Jusarius* pincerna angeführt g).

Die Herren von Heimburg verkaufen dem Abt, de Lapide S. Michaelis, eine gewisse Waldung; dazu giebt der Herzog seine Einwilligung, und Jordan dapifer noster, wie auch Ludolf Domini Annonis de Blankenborch filius sind Zeugen h).

Jordanis dapifer und *Ludolfus* Camerarius bezeugen, daß der Herzog einige Länderei dem Stifte S. Blasii zu Braunschweig confirmirt i).

Jordan dapifer und *Jusarius* pincerna unterschrieben als Zeugen einen zu Nordhausen mit dem Erzbischof zu Mainz errichteten Transact k), und Balduin bezeuget, daß der Herzog der Stadt Osterode

1236

1237

1238

1239

D

f) ibidem, p. 145.
g) ibidem, p. 171.
h) ibidem, p. 169.
i) ibidem, p. 176.
k) ibidem, p. 179. 180.

pode alle ihre jura beſtätige und ſie vom Zolle nach Braunſchweig befreie *l*).

1240   Erlaubt der Herzog den Bürgern in veteri vico zu Braunſchweig das Jus inſtituendi Collegium Mercatorum (Innunge), und das bezeuget Johannes frater *Jordanis m*).

1241   Das unter dem Siegel des Herzogs, Otto, und ſeines Sohnes der Stadt Hannover ertheilte Privilegium, unterſchreibet unter den Miniſterialen *Anno* dapiſer *n*), und eben derſelbe bezeuget, daß der Biſchof Conrad zu Hildesheim den Herzog Otto mit dem heiligen Creutz gegen die Tartaren verwahret habe *o*).

1243   Waren zu Braunſchweig beim Herzoge *Juſarius* Pincerna, *Anno* dapifer und *Baldevin*, und unterſchrieben als Zeugen den Receß, in welchem der Herzog der Herzogin Agneſe, für den Goslariſchen Bergwerks Zehenden, den Ort Iſenhagen abtritt *p*). Und *Anno* dapifer und Balduinus de Blankenburg unterſchrieben die Donation des Herzogs als Zeugen für das Kloſter Iſenhagen *q*)

1246   Unterſchrieben als Zeugen die der Stadt Münden ertheilte Privilegia *Baldewinus* de Blankenborch, *Juſarius* frater ſuus, *Anno* dapifer noſter *r*).

Waren

---

l) ibidem, p. 181.
m) ibidem, p. 183.
n) ibidem, p. 185.
o) ibidem, p. 191.
p) O. G. T. III. p. 719.
q) ibidem, T. III. p. 74.
r) ibidem, T. IV. p. 202.

Waren zu Lüneburg alle fürstliche Hof-Bediente 1247
gegenwärtig, unter selbigen *Baldewinus* de Blankenborch, *Jusarius* pincerna noster, *Anno* dapifer
noster *s*). In eben dem Jahre 1247 erschienen
Balduin von Blankenburg, und Anno Dapifer nach
dem Diplom. Nr. 25. im Anhange.

Bestätigt der Herzog der verwittweten Herzogin 1248
Agnese Testament, wegen der zu Wienhusen zuhalten-
den Anniversarien, und solches unterschrieben nebst vielen andern Baldewinus de Blankenborch, *Jusarius* pincerna noster, et *Lotbewicus* frater suus,
Anno dapifer noster *t*). Und als daher Mathildes,
D. G. Ducissa de Brunswic, ihre in Lüneburg woh-
nende Leibeigene frei giebt, sind in der Urkunde mit
Zeugen *Baldewinus* de Blankenborch, *Anno* dapifer **).

Unterschrieben *Jusarius* pincerna noster, und 1249
Anno dapifer noster eine Schenkung des Herzogs
für das Kloster Riddagshausen *u*)

Zuletzt waren noch *Baldewin* de Blankenburg 1252
und *Anno* dapifer, nebst dem Prinzen *Albert*, als Zeugen gegenwärtig, da der Herzog, Otto, zu Helmstädt
eine Donation für das Kloster Marienthal (de valle
B. Mariæ) bestätigt *x*); und starb bald darauf auf einer Reise nach Frankfurt.

D 2   Bal-

s) ibidem, p. 215.
t) ibidem, T. III. p. 723.
**) Ungedruckte Lüneburgische Urkunde, Nr. XXV.
u) ibidem, T. IV. p. 231.
x) ibidem, p. 247.

Baldewin de Campe und Jordan Pincerna
1263 werden 1263 inDiplom. XXIV. genant. In eben dem
Jahre 1247 erscheinen Balduin von Blankenburg Anno dapifer in dem Diplom. Nr. XXV. im Anhange.

§. 10.

Die hinterlassenen Söhne des Herzogs Otto des
Kindes waren: Albert, Johannes, Otto Bischof zu Hildesheim, und Conrad, nachheri-
ger Bischof zu Verden. Anfangs war die Regierung
zwischen den beiden ältesten Prinzen gemeinschaftlich,
und bis 1267-1269 ***), da sie ihr Erbe theilten,
und Albert das Lüneburgische nahm, lieset man nichts
von einer Veränderung der Hof-Chargen. Nach der
Zeit wählte ein jeder Fürst seine eigene Hof-Bediente, und
seit der Zeit scheinet auch der Name der Herren von
Blankenburg in den Urkunden allmählig zu verschwin-
den. Als Herzogliche Dapiferi und Pincernae erscheinen sie freilich nicht mehr, aber sie behielten doch,
als Burg-Männer und edle Herren ihre angeerbte
Würde. Da sie, wo nicht länger, doch schon seit
1221 auf dem Schloße, Campe, ihren Haupt-Sitz
hatten a), so blieben sie seit jener Theilung 1267
Drosten von Campe, welchen Titel sie aber auch
im XIV. Seculo fahren ließen. Ob ihnen besagtes
Schloß als ein Allodial-Eigenthum zugehört, oder
ob sie es als ein Burg-Lehn besessen haben, das läßt
sich

***) Erath von der Erbtheilung, p. 9.
a) Braunschweigische Anzeigen vom Jahre 1751, p.
1091, 92.

ſich nur aus den Archiven und Lehns-Cammern ent-
ſcheiden. Indeß iſt doch lezteres wahrſcheinlicher;
denn ſonſt hätte Herzog Wilhelm von Lüneburg daſ-
ſelbe nicht wol vom Herzog Magnus zu Braunſchweig kaufen, und es 1354 nebſt andern Gütern
dem Magiſtrate zu Braunſchweig verpfänden können b).
In wie fern die Belagerung beſagten Schloſſes zu
Ausgange des XIII. Seculi einen Einfluß in die Fa-
milien-Geſchichte der Herrn von Campe habe? auch
das bleibt uns verſchloſſen. In der damaligen Fehde
zwiſchen den Herzogen von Braunſchweig und den Hil-
desheimiſchen Biſchof, Sifrid, hatten einige der vor-

D 3 nehm-

b) Erath Tabella Chronologica de anno 1345, Chron.
Brunſ. p. 116. Ein authentiſches Mſpt., die Campi-
ſche und Neudorfiſche Familie betreffend, das den Hrn.
Geheimenrath von *Praun* zum Verfaſſer hat, ſaget: der
Stamm-Siz der von Campe ſei anfangs nicht das an
der Schunter zwiſchen Braunſchweig und Fallersleben
belegene Haus, iezo Amt Campen geweſen, ſondern
ein anderer Ort gleiches Namens auf dem Harze, im
Amte Langelsheim, nemlich: *Villa Campe, quae adia-
cet Allodio, quod dicitur Rode,* wie es in einer Urkunde vom J. 1304 deſignirt wird, oder *Campenrode*
am Heidberg bei Wolfshagen, wie es in einer andern Urkunde vom Jahr 1432 heiſſet. Noch an einem
andern Orte, genant *Bodencamp,* habe die Familie 1325
gleichfalls ihr Weſen gehabt, und oberwehntem Hauſe
und Amte *Campe* habe ſie vermuthlich erſt den Namen
gegeben, als ſie ſich allda etabliret. Die Familie müſſe
es zwar nicht lange in ihrem Beſitz behalten haben, da
es von den Herzogen bereits Ao. 1346 an andere ver-
ſetzt worden iſt, und die Herzoge Ao. 1367 von dem

nehmsten bischöflichen Ministerialen und Vasallen je=
nes Schloß besetzt. Die fürstlichen Brüder, Heinrich,
Albert, Wilhelm machten daher gemeinschaftliche Sa=
che, belagerten und eroberten es, und machten an die
70 Gefangene in demselben c). Wenn die Herren von
Campe dieses Schloß nicht selbst angelegt haben, so
muß es schon vor 1221 da gewesen seyn, und viel=
leicht ist es der Sitz der ausgegangenen adelichen Fa=
milie von Flechtorp gewesen. Wenigstens macht sol=
ches die Lage des Dorfes dieses Namens, und das
jetzige Amthaus Campe sehr wahrscheinlich, daß aber
ehemals eine adeliche Familie dieses Namens existirt
habe, daran wird wol niemand zweifeln, wenn es an=
ders

Stifte Merseburg mit dem Haus zum *Campe* beliehen
worden. Gleichwol gehöre ihr noch jetzo die *Camp=*
Mühle bei *Flechtorf* vor dem *Campe,* wie ihr auch
bis 1684 der *Campenhof* beim Ritterborm, in der
Stadt Braunschweig angehört habe; und die von *Nein=*
dorf noch zuletzt mit dem *Campberg* bei Drittsen be=
lehnt worden. — Bekantermaßen ist das Amt Cam=
pen 1429 in der Theilung zu der Braunschw. Portion
geschlagen, (*Erath* von der Erbtheilung p. 40.) in dem
Göttingischen Vergleich aber 1512 wieder an Lüneburg
abgetreten; doch daß die Dörfer Wendhausen, Groß=
und Klein=Braunsrode davon genommen sind. Hiebei
ist es bis 1703 verblieben, da dasselbe bei dem Verfall
des Herzogthums Lauenburg an H. Georg Wilhelm,
nach dem in eben diesem Jahre mit H. Rudolf August
errichteten Vergleich an das Fürstl. Haus Wolfenbüttel
wieder ist abgetreten worden (Scharfs Polit. Staat.
p. 12.)

c) Leibnitz T. I. p. 576.

hers wahr ist, daß unter den vielen Bischöfen, Prälaten, Grafen, Dynasten und Edelleuten auch da auf
dem von Kaiser Lothar 1130 zu Braunschweig ange-
stellten großen Reichstage Dietrich von Bodendike
und Gottfried von Flechtorp gewesen sey d) Soviel
ist indeß ausgemacht, Jordan und sein Bruder Jusarius, des Geschlechtes von Blankenburg, sind die ersten, von denen sich in ziemlich ununterbrochene Folge
die Familie der von Campe ableiten läßt. Sifrid
de Blankenburg, den Harenberg e) mit hieher gerechnet, wird aber in dem angeführten Diplom von
Herzog Heinrich den Löwen 1164 ausdrücklich Comes
genennet f), und Ericus de Blankenburg, zur Zeit
Kaisers Lothars g), ist uns zu entfernt. Wie es scheinet haben sich einige des Geschlechts von Blankenburg,
in Markgräfl. Brandenburg. Dienste begeben. Denn
man findet 1272, 1295, und 1319 einen Anselmus
de Blankenburg. (Lenz Marggräfl. Brandenb. Urkunden, I. p. 64. Gerken Cod. diplom. Brandenb.
T. V. p. 333.) und 1314, 1319 einen Henning
de Blankenburg, als Dapifer Waldemari Mar-
chionis Brandenb. (Lenz l. c. T. I. 191. 196. 212.
Gerken T. V. p. 177). Ein anderer Markgraf,
nemlich: Otto der lange, hatte 1292 einen Johannes
de Velde als Dapifer (Lenz l. c. T. II. p. 906) der in
einer andern Urkunde (ib. T. I. p. 122) Johannes

D 4 dictus

d) Bünings Chron. p. 128.
e) Harenb. Histor. Gandersh. p. 136.
f) Rethm. p. 328.
g) Heinec. ansignit. Goslor. p. 125.

dictus de Campo miles heiſſet. Nachdem die Zunamen von Nendorf und Campe üblich geworden ſind, finden ſich von ihnen keine weitere Spuren. Hier iſt es hinlänglich, wenn die Geſchlechts=Folge der von Blankenburg ſeit 1164 bis auf die Theilung des Herzogthums Braunſchweig=Lüneburg 1267 richtig angegeben iſt h). Dies wird eine Zeit von 103 Jahren ausmachen. Eine andere Linie hatte ſich nach Bodenteich gezogen, und von ſelbiger wird hernach, wie von den übrigen Seiten=Linien, geſprochen werden.

Abſchnitt II.
Die von Campe auf Campe.

§. II.

Ob es gleich wahrſcheinlich iſt, daß Jordan II. nebſt ſeinem Bruder Juſarius, beide genannt de Blankenburg, ſich ſchon ſeit dem hätten von Campe nennen können, da ſie bei der erſten Theilung der Herzoglichen Erblande 1203 von Herzog Wihelms zugetheilter Portion, zu welcher ſie doch eigentlich gehörten, und in welcher ſie angeſeſſen waren, abgenommen waren,

h) Die beigefügte Stammtafel N. I. erzählt es ſchon ſelbſt, daß dabei Rathlefs Abhandlung von den älteſten Hof-Aemtern des Durchlauchtigſten Hauſes Braunſch. lüneb. zum Grunde gelegt, und mit Vorbedacht alles weggelaſſen iſt, wovon man nicht genugſame Gewisheit hatte. Sie gehet zwar etwas weiter, als bis auf die angegebene Zeit, ſie dient doch aber dazu, den Zuſammenhang mit dem folgenden Abſchnitte deſto beſſer einzuſehen.

waren, §. 6. und Ihnen vielleicht deswegen eine Vergütung mit dem Schlosse Campe war gemacht worden: so ist es doch am sichersten bei dem Balduin I.
anzufangen, von dem man mit Uebereinstimmung aller
zuverläßigen Nachrichten weiß, daß er jenes Schloß
bewohnt habe. Was die öffentlichen Urkunden von
seinen Verrichtungen bei Hofe melden, das ist wol
größtentheils in dem vorigen angeführt worden. Er
war seit 1221 bis 1252 berühmt, und lebte in den
letzten Jahren Herzog Heinrichs des Pfalz-Grafen, und
unter der Regierung Herzogs Otto des Kindes. Er war
reich, und anderer Güter nicht zu gedenken, besaß er mit
Heinrich von Oesingen, Hartmann von Os-
berneshusen, und Johann von Wienhusen, die
vermuthlich seine Schwäger waren, das Quedlinburgische Lehngut, Soltowe, und resignirte es 1234 dem Stifte
a). Nichts verewigt seinen Namen mehr, als das von ihm
vor dem Petersthore zu Braunschweig, wo nicht ganz
neu erbauete, doch aufs neue eingerichtete und dotirte
Kloster zum heiligen Creutz *b*). Dergleichen geistliche
Stiftungen wurden in den damaligen Zeiten für die
verdienstlichsten guten Werke gehalten, und gemeinig-
lich wurde Wunder dabei zu Hülfe gerufen. Die Ein-
weihung des Klosters ist 1230 von dem damaligen Hildesheimischen Bischofe Conrad in Gegenwart vieler
Prä-

a) Erath. Dipl. Quedling. 158.
b) Narrationem de fundatione hujus Monasterii v.
Leibn. T. II. p. 469. Rechtmeyer Antiquit. Ecclef.
Brunf. p. 42. feq.

C

Prälaten verrichtet worden; und vermuthlich war der
Jordanus *Miles*, der zuerst in diesem Kloster ist
begraben worden, Balduinus Bruder, aber um
deßwegen kann solches doch erst einige Jahre später geschehen seyn. Das Kloster ist noch vorhanden, und
ob es gleich viele traurige Schicksale bei den oft wie-
derhohlten Belagerungen der Stadt Braunschweig er-
fahren, und in der Belagernng 1606 von Herzog
Heinrich Julius ganz abgebrannt ist, so ist es doch nachher wieder aufgebauet, und in den jetzigen Zustand gesetzt worden. Außer dieser Stiftung hat ihm auch das
Dorf Steinhorst, wie schon § 1. vorläufig bemerkt ist,
die Kirche zu verdanken. Die Tradition mischet manche unglaubliche Anecdoten in die Geschichte, doch ist
vieles aus Documenten erweißlich.

Er soll auf eben dem Platze, wo jetzt das Pfarr-
haus stehet, seinen Land-Sitz, und einen einzigen Sohn,
Namens Georg, gehabt haben. Dieser junge Mensch,
sagt man ferner, sei durch einen unglücklichen Sturz
mit dem Pferde auf dem Wege nach Steimcke, in dem
Kirchspiel Hankensbüttel, wo eine Capelle gewesen,
ums Leben gekommen, und durch diesen Unfall bewogen,
habe er alsobald den Entschluß gefaßt, eine Kirche in
dem Dorfe anzulegen und sein Haus zur Pfarre herzu-
geben. Zum Gedächtniß des verunglückten Sohns
sei die Kirche in die Ehre des heiligen Georgs, dessen
Bildniß noch lange an der Kirche gestanden, eingewei-
het worden, und zum Unterhalt des Predigers, habe
er einen Zehnten zu Gripelshorn, den er von dem Hildesheimischen Bischofe zum Lehn gehabt, resignirt, und
es

es bewirkt, daß selbiger der Kirche sei conferirt worden c). Den Stein an dem Orte, wo der unglückliche Fall soll geschehen seyn, will man noch mit einigen unleserlichen Buchstaben zeigen, und die ungedruckte Urkunde wegen des Zehnten, der noch fortdauret, vom Bischof Conrad, 1244 ist hinten Nr. 1. abschriftlich beigefügt. Einer von seinen Nachkommen, Heinrich, nebst seinem Bruder Wiger, geheten von dem Campe, haben dieses Vermächtniß, vielleicht durch sein Beispiel gereizt, noch mit einer Mühle und Köte im Dorfe, auch andern Einkünften 1372 vermehrt d).

§. 12.

Balduin starb daher unbeerbt. Die Tradition sagt, er sei außer Landes gegangen, und habe sich in irgend ein Stift begeben. Wenigstens nach 1252 findet man nichts mehr von ihm. Sein Bruder Jordan aber müßte ganz sicher schon 1230 todt gewesen seyn, wenn es wahr seyn sollte, daß derselbe im besagten Jahre im Crenz Kloster sei begraben worden, aber der lebte noch 1240, und wol noch später. Nach unserer Berechnung sind Jordans III Söhne gewesen. 1) Jordanis Dapifer. 2) Henricus de Campis. 3) *Bodo* de Campis. 4) *Anno.* 5) *Balduin.* 6) *Heino,* und 7) *Theodoricus.*

E 2   Die

c) Hofemanns Regenten-Saal, p. 633. Dieser Auctor will auch Nachricht haben, daß kurz vor der Reformation ein Prediger zu Steinhorst. Jacob Loßmann, zugleich Amtmann zu Gifhorn, gewesen, der für die Jura stolæ sein Amt durch einen Vicarium habe verrichten lassen.

d) Die Urkunde ist gleichfalls hinten beigefügt. Nr. X.

36

Die drei ersten, Jordan, Henricus und Bodo
1252 werden ausdrücklich in einer Urkunde vom Jahr 1252
fratres genennet e). Nach dieser Urkunde überlassen
diese Gebrüder den Gebrüdern von Heimburg, deren
Vater, Anno de Heimburg, sich ehemals in Tzelle
aufgehalten, die Zehnten im Lüßge, Ryderte, Hawe-
horst, Kleinhelen.

Auch werden *Anno* und *Heinricus* fratres in
1258 einer Urkunde Herzog Alberts von Braunschweig 1258
1263 als Zeugen angeführt f). 1263 werden Balduin de
Campe und Jordan pincerna in Dipl. Nr. XXIV.
nahmhaft gemacht, und Balduin ist Zeuge wegen einer
bezahlten Steuer.

Heinricus und *Balduin* de Campe werden in
einer Urkunde der Herzoge, Albert und Johannes, an
den Senat zu Lüneburg als Zeugen genannt g).

1269 Heino de Campe hat sich 1269 in der Abfindung der Herzoge, Albert und Johannes, mit
dem Bruder Conrad, præposito ecclesiæ Verden-
sis, da diesen unter andern jährlichen Hebungen auch aus
dem Zolle zu Tzelle eine nahmhafte Summe ausge-
setzt ward, als Zeugen unterschrieben h), und in Diplom. Henrici D. de Bruns. 1280 in Scheidts Anmerk. zum Moser præfat. p. XXXV.

Bal

---

e) Pfeffing. T. II. p. 1063.
f) ibidem, T. I. p. 7.
g) Ludw. reliq. Mspt. Vol. XII. p. 337.
h) Rethm. p. 507.

Balduin und Heinrich waren 1272 auf **1272**
dem gewöhnlichen Landtage zu Braunschweig *i*)

Auch werden Balduin et Dominus Henricus
milites et fratres dicti de Campe 1274 in einer **1274**
Urkunde Herzog Alberts als Zeugen nahmhaft gemacht,
da dem Kloster Stederburg der Kauf einiger Güter
bestätigt ward *k*), und in einem andern Bestätigungs-
Briefe 1280 Herzog Heinrichs von Grubenhagen für
Stederburg, haben beide gleichfalls als Zeugen sich unterschrieben, und heißt Balduin in specie, Notarius noster *).

Heino (Heymo) de Campe unterschrieb 1280 **1280**
als Zeuge die Schenkung einer Mühle an das Kloster
Marienthal, im Namen der herzoglichen Gebrüder
Heinrich, Albert, Wilhelm, Otto, Conrad,
Luderus *l*). Und in einer andern Urkunde 1282 er-
scheint er als Zeuge *m*). Auch 1272 in einer Urkunde,
nach welcher Ludolf Comes de Dassel dem Herzog
Albert einen Theil seiner Grafschaft abtritt *n*).

Theodoricus de Campe lebte 1279, und wird
Notar genennt. Ob Heinrich und Heino zwo
verschiedene Personen sind, das ist noch zweifelhaft.
Wenigstens sind sie höher noch nicht zugleich in eben
denselben Urkunden vorgekommen. Andere haben
bereits angemerkt, daß der Name Heino zuweilen m

E 3 Urkun-

---

i) Pfeffing. T. T. p. 4.

k) Scheidt in Mantissa Documentor, p. 871.

*) Leibn. E. I. p. 828.

l) Scheidt Cod. Diplom. in præfat. p. 35.

m) ibidem, p 41.

n) ibidem, p. 578.

Urkunden andeute, es sei zu gleicher Zeit noch ein älterer Bruder gewesen, der den Namen Heinrich geführet habe.

§. 13.

Anno III. de Blankenburg, der schon bei Herzog Otto dem Kinde 1236 dapifer gewesen, und 1258 als gemeinschaftlicher Dapifer bei den fürstlichen Brüdern, Albrecht und Johannes, vorkommt *a*) scheinet keinen Sohn hinterlassen zu haben.

Denn der jüngere *Anno* IV. nennet sich 1330 in einer Urkunde, die hinten Nr. V. vorkommen wird, Dapiferum dictum de Kampe, filium Domini Jordani Dapiferi felicis memoriæ; und in Pfeffingers Mspt. findet sich vom Jahre 1327 ein wichtiges Document, welches über die Abstammung der Campischen Familie von der Blankenburgischen viel Licht verbreitet. Es fängt sich also an: Venerabile in Christo Patri, Domino Ottoni Hildesimensis ecclesiæ Episcopo, *Anno* de Campe famulus, dictus Dapifer promptam et benevolam ut tenetur ad omnia placita voluntatem.

Er kündigt darauf für sich und Jordanum seniorem und Jordanum juniorem milites de Campen dem Bischofe den Zehnten in Wester-Zelle auf, welchen von ihm Wilken de Olden-Zelle famulus, zum After-Lehn hatte, und welchen er nun dem Kloster Wienhusen überlassen hat. Auf dem Siegel mit 5 Spitzen steht die Umschrift: *S. Annen Drosten.*

Ist

a) Rathleffs, p. 49. 50.

Iſt aber dieſer Anno IV. ein Sohn Jordans geweſen, ſo kann wol kein anderer Jordan gemeint ſeyn, als der fünfte dieſes Namens, der in den Urkun- den Strenuus Miles de Campe, ſenior dictus de Campe heißet, und ſich auf einem alten Siegel an einem Briefe im Kloſter Wienhuſen 1305 den Na- men Jordanus de Campok giebt b).

§. 14.

Dieſer Jordan V. vertauſchte 1297 den Boden- 1297 dorpiſchen und Blekenſtediſchen Zehenten, und in der Urkunde nennt er Jordanum militem Dapiferum illuſtris Principis Alberti Ducis in Bruneswick et Lüneburg dilectum ſuum Patruum.

Und wer ſollte wol ſonſt dieſer ſein dilectus Pa- truus ſeyn, als Jordan IV. Dapifer de Campo, deſſen Bruder Balduin II. de Campe geweſen. Als Balduinus II. Söhne werden daher angegeben: 1) Jordan V. 2) Bertram, 3) Heinrich, 4) Balduin III. 5) Otto, 6) Johannes. Wenn aber Jordan IV. Dapifer, und Jordan Marechallus, beide zu glei- cher Zeit, und zwar 1292 nach der Urkunde Nr. XIX, XX, gelebt haben, und nach der Urkunde Nr. II. Jor- dan IV. Jordans Onkel geweſen iſt: ſo kann Jordan III, der Vater Jordans IV, ſchwerlich ſchon 1237 geſtor- ben ſeyn, eben ſo wenig, als der Marſchall, Jordan 1252; und vielleicht wäre auch wol nachſtehende Ab- ſtammung paſſender:

E 4 Bal-

b) Pfeffing. T. I. p. 6.

Balduin II.

Jordan V.	Jordan VI.
cujus uxor fuit	
Gerdrut de Wenden.	
	Anno IV.

Jordan VII, Ludolf, Henrich. u. ſ. w.

§. 15.

Auſſerdem, was ſchon von gedachtem Jordan V. in dem vorigen geſagt iſt, iſt noch zu merken, daß er
1288 ums Jahr 1288 Herzogs, Heinrichs des wunderlichen,
1291 Dapifer geweſen iſt. Im Jahre 1291 überließ er den Gebrüdern von Heimburg, Heinrich, Herwig, Conrad den Zehenten in Riderloh, welches nebſt andern auch Heinrich und Ludolf von Hohnhorſt
1292 bezeugen d) Im Jahre 1292 wird er und ſein Bruder Balduin in einer Convention zwiſchen den Herzogen, Otto und Albrecht, als Zeugen angeführt e), und
1294 1294 bezeugt derſelbe, daß die fürſtlichen Brüder Albert, Wilhelm, Lothar, Conrad und Otto des Herzogs Heinrichs Schenkung an das Kloſter Stederburg
1296 genehmigen f). Im Jahr 1296 überläßt er nebſt ſeinen Brüdern Bertram, Heinrich, Otto dem Kloſter Wienhauſen, einen Hof in Weſter-Zelle g). Im
1318 Jahre 1318 war er nebſt Ludolf de Wenden Schiedsmann in der Streitigkeit, welche Gunzelius, Miles dictus

d) Or. Guel. T. IV. præfat. p. 21.
f) Scheid Cod. Diplom. præfat. p. 43.
g) Mſpt. familiæ.

dictus de Bartesleve mit dem Kloster Marienthal wegen der Achtworth in der Quernhorstischen Waldung hatte *h*). Seine Gemalin ist gewesen Gertrud von Wenden *i*). B a l d u i n III. de Campe war 1298 1298 Praepositus an S. Blasius zu Braunschweig, und unterschrieb nebst seinem Bruder J o r d a n (Johannes) den Transact der Herzoge, Otto und Albrecht, mit der Stadt Göttingen *k*).

J o h a n n e s wird in einem Schenkungs-Briefe des Ratzeburgischen Bischofs, Marquard, für das Kloster Rene 1313 Magister genennet *l*). Es scheinet aber, 1313 daß dieser Magister nicht hieher gehöre; es müßte denn seyn, daß er und der Johannes de Blankenburg sacerdos 1321 beim Erath in Diplm. Quedlinb P. 392 einerlei wären. 1321

O t t o war Abt am Michael Kloster zu Hildesheim; aber er verwaltete dieses Amt nicht lange. In dem Verzeichnisse der Hildesheimischen Aebte *m*), heißt es von ihm: Otto nobilis de Kampen professus rexit ad unum annum; postea resignavit et retinuit sibi aliqua bona et literas de Domo Hospitalis nostri ad vitam, quae tamen omnia
in

h) Scheid Mantissa docum. p. 365.
i) Pistor. §. 63.
k) In der Göttingischen Geschichts-Beschreibung L. p. 68. stehet Johannes.
l) Pfeffing. T. II. p. 198.
m) Leibn. T. II. p. 401.

F

in ſene_c_tute Monaſterio reſignavit. Da ſein
1297 Vorgänger E r n ſt 1297 geſtorben, und ſein Nach-
1298 folger Heinrich von Wenthuſen ſchon 1298 ſeinen
Platz wieder eingenommen hatte: ſo fällt es von ſelbſt
1317 weg, daß er 1317 oder 18, wie einige wiſſen wollen,
oder abgedankt habe. Eine andere Chronik *n*) die nicht
1318 lange nach 1521 ſcheint geſchrieben zu ſeyn, ſagt nicht
undeutlich, nach dem gemeinen Gerüchte ſei er enthauptet worden. Er ſei gewißermaſſen noch ein Knabe
geweſen, als er zu jener Würde gelanget ſei, und habe
viele Abteiliche Güter verpfändet. Doch heißt es
weiter: Nec credibile eſt, quod ſit decapitatus
propter nefas quoddam, quia inveniuntur ali-
quae literae, quas poſt longum tempus in ſenectute Monaſterio tradidit, ſicut de domo hoſ-
pitali, quam a monaſterio in poſſeſſione cum
aliquibus bonis ad vitam, quam tandem monaſterio in ſenectute reliquit, pro certa pecunia,
uteſt in certis literis ex copialibus. —

Aber nun trägt man ſich noch mit einer andern
Mordgeſchichte von gleichem Gepräge. In dem
continuirten gelehrten Preußen, Thoren 1725 *o*),
wird einer Chronick gedacht, welche erzählt, ein Otto
von Kampen ſei MCCCXLI. Abt zu S. Michael in
Lüneburg geweſen, der habe ſich heimlich entfernt,
eine

---

n) Ap. Meibom. T. II. p. 521.
o) S. Preußiſche Sammlung allerhand ungedruckter Urkunden, Nachrichten und Abhandlungen, 3ter Band,
4tes Stück, 1749. 8. Nr. 2. Dieſe Chronick hat
ein gewiſſer Johann Lindenblatt, der im 14ten und 15ten

eine Frau genommen, und nachdem er endlich entdeckt worden, sei er zu Domnau in Preussen enthauptet worden. Vermuthlich ist der Lüneburgische und Hildesheimische Abt eben dieselbe Person, die von der leichtgläubigen Tradition nach Gutbefinden ist umgeschaffen worden. Zum wenigsten ist es gewiß, daß an dem Kloster zu Lüneburg im XIV. und XV. Jahrhunderte ganz andere Männer, und niemals Personen des von Câmpischen Geschlechts Aebte gewesen sind. (Gebhardi diss. de re litter. coenobi S. Mich. in urbe Lüneburga p. 46).

§. 16.

Die verschiedene Annos und Jordans verwickeln diesen Theil der Blankenburg-Campischen Genealogie am meisten. Ließe sich das Sterbe-Jahr eines jeden genau angeben, so ließen sich auch manche Knoten leichter auflösen. Wir nehmen an, Jordan V. sei etwa 30 Jahr alt gewesen, als er nach §. 14 anfieng sich 1287 und 88 hervor zuthun, so müßte er ein Alter von beinahe 90 Jahren erreicht haben, im Fall er erst 1346 gestorben wäre. Das ist wol nicht zu vermuthen. Der Geschichte an sich entgehet durch diesen Verstoß nichts; was er nicht gethan hat, das bleibt für seine Söhne. Dieselben waren 1) Anno IV. nach §. 13. 2) Jordan Miles, 3) Ludolf, 4)

F 2 Hein-

Seculo gelebt hat, zum Verfasser, und ist eigentlich lateinisch geschrieben. Das lateinische Original ist aber nicht mehr vorhanden, und man muß sich mit einer elenden Uebersetzung behelfen, wovon hinten Nr. XIII. eine Probe gegeben wird.

Heinrich, 5) Conrad, 6) Bertram, 7) Jordan VII. famulus.

So werden sie in der Urkunde Nr. VI. vom Jahr 1344 angegeben, und so nennet sie auch das Peffingersche Mspt. und auch Pistorius*).

Was den Anno IV. betrift, beziehe ich mich auf das, was schon §. 13 von ihm ist beigebracht worden, und ausserdem wird hernach noch mehr von ihm müssen gesagt werden.

Heinrich und Jordan von Campe verkauften laut der Original-Urkunde Nr. VI. den Brüdern von
1344 Gustedt 1344 den Zehnten zu Bodendorf mit Willen und Vollbort ihrer Brüder, Bertram, Ludolf, Con-

---

*) Die Urkunde beim Pistorius (Chartular. Brunsvic. Hosp. B. Mariae virginis in W. F. v. Pistorius amoenitat. historico juridicis VIII Th. p. 2365). fängt an: Nos Henricus, Jordanus, Ludolfus, Bertrammus, Conradus et Jordanus dicti de Campe, filii strenui militis Domini Jordani de Campe senioris recognoscimus quod — ad perpetuam salutem animarum nostrarum et omnium parentum nostrorum donavimus — decimam in Campis ville Wedesbüttel ecclesiae hospitalis S. Marie apud longum pontem in Brunsuic. 1341 feria 6. ante diem Beate Marie Magdalene.

Weil hier keines Bruders gedacht wird, so scheinet es fast, als wenn Anno ihr Bruder nicht gewesen sei. Doch kann er auch keinen Theil an Wedesbüttel gehabt, und keinen Theil an der Stiftung genommen haben.

Conrad, und leisteten die Gewähr für ihren jüngsten
Bruder Jordan. Im Jahre 1346 sollen sie auch nach **1346**
einer geschriebenen Familien-Nachricht, die auch anders wo angeführt seyn soll p), die Greveschapp
over Popendieck den Herrn von Brabeck überlassen haben. Es ist aber nicht glaublich, wenn das seine Richtigkeit hat, daß die Herzoge, Otto und Wilhelm, diese
Greveschapp nebst Fallersleben schon 1337 von den
Grafen von Woldenburg gekauft haben q).

Ludolf war 1328 Zeuge, daß die Herrn von
Perfecke einen Streit wegen einiger Prätensionen mit
dem Kloster Barsinghausen aufgegeben haben r), ver- **1328**
muthlich ist er es auch von dem eine alte Urkunde
sagt s): Anno 1354 sprac dit Recht Ludolf von
Campen vor usem Herrn von Lüneburg uppe den Run-

F 3 tels-

P. 235. sind in Alberti ducis de Brunswich diplom. Zeugen Jordanus et Jordanus de Campe 1296.
Diese können Brüder gewesen seyn, und Anno
wäre denn der Sohn des jüngern Jordans. Henriel
de Wenden soror Gertrud war Jordani de Campis
uxor 1307. ib. 2372. vermuthlich des ältern Jordans.
Diese gelehrte Anmerkung bin ich nebst vielen andern
dem verdienstvollen Herrn Professor Gebhardi in Lüneburg schuldig.

p) Im Nachtrage zum genealogischen Handbuch, I. 24.

q) Kochs Braunschw. Lüneb. pragmatische Geschichte, p.
233. Grupen discept. forens. p. 693.

r) Scheid Mantissa doc. p. 400.

s) Grup. ib. p. 565. Die von Campen haben noch 1499
ein Familien-Haus vom Kloster Barsinghausen anbe-

telshorim mit dem Graben von Hattermund. ꝛc. Das
muß unter der Regierung Herzog Wilhelms geschehen
seyn, und ist ein Beweis von dem großen Ansehen
dieses Mannes.

Aus den vielen Gründen, welche der seelige Koeh-
ler in der historischen Nachricht von den Erb-Hof-
Land-Aemtern p. 26. anführet, erhellet, daß dieser
Ludolf Präses des Marschalls-Gerichts gewesen ist, welches das Forum privilegiatum des eingesessenen
Land-Adels war. Ein solcher Marschall pflegte aus
der Ritterschaft von dem Landesherrn besonders dazu
bestellt zu werden, und war derselbe von dem Erb-
Marschall ganz unterschieden.

Jordanus VI. Miles und Jordanus VII.
1320 famulus dicti de Kampe resigniren 1320 der Aebtißin zu Quedlingburg 3½ Mansos prope urbem
sitos t). Und so scheinet ihr Vater Jordan V. nicht
mehr am Leben gewesen zu seyn. Das ist indessen
gewiß, daß Jordanus VI. Miles, Jordanus VII. famulus, und Anno IV. dapifer, Quedlinburgische Stifts-
Leute gewesen sind u).

§. 17.

Nach Pfeffingers Mspt. hinterließ Jordanus VII.
famulus einen Sohn Ascho, oder wie er sich in einer
Urkunde

Burgstraße zu Hannover gehabt, welches jetzt zur
Official-Wohnung des ersten Ober-Hofpredigers mit
genommen ist. — Grupen Orig. et antiquit. Hannover, p. 364.
t) Kettner antiq. Quedl. p. 449.
u) Eraths Quedl. dipl. p. 390.

Urkunde vom Jahr 1346 nennt, Aſchuin van deme Kampe, Knappe Herrn Jordanes Sohne van deme Kampe *v*). Damals verkaufte derſelbe den Gebrüdern van Guſtidde etliche Höfe mit Zubehör, und in ſeinem Siegel nennt er ſich ſonſt Aſchvinum de Blancenborch, welches vermuthlich Blankenborch oder Blankenburg zur Erinnerung der Abſtammung ſeyn ſoll. Auch hatte er bereits 1345 an Jahne von Garsnebüttel und deſſen Bruder einen Hof in dem Dorfe Eſſenrode verkauft, und in der zu Bodenteich ausgefertigten Urkunde nennt er ſich Aſchwin van dem Kampe *). Die Herren von Garsnebüttel beſaſſen auch zu Iſenbüttel ein paar Höfe, die ſie 1350 1350 von den Herrn von Wenden gekauft hatten **), und dieſe Höfe ſind es vermuthlich, welche hernach 1367 die 1367 von Campe kauflich an ſich gebracht haben. Da dieſe von Garsnebüttel ſchon lange zuvor Droſten (Dapiferi) geweſen ſind, ehe die von Campe nach Iſenbüttel gekommen ſind, ſo können ſie das DroſtenAmt nicht von dieſen geerbt haben, und noch weniger ein Campiſcher Zweig ſeyn. Ihre Ländereien beſitzen gegenwärtig die Herren von Marenholz zur Dieckhorſt und Schwülper.

Aſchens von Blankenburg Söhne ſollen geweſen ſeyn Gerhard oder Geverd, Helmold oder vielleicht Hermann, beide lebten ums Jahr 1364. 1364

F 4

Abſchnitt

---

v) Pfeffing. T. II. p, 168.

*) Dieſe Urkunde beſitzt der Herr Landrath von Bülau zu Eſſenrode, und die Abſchrift ſteht hinten unter Nr. VII.

**) Siehe Nr. VIII.

Abschnitt III.

Von den von Campe auf Isenbüttel und Wetmar-hagen seit 1367 bis auf unsere Zeit.

§. 18.

Aus einer Original - Urkunde vom Jahr 1368 a) ist ersichtlich, daß Jahn, Anno und Hans von dem Campe dem Herzoge Albert to Brunswich und Over-walde, einen Zehnten von einigen Ländereien resig-niren, daß dieser Zehnte zu einem Hofe in Isenbüttel gehört habe, daß die von Campe diesen Hof von den von Garnebüttel gekauft, und daß erst genannte Brü-der von Campe besagten Zehnten dem neuen Kloster Isenhagen abtreten wollen; und eine eigenhändige An-merkung des weiland Herrn Hofrichters von Campe sagt, der Kauf sei 1367 geschehen, setzt aber zu den erst genannten drei Brüdern den vierten Ludger oder vielmehr *Jurius* hinzu, welcher Name aus der Blan-kenburgischen Geschlechts-Folge als bekannt voraus gesetzt wird. Da nach der Urkunde Nr. V. Anno IV. schon im Jahre 1330 seinen ganzen Zehnten (totalem decimam quatuordecim Mansorum) dem Kloster Isenhagen verkauft hat, und dieser Zehnte zu seiner Curie in Isenbüttel gehört hatte, (ad curiam meam in yfenbüttel pertinentium) so müssen die von Cam-pe schon damals in Isenbüttel einigermaßen seßhaft gewesen seyn, und ist es nicht sehr wahrscheinlich, daß jener Ankauf 1367 nur eine Erweiterung des Gutes in Isen-

a) Siehe Nr. IX.

Isenbüttel einigermaßen seßhaft gewesen seyn, und ist es nicht sehr wahrscheinlich, daß jener Ankauf 1367 nur eine Erweiterung des Gutes in Isenbüttel müsse gewesen seyn, **) und daß der Anno IV. vom Jahr 1330.

**) Aus dem schon angeführtem braunschw. Mspt. vom J. 1750. das den Hrn. Geh. Rath von Praun zum Verfasser hat, und hauptsächlich die Erläuterung der gemeinsamen Abkunft derer von Campe zu Isenbüttel und derer Schenken von Neindorf zur Absicht hat, wird angeführt, daß der Bischof Volrad zu Halberstadt den Zehenten zu Wittmarshagen an das Kloster St. Egidii in Braunschweig gegeben; und daß bereits 1307 Jordanus dapifer sich davon geschrieben habe. Eben derselbe habe auch 2 Worden allda dem Stifte S. Cyriaci in Braunschweig überlassen; Anno 1391 habe Herzog Friedrich zu Braunschw. lüneb. auch das Schloß daselbst an Anno von dem Campe dem Jüngern versetzt; und als die Herzoge Bernd und Heinrich ersterwehnten Herzogs Fried. ihres Bruders Wittwe, Anne mit den Schlössern Gifhorn und Fallersleben beleibzüchtigten, wären die Schlösser Neuenbrück und Wittmarshagen nahmentlich davon ausgezogen; wie es aber öfters geschehn, daß, was anfangs Pfands- oder Wedde-Schatz weise verschrieben gewesen, gegen einen Nachschuß nachhero zu Lehen angesetzt worden, möge es auch hier wohl also zugegangen seyn.

Mit Isenbüttel, im Amte Gifhorn sei An. 1361 Jurries (Jurius oder Jusarius) von dem Campe von dem Herzoge Albrecht von Grubenhagen bereits beliehen. Die Familie trage jetzt noch vom Stift Hildesheim zum Lehn unter andern das wüste Dorf Lüt-

G

gen

1330. und der vom Jahre 1367 nicht eben dieselbe
Person seyn könne, sondern daß zwischen den Anno
IV. und den Gebrüdern Anno, Jahn, Hans und
Jurius oder Jusarius von Campe kein anderes
Verhältniß anzutreffen sei, als zwischen Vater und
Söhnen. Die Chronologie hat nichts dagegen, denn
auch Pfeffingers Mspt. bemerket, daß Jahn schon
1344, Anno 1347, Jurius 1347, Hans 1344
existirt haben. Nach dieser Berechnung fängt die
zwote Stammtafel an, wo die erste aufhört.

§. 19.

Wenn es blos auf das Zeitalter ankäme, so lies=
sen sich zu den erstgenannten vier Brüdern, Anno,
Jahn,

gen Wendhausen im Amt Campen, nicht weit davon
liege auch das Gericht Wendhausen, womit die
von Dehn von den Herzogen Braunschw. Wolfen=
büttel Theils belehnt sind. — Von diesem Gericht
Wendhausen sei ehemals eine Familie benahmt ge=
wesen, in welcher man öfters, wie in der Familie von
Campe, die Nahmen Jordanes und Baldewinus
antreffe, und welche mit der Familie von Esbeck zusam=
men gehöret habe. Dann in einer Urkunde vom Jahr
1231. würden Fridericus de Esbeke und Balduinus
de Wendhausen ausdrücklich Brüder genennet, wie
denn auch beiderlei Siegel ziemlich mit einander über=
einträfen; maßen die von Wendhausen 1335 in einem
quergetheilten Schilde oben eine französische Lilie, und
unten drei Rosen geführet, der von Esbeck Schild
gleichfalls quer getheilet, die obere Hälfte aber leer, und
die untere mit 3 Rosen besetzt gewesen. (Falke in Tradit. Corb. Tab. VIII. n. 8.)

Jahn, Hans, und Jurius von Campe auch
noch wohl ein paar andere hinzusetzen, die mit Recht
Anspruch auf einen Platz in dieser Familie machen
können, und um diese Zeit gelebt haben, ob man
gleich ihre Genealogie nicht sicher anzugeben weiß. Es
sind die Brüder Heinrich und Wiger geheten von
dem Kampe. Sie lebten 1372. Schon oben §. 1.
ist angeführt, daß Balduin im Jahre 1244 zu Anlegung einer Kirche und Pfarre zu Steinhorst einen
gewissen Zehenten laut der Urkunde Nr. 1. legirt habe,
und daß diese Kirche in die Ehre des Ritter Georgs
sei eingeweiht worden.

Der gedachte Zehnte dauert noch jetzt gewisser-
mäßen fort, und die Brüder Heinrich und Wiger
hielten sich 128 Jahre hernach verpflichtet den Ritter
S. Georg und seine ihm geweihete Kirche auch noch
mit einer Mühle und Kote im Dorfe, wie die abge-
schriebene Urkunde Nr. X. bezeuget, zu beschenken.
Obgleich diese Donation jetzt nicht so beträchtlich
seyn mag, so war es doch in den damaligen Zeiten
nichts geringes; nur wäre es zu wünschen, daß sie
uns wegen ihrer Abkunft und Geschwister nicht so viel
zu errathen aufgegeben hätten. Ein sicherer Schriftsteller b) gedenket zwar eines gewissen Wigers vom
Jahr 1363. der seine Ansprüche an drei Höfe zu Ab- 1363
berode bei Braunschweig fahren läßt, aber dadurch
ist noch nicht erwiesen, ob er der rechte sei. Ueberhaupt sind einige Personen, die ihren Platz in der
G 2 Genea-

b) Gebhardt Nachricht von dem Stifte St. Matthäi in
Braunschweig. p. 98.

Genealogie bloß nach der Wahrscheinlichkeit erhalten
haben, zumal die, welche in eine ( ) eingeschlossen sind;
einige andere aber, deren Platz sich zur Zeit noch gar
nicht angeben läßt, sollen an gehörigem Orte angezeigt werden. Die zweite Stammtafel ist hauptsächlich aus des ältern Pfeffingers noch übrigen Manu-
scripten, die mir ein gütiger Gönner mitgetheilt hat,
zusammengetragen, welches durch das Zeichen Pf. an-
gedeutet wird. Ausführliche Personalien lassen sich
nicht allenthalben erwarten, und zwar um so viel weniger, je weiter sie in die ältern Zeiten zurück reichen.

§. 20.

Von den zuvor genannten Brüdern, Jahn,
Anno, Jurius und Hanns, ist Jahn I. der
berühmteste. Er und seine Frau Ilsebe kauften Güter zu Essenrode 1371 von den von Garßnebüttel,
und Hans von Campe war Bürge. S. Urkunde
N. XVIII. Sein und seiner Brüder Zeitalter fällt
unter die unruhige Regierung des Herzogs Magnus
II, Torquatus, in dessen Diensten er auch umge-
kommen ist; denn er ist ohne Zweifel der Campius ab
Isenbüttel c) der 1371 in der unglücklichen Ersteigung der Stadt Lüneburg erschlagen ward. Es heißt
fast durchgängig von ihm, er sei des erstgenannten
Herzogs Hauptmann und Voigt zu Wolfenbüttel gewesen

c) Sagittar. de urbe Lüneburg ad an. 1371. In Theod.
Garlixii Gedichte: Victoria triumphal. Luneburg.
olim contra Ducem Magnum divinitus concessa a.
1371. heißt er blos Isenbüttelius.

wesen, nur in Schomackers Lüneburgischer geschriebener Chronick bekommt er den Beinahmen Pöteker, ein Titel den man sonst nirgends, als unter den Lüneburgischen und Bremischen Erb-Hof-Aemtern antrift. Es würde uns zu weit von der Geschichte abführen, wenn wir die verschiedenen Meinungen von der Bedeutung dieses Wortes hier anführen wollten, zumal wir uns vorbehalten haben, in dem dritten Theile dieser Abhandlung das Nötigste anzuführen d). So viel läßt sich hier zum voraus bemerken, es gehörte das Pötker-oder-Pütecker-Amt, welches nach Scheids Anmerkung so viel, als einen Kellner bedeuten soll, e) zu den vornehmsten adelichen Hofbedienungen, womit Drosten und andere gleichen Ranges von den Landesherrn belehnt wurden. Aber nicht als Pöteker, nicht als Droste, sondern als treuer Vasall seines Fürsten und vielleicht als Hauptmann unter desselben Truppen verlohr er das Leben. Etwas muß hier von der Veranlaßung gesagt werden. Der Herzog von Braunschweig Wolfenbüttel Magnus Torquatus hatte Mittel gefunden, nach dem Tode seines Bruders Ludewig, der die zwote Tochter Herzog Wilhelms von Lüneburg zur Gemahlin gehabt hatte, und unbeerbt gestorben war, den Herzog Wilhelm dahin zu vermögen, daß er ihn in den Platz des verstorbenen Bruders treten ließ, und ihn zu seinen Erben und Nach-

G 3 folger

d) Umständlicher handelt hiervon weil. Prof. Kohler zu Göttingen in der historischen Nachricht von den Erb-land-Hofämtern des Herzogth. Br. Lüneb. 1746.
e) Scheids Anmerkungen zum Moser p. 36.

folger im Fürstenthum Lüneburg erkannte, ihm auch 1367 von den Lüneburgischen Landesständen eventualiter huldigen ließ. Weil aber der Herzog Wilhelm in Ermanglung männlicher Erben schon zuvor seine ältere Tochter dem Ascanischen Herzoge von Sachsen-Lauenburg, Otto, aus dem Chursächsischen Hause zur Gemalin gegeben, und dessen Sohne Albrecht die Succeßion in den Lüneburgischen Landen versprochen hatte, auch sogar Ottos Brüder Churfürst Rudolf und Wenzeslaus vom Kaiser Carl IV. auf diese Erbschaft waren beanwartet worden f), so erwartete man mit Schrecken das Ungewitter, das schon seit 1355 als Ludwig zum Mitregenten war ernennet worden, sich aufzuthürmen angefangen hatte, und sich erst mit dem Jahr 1388 endigte. Kurz, die Sächsischen Prinzen suchten ihre Ansprüche geltend zu machen; sie implorirten die Hülfe des Kaisers; dieser ertheilte den Sächsischen Prinzen die förmliche Belehnung auf die Lüneburgischen Lande, befahl den Landesständen diese Prinzen für ihre Landesfürsten zu erkennen; und weil Herzog Magnus sein in Besitz genommenes Land nicht gutwillig wollte fahren lassen, so ward er, und alle, die es mit ihm hielten, in die Acht erkläret. Dadurch kam die Stadt Lüneburg vor andern ins Gedränge. Der Herzog Magnus hatte derselben schon große Summen abgepreßt, den alten Magistrat abgesetzt, sich der Thürme, Thore, und der Festung auf dem Kalkberge bemächtiget, als es zwischen ihm und dem Herzog

f) Scheidt praefat. ad Cod. diplm. p. 58. Or. G. T. IV. p. 25.

zog Albrecht zu Mecklenburg, dem die Vollziehung
der kaiserlichen Acht war aufgetragen worden, bei
Winsen an der Luhe zur Schlacht kam, welche Herzog Magnus mit Verlust vieler Gefangenen verlohr.
Diese sollten ausgelößt werden, die Lüneburger sollten
abermals Geld hergeben; das wollten sie nicht, daher
erklärte er dieselben für offenbare Feinde; und nun
kündigten sie ihm allen Gehorsam auf, überrumpel-
ten den Kalkberg, und nahmen ihn in Besitz. Der
Ascanische Herzog Albrecht und Churfürst Wenzel hielten darauf ihren förmlichen Einzug in die Stadt, und
nahmen die Huldigung ein. Die andern Städte folgten ihrem Beyspiele, und nun suchte Herzog Magnus
sein Land so gut zu retten, als es bei damaligen Um-
ständen möglich war. Es ward zu Uelzen ein Still-
stand errichtet, und ward verabredet, daß alles so
lange in statu quo bleiben solle, bis der Kaiser in
teutschen Landen einen Tag ansetzen würde.

Die Sächsischen Prinzen kehreten darauf in ihre
Staaten zurück, aber während des Stillstandes hatte
Herzog Magnus schon wieder einen gefährlichen An-
schlag gegen die Stadt Lüneburg gefaßt, und eben
der ist es, den Jahn von Campe nebst vielen andern
Rittern und Gemeinen mit dem Leben bezahlen mußten. Es war nämlich den 21 Oct. 1371, als ein
rüstiger Trupp wol versuchter Leute gegen 700 Mann
stark die in aller Stille, und einzeln von Zelle aufbre-
chen, und sich nicht weit von Lüneburg an einem an-
gewiesenen Orte versammlen mußte, in der Absicht, die
Stadtmauren des Nachts zu ersteigen, und die Stadt
zu

zu züchtigen. Es geschahe; die Bürgerschaft, die nichts weniger, als diesen Ueberfall befürchtete, hatte sich gröstentheils zur Ruhe begeben; aber sie war früh genug wieder bei der Hand, alles niederzumachen, was ihnen in der Wuth aufstieß und sich nicht verstecken konnte g). Man hat angemerkt, daß in der so genannten bulla bannitoria des Kaisers Carls des IV. vom Jahre 1370 sehr viele Edelleute aus den Lüneburgischen Landen mit dem Herzog Magnus nahmentlich zugleich in die Acht sind erkläret worden, unter selbigen aber findet sich kein von Campen h). Anzeige genug, daß sie sich des Bannes nicht schuldig gemacht haben.

Hingegen, als nach dem Tode Herzog Albrechts, der in der Belagerung des Schloßes Ricklingen 1385 das Leben verlohren hatte, des Herzogs Magni Söhne Heinrich und Friedrich den 1386 mit dem Herzog Wenzeslaus errichteten Vergleich nicht halten wollten, ließen die patriotisch denkende Ritterschaft und Stände ein Abmahnungsschreiben an gedachte beide Prinzen ergehen, und da blieb von den damals lebenden von Campen kein einziger zurück, der sich nicht unterschrieben hätte i). Die Gemalin dieses verunglückten Jahns von Campe soll Ilsebe geheißen haben, für die er nicht lange vor seinem Ende, laut

g) Rethmeier p. 646. seq.
h) Bilderbecks Widerlegung des Amtsanwaltlichen Berichts von den Landes-Recessen und Privilegien.
i) Scheid de Nobilitate p. 135.

laut einer Familien-Nachricht, einen Hof zu Essenrode
soll gekauft haben.

§. 21.

Anno 5 V. hinterlassene Söhne waren nach Pfes- **Tab.**
singers Angabe 1)Anno VI. der in den Jahren 1383, **II.**
1428. soll gelebt haben.

2) Geverd oder Gerhard von Campe
Knappe. Derselbe resignirte dem Sächsischen Herzoge
Albert von Lüneburg 1384 ein Lehn zu Süttorpe k),
und war 1386 mit unter den Edelleuten, die nach §.
20. ein Abmahnungsschreiben an die Prinzen Heinrich
und Friedrich ergehen ließen. Von demselben aber
scheinet der Geverd unterschieden zu seyn, der Aschen
von Blankenburg Sohn gewesen, und nebst dem Bruder Helmold 1364 gelebt haben soll.

3) Diederich lebte 1383. (Pfeffinger Mspt.)

§ 22.

Gerd oder Gerhards von Campe 4 Söhne heissen in dem oft gedachten Abmahnungsschreiben 1386,
Harbort, Ludolff, Statius und Hans. Es
wird aber daselbst noch eines andern Hans von Campe gedacht, und das müste wol der Bruder des erschlagenen Jahns I. gewesen seyn.

§. 23.

Im Jahre 1376. lebte ein Hermann von
Campe, der Zeuge war, als ein gewisser Empelde
Schele

k) Senkenberg dissert. de Feudis Brunsuicensibus. p.32.

H

58

Schele von dem Gogräven Buchard von Welberge
dem Kloster Wennigessen einige Güter resignirte l),
und an einem andern Orte m) werden Hermann und
(Johann) Jahn, als Brüder angeführt. Aus diesem
Grunde ist es nicht unwahrscheinlich, daß sie beide
Annos VI. Söhne gewesen sind, und daß Hermann eben
der Hermen sei, der 1386 den oft erwehnten Brief
mit unterschrieben hat, und unter dem Nahmen Johann kein anderer versteckt liege, als Jahn II. der
in den Jahren 1434, 1455, gelebt hat, und dessen Gemalin Metta soll soll geheissen haben. Eine
ungenannte Schwester dieses Jahns war an Baldewin von dem Knesebeck verheirathet.

§. 24.

Ob Jahn II. mehrere Kinder hinterlassen, als
Heinrich I? der 1462, 1482 gelebt hat, das läßt
sich nicht mit Gewißheit sagen. Indessen scheint es
doch, daß er Töchter gehabt habe, von welchen die
eine an einen von Bothmer verheirathet gewesen. Denn
in den alten Kl. Rechnungen zu St. Michael in Lüneburg vom J. 1479 wird der Schwestern des Prio-
ris v. Bothmer gedacht, die aus dem Hause Campe
gewesen, wenn nicht gar Jahns Wittwe diesen v. Bothmer wieder geheirathet hat, oder die So-
rores können auch seine Halbschwestern gewesen seyn.
(Gebhardi.)

§. 25.

l) Scheid in Mant. Docum. p. 457.
m) Falke in tradit. Corbeiens. p. 936.

§. 25.

Da die Isenbüttelsche Familie der von Campen bei dem damaligen Landesherrn in dem größten Ansehen stand, so war es auch nicht zu verwundern, daß ihnen auch so manche Lehne zuwuchsen. Man hat angemerkt, daß seit beinahe 200 Jahren, und zum Theil länger, sehr viele adeliche Häuser in den Braunschweig-Lüneburgischen Landen sehr ansehnliche Lehne von dieser Familie zum After-Lehne tragen, und daß dieselben ihre Lehne von dem Churhause Braunschweig-Lüneburg, von dem Hochfürstlichen Hause Braunschweig-Wolfenbüttel, von der Probstei zu Halberstadt, von den Herren Bischöf. zu Hildesheim ꝛc. releviren.

Es besaß dieselbe auch ehedem Güter zu Wahlingen und Kuppenberg, zu Silo (Silda) in der Grafschaft Mansfeld, welches letztere gegenwärtig die Freiherren von Marenholz seit 1604 besitzen. In welchem Jahre sie die Lehngüter zu Martensbüttel und Wedesbüttel erhalten haben, davon haben wir nicht Nachricht genug. Daß aber Wettmarshagen schon 1307 dem Jordanus Dapifer gehört habe, ist bereits zuvor in der Anmerkung §. 18. angezeigt worden. Genug, Heinrich v. Campe I. besaß diese Güter, und man findet daß sich nach seinem Tode die Familie in 2 Branchen getheilet habe, nemlich

    A) In die Isenbüttelsche, wozu auch Wettmarshagen gehörte,

    B) In die Martens und Wedesbüttelsche.

Weil die letztere 1639 zuerst ausgegangen ist, so mag dieselbe voran gehn.

§. 26.

A) Die Martens und Wedesbüttel-sche Branche.

Heinrichs I. hinterlaßene Söhne sollen gewe-sen seyn, Jahn, Ernst und Lambert. So wer-den sie vom Pfeffinger angegeben, und so werden sie auch in einem Schemate Genealogico aufgeführt, welches in Actis contra Grote in puncto des Ze-henten zu Hohne vor einigen Jahren bei hiesigem ho-hen Tribunale ist producirt worden. Dieser Jahn III. war ohne Zweifel der Aelteste, und Lambrecht der Jüngste, der sich aber vermuthlich mit einer an-derweitigen Vergütung hat abfinden laßen. Er lebte indessen noch 1488. In der Theilung erhielt Ernst Wedesbüttel und Martensbüttel. Weil aber diese Theilung vielleicht noch zu ungleich war, so sahe sich der älteste Bruder Jahn genöthigt, diesen seinen mittlern Bruder Ernst durch einen Vergleich zu be-friedigen.

In der Amtsregistratur zu Gifhorn liegt das O-riginalconcept eines Recesses, doch sine die et Con-sule, wie man zu sagen pflegt, nach welchem Jahn diesem seinen Bruder ein Capital von 4000 Rthlr. ein für alles auszuzahlen, und jährlich 9 Scheffel Ha-ber zu liefern sich erbietet. Ob? und wie ferne dieser Vergleich zu Stande gekommen sei? ist uns unbe-kannt. Wer die Gemalin dieses Ernst von Campe gewesen, davon schweigen die Annalen, denn in den damaligen Zeiten findet man deren Nahmen nur noch höchst selten angeführt. Seine hinterlaffene Söhne, die

die man mit Gewißheit angeben kann, waren: 1) Rudolf, der im Jahr 1503, bis 1534 gelebt, und eine Tochter Ilse gehabt hat. 2) Ernst im Jahr 1518, bis 1535. Ob demselben noch ein dritter, Nahmens Richard, der 1548 gelebt hat, beizusetzen sei? das bleibt noch ungewiß, und eben so wenig ist es außer Zweifel, ob die Anna von Campe, mit welcher Herzog Heinrich von Lüneburg, der Mittlere zubenahmt, noch bei Lebzeiten seiner Gemalin Margaretha aus Meissen heimlich zugehalten habe, und mit welcher er sich hernach trauen lassen, nachdem er 2 Söhne mit ihr gezeuget, zu dieser Familie gehöre? p). Wenn sie indessen hieher gehöret, welches dadurch sehr wahrscheinlich wird, weil es vielleicht durch sie geschehen ist, daß auch die Metta von Campe mit dem Herzoge Otto in Bekanntschaft gekommen ist: so ist sie von dieser Branche gewesen. Der Herzog Heinrich hatte 2 Söhne mit ihr erzeuget, von welchen der eine Franz Heinrich bei den Kaisern Maximilian und Ferdinand in großem Credit gestanden, wie er denn auch durch kaiserliche Vorschrift 1562 an die Landesstände ein Landesstück zu erhalten, nachgesucht hat, der andere aber ist, wie die Chronick meldet, im Lande geblieben, und in gefänglicher Haft gestorben.

§. 27.

Ernst der Jüngere von Campe lebte 1518, 1584, sein Sohn Rolef der 1569, 1596 in den väter-

H 3

p) Die Geschichte ist aus Georg Hanstedts ungedruckter gleichzeitiger Chronick genommen, und wird, was hieher gehöret unter den ungedruckten Beilagen No. XV. abschriftlich mitgetheilet.

väterlichen Besitzungen war, ward 1590 nebst seinem
Vetter Jahn, Heinrichs II., aus der Isenbüttelschen
Branche, ältestem Sohne mit dem Wolfenbüttelschen
Lehne investiret a). Dieser R o l e f hinterließ 2 Söhne,
G e o r g, der schon 1606 verstorben, und H e i n r i ch
den letzten dieser Branche. Er hatte 1592 zu Wittenberg studirt, und von da einen kranken Körper zurück gebracht. Weil er nun bei den damaligen Krie-
gesunruhen und vielen Durchmärschen, die nöthige
Ruhe und Bequemlichkeit zu Wedesbüttel nicht haben
konnte: so miethete er sich zu Gifhorn in ein Bürger-
haus, wo er auch 1639 verstorben. Weil seine
Barschaft sich wohl nicht so weit mochte erstreckt haben,
daß die standesmäßige Begräbnißkosten hätten davon
bestritten werden können, und die Verwandte, von
der Isenbüttelschen Branche, ohne Zweifel schon
wußten, daß die von Grote bereits auf dieses Lehn,
welches nun offen ward, waren beanwartet worden:
so wollten sie sich auch nicht in den Vorschuß einlas-
sen. Die Leiche stand also ungewöhnlich lange über
der Erde, und der Wirth vom Hause sahe sich genöthigt

a) Pfeff. T. I. p. 4. Herz. Franz Otto expectivirte 1555
Mittewoch nach Palmar. so wie sein Nachfolger 1560,
1568, 1598. Jacobum fil. Thomae Groten und Otto
Aschen von Mandelslo auf die Lehngüter Rolefs von
Campen, der von Adelepsen, von Elten, von Rübbesbüttel. Da die von Rübbesbüttel ausstarben, überließ Otto Grote seine Hälfte den von Mandelslo neml.
Otto Aschens Wittwe und Jahn von Campen als Vor-
munder Cords von Mandelslo 1583. (Gebhardi.)

thigt bei der Justizcanzlei zu Zelle deswegen Vorstel-
lung zu thun, bis endlich Verfügung zur Erstattung
des Vorschusses gemacht, und die Leiche zu Gifhorn
beigesetzt wurde. Seit dem sind Martensbüttel und
Wedesbüttel nicht mehr bei der Familie der von Campe;
sondern die Familie der von Grote ist in dem Besitze
derselben.

B) Die Isenbüttelsche und Wettmarshagener
Branche.

§. 28.

Jahn der III. dieses Nahmens, dessen schon §.
26. ist erwehnt worden, Heinrichs I. von Campe ältester Sohn, soll die Stelle eines herzoglichen Braunschweigischen Lüneburgischen Hauptmannes zu Harburg
bekleidet, aber schon 1515 nicht mehr gelebt haben.
Daß er mit seinem Bruder Ernst sich wegen Isenbüttel verglichen, und denselben mit einer nahmhaften
Summe abgefunden, auch das ist bereits aus den vorigen bekannt; daß er sich aber in einem gewissen Revers, der gleichfalls noch in der Amtsregistratur zu
Gifhorn aufgehoben wird, selbst Bastard nennet, das
ist ein Räthsel, dessen gründliche Auflösung bisher vergeblich ist gewünscht worden.

Es ist zuverläßig, schreibt der erste der dortigen
Herrn Beamten, daß ein Revers, welcher sich anfängt:
Ich Jahn von Campen, Bastard, in hiesi-
ger Amtsregistratur im Original existirt, allein ich
kann denselben jetzo nicht auffinden, da mir nicht sinn-
lich ist, in welcher Sache der Revers ausgestellt worden.

den. An der Existenz dieses seltenen Originals ist also wol nicht zu zweifeln, doch wünschten wir es um deswegen selbst zu sehen, ob sich etwa einige Veranlaßung zu diesem Beinahmen daraus errathen ließ. Weit entfernet indeß, daß dieser Beinahme in den damaligen Zeiten für schimpflich zu halten sei. Machte sich doch William Conquæstor, König von England, eine Ehre daraus sich also zu nennen b).

Vielleicht ist auch hier der Fall gewesen, daß dieser Jahn mit einer Mutter ungleichen Standes erzeugt, und durch die Heirath ist legitimirt worden, aber sich hat verpflichten müssen, diesen Nahmen öffentlich zu führen, um dadurch gewissen Ansprüchen auf Erbschaften u. d. gl. vorzubeugen. Eine Muthmaßung veranlaßet die andere. Es bleiben aber immer Muthmaßungen, so lange die Mutter nicht nahmhaft gemacht wird.

Er blieb indeß in dem Besitze der väterlichen Güter und seine Tochter Mathilde hatte sogar die Ehre zur Gemalin eines Herzogs erkohren zu werden; die Söhne waren Heinrich, Rolef, Hanns.

§. 29.

b) Wachteri Glossar. p. 128. Hodie, ni fallor, ira distinguunt, ut *Bancardus* sit foetus vulgo quæsitus; *Bastardus*, cujus pater in aprico est; Ille matris tantum haeres est, hic etiam patris, et in lineam paternam poterat succedere. — Inde est, quod nec famosum Angliæ subactorem, Gulielmum *Normannum* tituli hujus puduerit, dum epistolas suas ita orditur: Ego Willielmus cognomento *Bastardus*, nec alios hodie pudeat.

§. 29.

Diese Mathilde oder Metta von Campen, wie sie insgemein genennet wird, war damals schon eine vaterlose Waise, als sie 1524 mit gedachtem Herzoge Otto von Braunschweig-Lüneburg vermälet ward. Bekanntermaßen war derselbe der älteste Sohn Herzog Heinrichs des Mittlern oder von der Heide; eben desselben, der schon damals §. 26. mit der Anna von Campen einen vertrauten Umgang unterhalten. Es hatte dieser Herzog Heinrich, um der Reichsacht auszuweichen, sich genöthigt gesehen, sich ausser Landes zu begeben, die Regierung niederzulegen, und sie 1520 seinen beiden ältesten Prinzen Otto und Ernst zu übertragen. Nicht lange hernach ward die protestantische Religion in den hiesigen Landen eingeführet, und weil die Umstände es nöthig machten, daß die Prinzen das Land oft durchreisen mußten, so kann es gar wol seyn, daß auf einer solchen Reise das Liebesverständniß zuerst entstanden sei. Der Herzog Otto war ein frommer, stiller Herr, der die Ruhe liebte. Er überließ also seinem Bruder Ernst die Regierung so lange allein, bis der dritte Bruder, Franz, mit dazu gezogen werden konnte, und begnügte sich mit einer gewissen Abfindung zu Harburg. Es ist über diese Heirath vieles geschrieben; das wesentlichste und zuverläßigste kann hier wol nicht ganz mit Stillschweigen übergangen werden c).

c) Scheids Anmerk. zu Mosers Staats-Rechte p. 54. u. Strubens Abhandl. von ungleichen Ehen in den Nebenstunden, 5tes Th. p. 247. seq. verdienen hier nachgelesen zu werden.

J

Erst im Jahre 1527 ward ein Vertrag wegen
der Succeßion zwischen den fürstlichen Brüdern errichtet. d) In diesem Vertrage werden ihr 400 Gold-
gülden zu ihrer Morgengabe und Leibzucht an jährlichen Einkünsten, einem jeden Sohne aber, der aus
dieser Ehe erzeuget würde, 3000, und einer jeden Tochter 2000 Rheinl. Goldgulden zu ihrer ehelichen Aus-
stattung stipulirt, und im Fall des Herzogs männlicher Stamm ausgehn, dabei aber einige Töchter nach-
bleiben sollten, wurden denselben zusammen 6000
Rthlr. accordiret; eine Summe, die in den damaligen geldarmen Zeiten, und bei den großen Landes-
schulden noch beträglich genug war. In diesem Vertrage hatte sich auch Herzog Otto, und seinen Kindern das Erbfolgrecht ausdrücklich vorbehalten, im
Fall seine Herren Brüder ohne männliche Erben ver-
sterben sollten. Daß sie in den Grafenstand sei erhoben worden, ihr Gemal aber es niemals habe dahin
bringen können, daß man sie, als eine Fürstin geehrt
hätte, ist ganz unerweißlich. Vielmehr ward sie auch
nach dem Tode ihres Gemals in allen Aufsätzen insgemein Herzogin genennet, und in einem Schreiben vom
Herzog Franz zu Gifhorn an die Befehlshaber zu Harburg 1549 nennet er sie, unsere geliebte Schwester, auch sie selbst nennet sich in verschiedenen noch
vorhandenen Hand-Schreiben Metta, seligen
Her-

d) Einige behaupten daher die Vermälung sei erst 1527
vor sich gegangen; allein nach Pfeffingers, Eraths
und anderer Angabe, waren schon 1526 Anna, 1527
die Zwillinge Otto und Franz, die aber bald wieder
gestorben, gebohren, und 1528 Otto der Jüngere.

Hertogsen Otten tho Bronswick und Lü-
neburgck nahgelatene Wedewe. Ja, als
der Herzog Otto seinen Prinz Otto an dem Hofe des
Churfürsten von Sachsen erziehen lassen wollte, und
dieser Herr darin einige Schwierigkeiten zu finden
schien, weil ihm hinterbracht sei, daß seine, Herzogs
Otto Erben allererst nach gänzlicher Erlöschung des
Stammes als Fürsten geachtet und gehalten werden
sollten, schrieb der alte Herzog desfalls an seine Herren Brüder, und er bekam zur Antwort, sie wollten
sehr bitten, er, Herzog Otto, mögte sie nicht im Ver-
dacht haben, als ob sie dem Churfürsten dergleichen
nachtheilige Begriffe gegen den Fürstlichen Stand seines Sohns beigebracht hätten. Und als es 1585
darauf ankam, daß der Prinz Friedrich, Herzog Ottos des Jüngern Sohn bei dem Hochstifte Magdeburg
einen Attestat von seinen Agnaten wegen seiner Fürstlichen Vollbürtigkeit beibringen sollte, erstattete ihm
solches in gehöriger Form, Julius & Henricus Duces Brunſuicenſes cum Chriſtophoro atque Johanne, Ducibus Megapolitanis coram Capitu-
lo Magdeburgenſi, und beehrten ausdrücklich die
Metta von Campe mit dem Nahmen einer Hochgebohrnen Fürstin, Herzogin zu Braunschweig und
Lüneburg e). Sie ward 1549 Witwe, und starb,
1580 den 16 October. Ihre jüngern Brüder Rolef,
gebohren 1527, starb 1532; Hans, lebte 1527-1542
und eine Schwester, deren Nahme unbekannt ist, soll
an einen Herrn von Hodenberg vermält gewesen seyn.

J 2 §. 30.

e) Scheidl Cod. diplm. p. 510.

§. 30.

Heinrich der 2te dieses Nahmens erbte Isen-
hüttel und Wettmarshagen. Er lebte 1518, und
hatte sich mit Magdalena von Mandelsloh vermält,
und aus einem Trost-Schreiben f) welches Conrad
Kock Pastor thor Harborgh 1546 an den Durchlauch-
tigsten, Hochgebohrnen Fürsten und Herren, Hertogsen tho Brunswick und Lüneborgh ehelicken Gemael
Frouwen Metten ergehen lassen, ersehn wir, daß derselbe zu Braunschweig vorräthlicken, heimelicken und
erbarmlicken is verwundet und gedödet worden. Der
gute Mann macht ihn sogar zu einen Märterer. Mag
doch niemand seggen, heißt es im Verfolg, nachdem
viele Sprüche aus der Schrift zur Beruhigung der
Fürstin angeführt worden; „Mag doch nemand seggen,
„dath he alse eyn Oveldeder geledden hebbe, sunder
„alse ein unschuldig Marteler, darum he nicht unbil-
„lick in den Tall der hiligen Marteler mag getellet
„werden, indem se nene rechte Sacke tho eme gehat
„hebben, dat ock syne Unschult ganß Brunswick be-
„tüget und beklaget. „ Am Schluße setzt er hinzu:
„Ju wyllen ock Juwer lewen Süster, ock de nagela-
„ten Wedewen unde Wesen dützes sülften gelicken trö-
„sten. — Wäre ide nu Godes Wylle gewest, dat he
„im Lebende gebleven wär, alse ide nicht gewest is,
„so hedde he mith Godes Hülpe syner Frowen unde
„Kindern alse eyn Mydell van Gode gegeven, helpen
„kont, alse he ock truelick gesinnet was, dewile he
„ock

f) Schade! daß dieses Trostschreiben zu lang ist; indeß
   wird es erlaubt seyn, einige hieher gehörige Stellen ein-
   gerückt zu haben; und hinten dasselbe in einem Auszuge
   beizufügen.

„ork am öltesten, da he hir tho Harborgh was, uth
„christlicker redelicker guder Meynynghe synne twe Sö-
„nes, Ernst und Hinrick, so he noch tho Huß
„hadde, mith my tho wesende in de Schole tho gande
„bestellede, up dat se in christicken Dogenden tho der
„Ehre Godes mögten uppetogen werden.„ Ohne diese
Anzeige würden wir kaum wissen, daß Heinrich II. ein
Bruder der Fürstin Metta von Campe gewesen sei;
die Umstände seines unnatürlichen Todes aber, bleiben
uns doch unbekant. Andern Nachrichten zur Folge
hinterließ er John IV. Conrad, Ernst, Heinrich III.
Catharine, vermählt an Franz von Rheden, Anna, vermählt an Heinr. v. Bevesen auf Wickenstedt; und er ist es
auch ohne Zweifel, der nach Pfeffingers Mspt. 1531
Heinrich Hohgräven mit der Mühle zu Boysen und dem
Zehenten zu Eversen und Katensen belehnet hat.

§. 31.

Dieser John IV. oder Johannes von Campe auf
Wettmarshagen, Isenbüttel, Walingen und Si-
loh ꝛc. ꝛc. Heinrichs II. ältester Sohn war Braun-
schweigischer Lüneburgischer Hauptmann zu Heimburg,
nicht zu Harburg, und lebte 1554, 1600. Er lebte unter
der Regier. der beiden Br. Lüneb. Herzoge, Heinrich u.
Wilhelm, beide die Jüngern genant, und von beiden
finden sich unter den alten Familien-Scripturen ein paar
an ihn geschriebene Original-Briefe vom J. 1569, ein
Beweis, wie sehr er bei diesen Prinzen accreditirt gewesen
sei. S. hinten Nro. XXXIV, XXXV. Seine
erste Gemalin war Sophia, eine Tochter Balthasars
von Ahlden, und Magdalenen von Spiegel, die 2te
Sophia, Levins von der Schulenburg auf Bezendorf,

J 3   und

und Ilsen von Lützow-Tochter, die Geschwister, so viel
deren bekannt sind, stehn auf der 2ten Stammtafel.

Die Kinder der ersten Ehe waren:

Heinrich IV von Campen.

Balthasar 1573, — 1612.

Der zweiten:

Ilsa, Gemal. Heinrichs v. Knesebeck auf Kolborn und
Corvin; Sophia verm. 1612 mit Georg v. Danneberg.

Werner auf Isenbüttel.

Conrad Ernst 1599, stirbt 1640.

Clara, vermält an Joachim Georg von der Schulenburg.

Metta, vermält an Heinrich von der Schulenburg auf
Brohme.

Anna Margaretha, vermält an Jobst Heinrich von
Oberg 1642.

§. 32.

Heinrich IV. von Campe auf Wettmarshagen
und Wallingen, vermälte sich 1599 mit Anna Sophia
von Krosigk Herrn Volrath von Krosigk auf Kupper-
berg und Sophien von Troten Tochter, und starb 1618.

Werner v. Campe auf Isenbüttel, lebte 1573,
1638. Beide Halbbrüder haben sich also damals se-
parirt. Er hinterließ von einer unbekannten Gemalin eine Tochter Anna Ilsa, 1645, und einen Sohn
Heinrich, Ernst, der 1641 gestorben ist. Nach
dessen Tode ward Wettmarshagen und Isenbüttel wieder vereinigt.

Im Jahre 1612 hat Herzog Christian, Bischof
des Stifts Minden, Heinrichen von Campe, den ehr-
baren lieben getreuen, als Aeltesten, nebst seinen Brüdern

dem und ihren männlichen Leibes-Erben, als die rechte
Linien-Dal mit den Feudis de Anno 1518 investirt,
welche auch Heinrich Vollraths von Campe hinterlassene Wittwe, Frau Sophia Elisabeth von Spörken,
durch ihren Gerichtshalter im Nahmen nachgelassener
Söhne hat renoviren laßen g). Auch schon 1607.
hatte derselbe, als der Aelteste des Geschlechts, von
Herrn Philipp Sigismund, postulirten Bischof
des Stifts Osnabrück und Verden, als Dom-Probst
zu Halberstadt einen Muthzettel (testimonium reno-
vationis) wegen der Lehn von 1515 erhalten, zu deren Empfang ihm aber erst der 1te Febr. 1619 zu Hartz-
leben ist angesetzt worden. Dessen hinterlassene Kinder sind, Johann Vollrath, Julius Ernst
1638 † 1641. Maria Elisabeth verheiratet 1642
an Friedrich v. Germesen, wird Wittwe 1648, stirbt
1666, Ilse Sophie lebte 1621, 1623. Anna, vermählt an N. v. Stein Callenfels, Balthasar Oswald.

§. 33.

Balthasar Oswald von Campe auf Wettmarshagen, Isenbüttel rc. Heinrichs IV. ältester Sohn,
gebohren 1617. Nachdem er seinen Vater bereits
1618 verloren, begab er sich bei zunehmenden Jahren nach Zelle, und ward an dem Hofe Herzogs Christian, erwehlten Bischofs des Stifts Minden Page,
und nahm hernach als Volontair bei den damaligen
Kriegestroublen unter dem Oberstlieutenant Reinecke
Dienste. Weil ihn aber eine Bleßur am Arme zum
Dienste untüchtig gemacht hatte, und ohnedem seine
Frau

g) Pfeffinger. T. I, p. 5.

Frau Mutter bald darauf verstorben war, so widmete er sich, seinen Geschwistern zum Besten, dem Hauswesen. Durch das Ableben seines Onkels Werner von Campe, und dessen Sohn, Heinrich Ernst, fiel auch Isenbüttel 1641 wieder an ihn zurück.) In dem 26. Jahre seines Alters vermälte er sich den 13. Jul. 1643. mit dem Fräulein Anna Magdalena von Wallmoden, Herrn Thedel Burchard von Wallmoden auf Wallmoden, Heindе, Wolfenbüttelschen Raths und Oberhauptmanns, und Gertruden von Erassm nachgebliebenen Tochter. Dieselbe war gebohren den 12. Mai 1619, und starb 1664.

Er selbst starb 1674. Die hinterlassene Kinder waren 1) Johann Burchard, 2) Heinrich Vollrath, 3) Sophia Gertrud, starb unverheirathet, 4) Anna Maria, vermält mit Bartold Wilhelm von Gadenstedt, 5) Mathilde Magdalena unverheiratet, 6) Anna Magdalena, geb. 1651. † 1672. 7) Anne Margaretha Gem. N. v. Hake in Thüringen. 8) Hans Thedel. Auch hinterließ er einen natürlichen Sohn Gerhard.

§. 34.

Johann Burchard von Campe war den 26. Sept. 1644. gebоren. Er war den Studien gewidmet, und besuchte in der Absicht die Cathаrinen-Schule zu Braunschweig, und 1663 bezog er nebst seinem Bruder Heinrich Vollrath die Ritterschule zu Lüneburg. Nach einiger Zeit gieng er nebst seiner Frau Mutter Schwester Sohn, Thedel Johann von Bothmar, unter der Aufsicht eines Hofmeisters nach Jena.

Jena. Da aber unterdessen seine Frau Mutter gestorben war, kehrte er nach Hause zurück, gieng aber bald
wieder auf Reisen, und besuchte 1667 Leyden, wo
er ins dritte Jahr geblieben, und in der Rechtsge-
lehrsamkeit, mathematischen und politischen Wissenschaften, auch Ritterlichen Uebungen sich sehr hervor-
gethan. Als aber damals in den dortigen Gegenden
die epidemischen Fieber überhand nahmen, mußte er
den Vorsatz nach England und Frankreich zu reisen
fahren lassen, indem er 1670 krank nach Hause zu-
rückkam, und endlich 1674 wenige Tage vor seinem
Vater starb, so daß beyde Leichen zugleich beerdigt
wurden. (Geschriebene Personalien.)

Heinrich Vollrath von Campe auf Isenbüttel und Wettmarshagen, war 1646 gebohren, studirte nebst seinem Bruder Johann Burchard 1663 auf
der Ritter-Academie zu Lüneburg, vermälte sich 1679
mit Sophien Elisabeth, Werner Hermanns von
Spörke auf Länglingen, Lüneburgischen Landschafts-
Directors im Fürstenthum Zelle, und Eleonoren von
Lente Fräulein Tochter, und starb 1689; die Gemalin aber folgte ihm erst den 30. Jan. 1724 in die
Ewigkeit. (Gedruckte Ahnen-Tafel Annen
Elisabeth von Laffert 1752).

Sein Vater Balthasar Oswald hatte noch
einen natürlichen Sohn, Nahmens Gerhard hinterlassen; dem zum Besten stellte er noch in seinem
Sterbejahre nachstehenden Revers, der sich noch unter den Familien-Nachrichten gefunden hat, von
sich:

K   Ich

Ich Endes benannter thue hiemit urkunden,
und bekenne, daß dem Vorweiser dieses Ge-
hard Campe, als meines Vaters Balthasar
Oswalds von Campen unächtem Sohne, laut
des von mir und meinem Bruder, Hans Thedel
von Campen aufgerichteten Recesses, nicht
allein der allhier zu Isenbüttel am Kirchhofe
belegene Krug, insgemein der Tempelkrug
genannt, mit allen Zubehdrungen die Tage
seines Lebens geschenkt und vermacht worden
ist, sondern auch, weil er von denen gleichfals laut ermeldeten Contracts vermachten
hundert Thalern bisher noch nichts gehoben,
und ich ihm Gerharden Campen selbige zu ent-
richten schuldig bin, daß er die zu Heyligen-
dorf an Evers Lande mir jährlich zukommende
funfzehn Rthlr. meinetwegen so lange empfangen und einnehmen soll, bis er obgedachte
hundert Thaler völlig zur Gnüge bezahlt erhalten hat. Habe ihm demnach zur Versiche-
rung diesen Schein mit meiner eigenhändigen
Unterschrift, und angedruckten angebohrnen
adelichen Pietschaft hiemit ertheilen wollen,
so geschehen Isenbüttel den 26. Febr. 1689.
(L. S.)   Heinrich Vollrath von Campen.
Seine hinterlassene Kinder waren: 1) Anna E-
leonora gebohren 1683. den 2ten Nov. vermält, den
2ten Febr. 1706 mit Jacob Ernst von Hohnhorst, zu
Hohnhorst, Hofrichter und Landrath, Drost zu Meinersen, † 1740. (Gedruckte Ahnen-Tafel.)
2)

2) Werner Heinrich, von welchem im folgen=
den §. wird gesprochen werden. 3) Georg Rudolf
Ulrich Wilhelm, geboren 1685 den 15. Nov.
Sächsischer Cornet. 4) Sophia Dorothea Elisabeth,
geboren 1686. den 30. Nov., vermält mit Friedrich
Schönberg von Wallmoden, Heßen=Caßelschen Capi=
tain, verwitwet 1736, starb 1746. (Hofr. Manecke
geschrieb. Stammtaf. Br. Lüneb. Adelherrn.)

5) Ernst August geboren 1687. den 25 Nov.
studirte 1703 — bis 1705 zu Lüneburg, nahm Kö=
nigliche Großbrittanische, Churfürstliche, Braun=
schweigische=Lüneburgische, Kriegesdienste, und starb
als Lieutenant 1738. (Manecke).

Hans Thedel von Campe, der dritte
Sohn Balthasar Oswalds, Bruder Heinrich Voll=
raths, geboren den 19. Junius 1658, Cornet bei
dem Gräfl. Lippischen Regimente zu Wolfenbüttel, hei=
ratet 1688. Lucien von Daßel, die Tochter Georg
Christophs von Daßel auf Wellersen und Hoppensen,
starb ein Jahr hernach, und hinterließ eine Tochter,
Magdalena Elisabeth, welche 1724 mit Ernst Con=
rad von Weyhe, Braunschweigischen Lüneburgischen
Land=u. Schatz=Rath verheiratet ward. (Pfeffinger).
Die Wittwe selbst heiratete abermals Burcharden von
Campen zu Deensen. (Hofr. Manecke geschrieb.
Stamm=Tafel).

Nach Ableben des Vaters Balthasar Oswalds,
ließ Georg Friedrich, Graf zu Waldeck, Pirmont ꝛc.
Dom=Probst zu Halberstadt, dessen hinterlassenen Söh=
nen, Heinrich Vollrath, und Hans Thedel nebst

K 2   ihren

ihren ehelichen männlichen Leibes-Erben die Belehnung wegen anfäßiger Güter 1675 den 14. Octob.
überkommen. (Pfeff. T. I. p. 5.)

§. 35.

Werner Heinrich von Campe weiland
Königlicher Groß-Brittanischer, wie auch Churfürst-
licher Braunschw. Lüneburgischer Hofrichter, und der
Hochlöbl. Zellischen Landschaft ältester Landrath, Erb-
und Gerichtsherr auf Isenbüttel und Wettmarshagen,
Heinrich Vollraths von Campen ältester Sohn, war
den 13. Oct. 1684 geboren, und war noch ein Kind,
als ihm der Vater durch den Tod entrissen ward. Da
er gleichwol viel Hang und Fähigkeit zum studiren
schon in den zartesten Jahren zeigte, so ließ auch seine
Frau Mutter nichts ermangeln, ihm den erforderlichen
Unterricht geben zu lassen.

Sie schickte ihn zu dem Ende schon 1697 nebst sei-
nem Herrn Bruder, Ernst Friedrich Vollrath nach
Hildesheim, in die Unterweisung des Magister, Dor-
gen, und 1760 kam er nach Lüneburg auf die Ritter-
Akademie. Hier blieb er biß 1700, und gieng von
da nach Halle, wo er des Unterrichts eines Gund-
lings, Stricks, Thomasius, und anderer großer
Männer genoß. Im Jahre 1707 gieng er nach Ley-
den, blieb daselbst bis 1709, begab sich darauf nach
Brabant, und wohnte als Volontair der blutigen
Schlacht bei Malplaquet bei. Er war willens auch
Frank-

Frankreich zu besuchen; aber die unruhigen Zeiten erlaubten es nicht, weswegen er durch die Niederlande seine Reise nach England fortsetzte. Nicht lange nach seiner Zurückkunft, erhielt er 1712 die Stelle eines Hofgerichts-Assessors zu Zelle, ward kurz darauf Ritterschaftlicher Deputirter, und 1716 Lüneburgischer Landrath. Im Jahre 1738 ward er zum Vice-Hofrichter, und 1740 nach dem Ableben des weiland Herrn Hofrichters von Hohnhorst, in dessen Stelle zum Hofrichter ernennet. Da er als ältester Landrath, nach dem Ableben des Herrn von Grote, das Landschafts-Directorium fast 2 Jahr hindurch rühmlichst geführt hatte, so war er auch bereits Seiner Majestät dem Hochseligen Könige Georg II. zum Landschafts-Director präsentirt; aber der Tod zernichtete auf einmal alle diese Aussichten. Es war im Jahr 1743, als der König seine teutsche Staaten besuchte, weswegen nach geendigtem Landtage der weiland Herr Hofrichter nach Hannover gegangen war, um Seiner Majestät im Nahmen der Landschaft ihre Devotion zu bezeugen. Diese Pflicht war abgestattet, und der Herr Hofrichter war schon wieder zu Hause, als plötzlich die Vorboten einer tödlichen Krankheit sich einstellten. Um alles zu versuchen, die traurigen Folgen abzuwenden, kehrte derselbe krank nach Hannover zurück, sich der Hülfe der dortigen berühmten Aerzte zu bedienen. Allein es war umsonst, die Stunde des Todes schlug, und er verschied den 16 Jul. 1743. Abends nach 9 Uhr, nachdem er 58 Jahr, 9 Monathe und 3 Tage gelebt hatte. Von seiner Gemalin, Dorothea Luise

K 3   von

von Krosigk, weiland Herrn Bernhard Friedrich von Krosigk auf Poplitz, Königl. Preußischen Geh. Raths zwoter Tochter, mit der er sich den 16. Mai 1726 vermält hatte, und die 1749 gleichfals verstorben ist, hat er hinterlaßen 3 Söhne und 3 Töchter. Die Söhne sind 1) Ernst Friedrich Vollrath von Campe, 2) Heinrich Wilhelm August von Campe, 3) Friedrich Georg Werner von Campe. Die Töchter. 1) Agnese Dorothea Sophia, vermält 1754 mit Friedrich Conrad von Weyhe auf Fahrenhorst, nach deßen Ableben 1769 sie sich 1774 abermals mit Herrn Christian Ludewig von Bilderbeck, Hofrath und Hofgerichts-Assessor zu Zelle vermälte, und 1778 starb.

2) Magdal. Ehrengard Luise von Campe, vermält 1754 mit Heinrich Bernhard Schrader von Schliestedt auf Schliestedt und Küblingen, weiland Herzoglich Braunschweigischem Geheimden - Rath, starb 1763 den 1. Jul.

3) Caroline Anna Hedewig, vermält 1) 1759 mit Adam Ferdinand von Torney auf Hedern und Rheten, geschieden 1776. 2) Mit Georg Wilhelm von Makphail, Amtsvoigt zu Winsen an der Aller.

§. 36.

Ernst Fridrich Vollrath von Campe *) war geboren den 26. Mai 1721, nachdem derselbe nebst seinen Brüdern von Privat-Lehrern in den Schul-Studien

---

*) Deßelben Ehrengedächtniß vom M. G. Eberhard Schmauß, Zelle 1743 und Maneckens Stammtafel.

Studien war unterrichtet, auch schon zu der Rechts-
Gelehrsamkeit vorläufig war angeführt worden, bezog
er nebst seinem 2ten Herrn Bruder, 1741 um Ostern
in Begleitung eines Hofmeisters, die Göttingische hohe
Schule, wo er durch den Unterricht eines Treuers,
Köhlers, Klaproths, Böhmers, Schmauß ꝛc. in den
Wissenschaften sich zu vervollkommeren suchte, die man
von einem Manne erwartet, der dem Staate standesmäßige Dienste leisten soll. Nach Michael 1743
verließ er jene Academie in der Absicht, sich auch auß-
serhalb des Vaterlandes mit Erkentniß zu bereichern;
allein der Todt seines Herrn Vaters, und sein eigenes
bald darauf erfolgtes Ableben zernichtete diesen Plan.
Er erkrankte den 31 Jan. 1744 plötzlich und starb am
Frisel, und der Brustkrankheit den 5ten Febr. ebendeß-
selben Jahrs *).

Friedrich Georg Werner von Campe,
hatte 1745-1748 auf der Lüneburg. Ritter-Academie studieret, ward 1751 Herzogl. Braunschw. Hof-
Junker, 1753 Kammerjunker, 1760 Oberschenke,
1764 Ober-Marschall, starb 1768 als designirter
Ritter des teutschen Ordens.

Heinrich Wilhelm August von Campe,
weil. Königl. Großbrittannischer, wie auch Churfürstl.
Braunschw. Lüneburg. Hofrichter, Oberhauptmann
zu Eicklingen, der Hochlöblich. Zellischen Landwirthsch.
Gesellschaft Mitglied, Erb- und Gerichtsherr auf Isenbüttel und Wettmarshagen auch Erbherr auf Nienhagen,
war auf dem Stammhause zu Isenbüttel, den 23 Mai
1722 gebohren. Von der alles regierenden Vorsehung

*) Desselben Ehren-Gedächtniß von M. Schmauß 1744.

hung zu großen Unternehmungen und wichtigen Diensten des Vaterlandes bestimmt, mit vielen natürlichen
Fähigkeiten ausgerüstet, von einer edlen Ruhmbegierde,
den Glanz seiner Ahnen zu erweitern angereizt, säumte er
nicht in seinen jugendlichen Jahren sich durch geschick-
te Privat-Lehrer zu den Erwartungen vorbereiten zu
lassen, die sich ein jeder von ihm versprach. Weit
über den Bezirk einer gemeinen Erkenntniß erhaben,
bezog er 1741 nebst seinem ältern Herrn Bruder von
einem Hofmeister begleitet, die Göttingische Akademie,
hörte daselbst in der Philosophie, der Rechtsgelehr-
samkeit und den damit verknüpften Wissenschaften die
größten Männer, und erwarb sich die Liebe und Be-
wunderung aller, die ihn näher zu kennen die Ehre
hatten. Der Tod seines Herrn Vaters verkürzte zwar
den Aufenthalt zu Göttingen in etwas, doch ward dadurch die Wißbegierde nicht bei ihm verringert.

Reisen in fremde Länder sind nicht allemal die besten
Mittel zur Vollkommenheit; aber sie sind es, wenn
sie nach Grundsätzen der Vernunft und der Tugend
eingerichtet werden. Mit diesen Voraussetzungen
übernahm derselbe seine Reisen durch Teutschland, bis
in Ungarn, und wie konte es fehlen, daß er nicht mit
einer ausgebreiteten Kentniß von Sachen, die sich nicht
zu Hause erlernen lassen, bereichert zurück kam? Solche Talente bleiben nicht lange verborgen, und ihnen
ist es vorzüglich beizumessen, daß er bald von einer
Ehrenstelle zur andern fort eilte. Schon im J. 1747
ward er zum Land- und Licent-Commissair in Fallersleben; 1748 zum Hofgerichts-Assessor in Zelle; 1751
zum

zum Amts-Voigt in Itzen, 1755 zum Ordinarius im Hof-Gerichte, und Oberhauptmann zu Eicklingen bestellet, und im folgenden Jahre 1758 geruheten des Königs Georg II. Majestät ihm die Würde eines Hofrichters beizulegen. Gemächlichkeit und ruhige Tage sind nicht immer mit solchen Posten vergesellschaftet, und das erfuhr auch derselbe besonders im J. 1757. Denn als er damals bei der französischen Invasion zum Mitgliede des Collegii deputati war ernannt worden, und den exorbitanten Forderungen des Obersten Befehlshabers der feindlichen Truppen nicht Gnüge leisten konnte, sahe er sich genöthigt seine Sicherheit in Hamburg bis zum Abzuge der französischen Völker, zu suchen. Ueberhaupt waren der Eifer in dem Dienste des Königs, die Sorge für die Amts-Unterthanen, die Justiz-Pflege, und die Bemühung, als Patriot Nutzen zu stiften, die Hauptzüge seines noblen Characters. Die Beweise sind notorisch. Das Gut zu Wettmarshagen hatte bisher sein Bruder, der Hof-Marschall, Herr Friedr. Georg Wilhelm von Campe inne gehabt, nachdem aber derselbe 1768 verstorben war, fiel dasselbe an den Herrn Hofrichter zurück. Im Jahr 1760 hatte sich derselbe zu Isenbüttel mit dem Fräulein Louise Antonetta Charlotte, weiland Herrn Wilhelm von Weferling, Herzogl. Braunschw. Obersten Tochter vermält; sie starb aber den 27 Aug. 1775 unbeerbt. Es vermälte sich also derselbe zum zweitenmale, mit der jetzt hinterlassenen Fr. Witwe, Frauen Wilhelmine, Charlotte, Amalia von Behr, Herrn Dietr.

F   Georg

Georg Ludew. von Behr, Herrn zu klein
Häußlingen, Fräulein Tochter. Die Vermälung geschahe den 24. Jul. 1777 gleichfalls zu Isenbüttel.
Es waren beinahe schon 4 Jahre verflossen, ehe sich
eine Hofnung zum Erben zeigte, als die Erfüllung dieses Wunsches endlich eintrat, aber in so ferne zu spät,
daß der Herr Gemal das Glück nicht haben sollte, die
Entbindung seiner würdigen Gemalin zu erleben. Eine
anfangs gering scheinende Unpäßlichkeit nahm schnell
überhand, und machte alle versuchte Hülfe unwirksam.
Das Ende seiner Tage war da, und er verschied am
12 Febr. 1781 in den Armen seiner schwangern Gemalin, nachdem er sein ruhmvolles Leben auf 58 Jahr,
9 Monate und 8 Tage gebracht hatte.

In den letzten Monaten ihrer Schwangerschaft
begab sich die Fr. Wittwe hieher nach Zelle, um die
Zeit ihrer Entbindung abzuwarten, und die erfolgte
den 6. Aug. 1781. Abends um 9 Uhr von einem ge-
sunden Erben, der in der Taufe am 10ten desselben
Monats den Namen Ernst Georg Ludewig er-
hielt. Die Gevattern waren, Sr. Durchlauchten,
Prinz Ernst von Mecklenburg Strelitz, der Herr
Ober-Appellations-Rath von Schlepegrell, der
Herr Kammer-Junker, Freiherr von Spoerck, Herr
Georg Ludew. v. Behr zu klein Häußling.

Die gnädige Vorsehung segne diesen einzigen
Stammhalter einer Hochadelichen Familie, deren
rühmliches Alterthum in das siebende Jahrhundert zurück
reichet, und lasse ihn nebst der Fr. Mutter und Ange-
hörigen ihrem gnädigen Schutze empfolen seyn!

Zwei-

Zweiter Theil.
Von den Wappen und Seiten-Linien, nebst den übrigen Hauptfamilien gleiches Namens.

Abschnitt I.
Von den alten und neuen Wappen.

§ 1.

Nach Pfeffingers Angabe (T. I. p. 6.) soll das älteste Wappen der Edlen Herren von Campe auf Isenbüttel vom Jahr 1305 seyn, und sich im Kloster Wienhusen an einem alten Briefe angehengt gefunden haben, mit der Umschrift: S. JORDANI DE CAMPOCK. Gegenwärtig will man von diesem Briefe zu Wienhusen nichts wissen. Es soll dasselbe aus einem alten teutschen Schilde bestehn, durch welchen ein Streifband oder Balken, oben mit 5, unten mit 4 Spitzen gehen soll, samt 2 halben Spitzen zur Seiten. Ohne die Zeichnung zu sehen, läßt sich diese Beschreibung schwerlich verstehen. Richtiger wird sie Heraldisch also angegeben; der Schild hat einen 12 mal eckig gezogenen Queerbalken, von dessen obern sieben Ecken zwei an des Schildes Rand stoßen. (Gebhardi).

Indessen läßt sich demselben ein noch älteres vom Jahr 1297 von eben demselben Jordan entgegen stellen. Es hänget dasselbe an dem Vertauschungsbriefe N. II. und hat die Gestalt wie N. (*). auf der Kupferplatte.

F 2

platte. Das alte teutsche dreyeckige Schild ist eben=
falls da, auch der zackige Streif in dem Schilde, nur
in einer andern Lage und Gestalt, die Umschrift, die
zwar etwas abgestoßen ist, sich doch aber leicht ergänzen
läßt, lautet also: S. DOMINI JORDANIS
DE C-PO. †

Auf verschiedenen andern Siegeln von den Jah=
ren 1330 an der Urkunde N. V. 1344 an der Urkun=
de N. VI. 1368 an der Urkunde N. IX. sind die Ha=
cken oder Spitzen auf dem dreieckigten Schilde eben
so geformet, nur ist das Siegel mit der Umschrift Zie=
ckel rund. Die spätern Siegel haben bald mehr, bald
weniger Spitzen. Doch mehrentheils fünf, selten viere,
und noch seltener drei.

Balduin de Blankenburg, der das Qued=
linburgische Lehn Saltowe besaß, und es 1234 dem
Stifte resignirte, (Erath dipl. Quedlinb.) führte
eben denselben Balcken mit den Spitzen. Die von Boden=
dieck hatten ebenfalls viele Lehne um und von Quedlin=
burg, und brauchten stets den Blanckenburgischen Schild.

Von den Brüdern Bodo, Lippold, Henrich,
Henning de Bodendicke (Erath dipl. Quedlinb. p.
361), hatte einer vier Spitzen, und neben jeder Seite
des dreieckigten Schildes ein Hirschhorn als ein Bei=
zeichen, da die übrigen fünf Spitzen und einen Helm
auf dem Schilde führten. Diese drei Hirschhörner
können, wenn sie nicht ein bloßer Zierrath sind, eine
Anspielung auf den Namen Blanckenburg abgeben.
Denn die Grafen von Blankenburg führten zu dieser
Zeit schon ein einzelnes Hirschhorn im Schilde, wie
man

man aus dem Kupfer in Leuckfelds antiquit. Blan-
kenburgicis stehet, und wahrscheinlich war damals
schon dieses Gräfliche Wappen ein Blanckenburgisches
Wappen geworden.   Der Helm der übrigen Siegel
hat neun überhängende Federn zum Kleinod. (Kupfer-
tafel. N. 2.) In sigillo Jordani de Kampock,
Jordani de Blankenborch et Annonis Blankenburg, der im Documente Anno de Campe heisset,
(Erath l. c. p. 390.) sind 1320 eben diese Helm-Klei-
nobe nur merentheils von fünf Federn, oder vielmehr
von einem völligen Pfauenwedel (Kupfer-Tafel.
N. 1.) Eben diesen Helm und Schild haben auch die
vier Schencken von Mendorp in ihren Siegeln 1311.
(Kupfertafel. N. 3.) woraus erhellet, daß alle
Wapen der von Blanckenburg und aller von ihrem
Stammvater herrührender Geschlechter ein eckig gezogener Queerbalke im Schilde, und ein natürlicher
Pfauen-Wedel auf dem Helme gewesen ist.   Den
Schild haben einige Zweige der Herren von Campen
und von Bodenteich beibehalten, denn man findet
ihn nicht nur in Siegeln von 1267, 1284, 1306,
1317, 1341, 1360, 1367, 1388, 1398, sondern
in einem alten Wappen-Buche vom Jahr 1330. Und
in Cord. von Odhring etwas jüngeren Lehn-Copial-
buche, welches in der Lehnlade der Herren von Döh-
ring liegt, sind auch zwei Wappen der von Campe,
beide mit den silbernen geeckten Queerbalcken im rothen
Felde, allein mit verschiedenen Helm-Kleinodien: denn
auf dem einen Schilde von 1530 stehet ein Helm
(Kupfer-Tafel N. 4.) mit einem roth und weis ge-

L 3   wundenen

wundenen Wulst und zwei rothen Stierhörnern, auf
deren jedem ein gestürtzter weisser Sparre lieget. Auf
dem andern ist der grüne Pfauen-Schweif auf eine silberne Säule gesetzet, und neben selbiger läuft ein
schwarzer Hirsch, der mit einer rothen Turnierdecke
bekleidet ist, auf welcher der weiße Balcke mit 6
Spitzen gezeichnet ist. In einem Siegel Aschwins de
Campe vom Jahr 1345, und einem andern Aschwins
de Blankenborch, oder wie Pfeffinger irrig gelesen hat,
de Klacenborch, von 1346 findet sich der Hirsch mit
ausgeschlagener Zunge (Kupfer-Tafel. N. 7.) und
die Turnierdecke, die um den Hals herumläuft und in
zwei längern Streifen bis an die Klauen herabhanget.
In dem Siegel vom Jahr 1346 hat der Streif oder
Balcken oben nur 2 ganze, in dem von 1345 aber
fünf Spitzen. Es ist wahrscheinlich, daß dieser Hirsch
sich auf Blanckenburg beziehet, und von dem Campischen Haupt-Stamme als ein Zeichen der völligen Ab-
sonderung von den übrigen Nebenzweigen angenommen ist. Diese Nebenzweige behielten ihre alten Wappen, und man findet blos den Queerbalcken mit 5 Spitzen 1321 und 1346. N. 16. In den Siegeln Hennings von Bodendieck (Pfeffingers Gesch. der von Bodenteich 1 Kapitel,) und Corts von Bodendick von
1375. (Kupfer-Tafel N. 17. Allein endlich folgten die von Bodenteich auch dem Beispiele der von
Campe, und so viel man finden kann, waren Werner
und Alverich von Bodenteich die ersten, die 1470 im
Schilde und auf dem Helme den Hirsch (Kupfer-Tafel. N. 12.) führten. Dieser Hirsch und ein anderer
des

des jungen Alverichs vom Jahr 1519 N. 9. hatte keine Decke *) Allein in dem gleichzeitigen Schilde der Domina zu Lüne, Sophia von Bodendick, im Kreutzgange zu Lüne ist ein gelber gehender Hirsch im goldenen Felde mit einer rothen Decke, auf welcher der weiße Queerbalcke bei der vierten Spitze nach dem Halse zuläuft. (Kupfer-Tafel N. 8.) **). Seit dieser Zeit ist das Helm-Kleinod der Herren von Campe und von Bodenteich fast einerlei (Kupfer-Tafel N. 10.). Die von Bodenteich hatten im silbernen Felde einen braunen rechts springenden Hirsch, bekleidet mit einer rothen Decke, auf der ein viermal oben gespitzter oder zehnmal eckig gezogener silberner Queerbalcke

*) Consist. R. Grupe hat in der Histor. Nachricht von der Stadt Hannover Götting 1748. p. 16. ein Siegel ohne Helm mitgetheilet. Andere mit dem Helm finden sich an vielen landschaftl. Urkunden dieser Zeit.

**) Die Beschreibung des Bodenteichischen Wappens ist aus Pfeffingers Beschreibung dieses Geschlechts genommen, und von demselben nach Christoph v. Bodenteichs Wappen gemacht. An dem Sarge der Ilse von Bodenteich, vermälte von Maiern in der St. Michael Kirche zu Lüneburg, war der Balcken Gold, und auch die Decke war unten mit Gold eingefaßt, in Fürstens Nürnbergl. Wappen-Buche, I Th. p. 179. ist die Säule golden. In Lüneburg neml. soll im XV. und XVI. Seculo üblich gewesen seyn, daß die Frau des Mannes oder Vaters Schild mit vertauschten Metallen geführet habe; daher kommt es vielleicht, daß der Schild der Domina und der Balcken der Maiern Gold ist, da die Männer beide silberne hatten. (Gebhardi.)

balcke lieget. Die von Campe haben den zehnmal
gezogenen oder fünfspitzigen silbernen Balcken im rothen
Felde. N.¹13.   Die Helmdecken der von Bodenteich
und von Campe sind roth und Silber. Auf dem Bodenteichischen Helme, der mit einem roth und weissen
Wulst beleget ist, stehet eine rothe mit einem grünen
Pfauen-Schweif besetzte Säule, vor welcher der Hirsch
des Schildes springt. Auf dem Campischen Helme
ist die Säule golden, und auf selbiger sind 3 Strauß-
Federn von sonderbarer Tinctur gesteckt. Denn die
mittlere ist roth, der überhangende Theil aber weiß;
die äussern sind weiß mit überhangenden rothen Theilen.   Dem Bodenteichischen gleicht der Schild der
von Medingen und von Lobeck, in welchen auch ein
springender Hirsch gefunden wird; allein er läßt sich
leicht von diesem unterscheiden: denn der Lobeckische
Hirsch ist unbekleidet, und der Medingische hat in allen Siegeln zwar auch einen völligen Wappen-Rock,
wie der Bodenteichische, allein seit dem XVI. Seculo
trägt er nur eine von roth und Silber der Länge nach
getheilte Decke über den Rücken. Uebrigens ist gewiß,
daß die von Meding und Lobeck eines Geschlechts sind,
allein ohngeachtet des ähnlichen Schildes haben sie
doch wol in keiner Verbindung mit dem Blankenburgischen Geschlechte gestanden.

Die zu den von Blanckenburg gehörigen Herrn
von Herlingsberge (Kupfer-Tafel. N. 5.) haben
vermöge einer Zeichnung in dem vorgedachten Lehn-
buche Cords von Herlingsberge im schwarzen Felde einen fünfspitzigen oder vielmal eckig gezogenen goldenen
Balcken

Balcken geholt. Im Siegel Ludwigs von Stoelin-
gerode vom Jahr 1331. (Erath dipl. Quedlinb. p.
421) war eben dieser Balcken (Kupfer-Tafel. N.
6.). Johannes de Gersdorphe hat 1267 (ibid.)
(Kupfer-Tafel. N. 4.) einen der Länge nach getheilten Schild, im lincken Felde den Balcken mit
drittehalb Spitzen, und rechts drei Querbakken, von
welchen der oberste angeschoben ist, und unter jedem
Balcken zwei Fahnen. Vermuthlich war das letzte
Feld ein Amts-Wappen. Denn man findet es auf
die Weise im Schilde Werneri de Medinge juvenis unter einem Löwen 1312, und auf der Hirschdecke
im Siegel Werneri de Medinge des Aeltern 1307,
und Wasmods von Medingen 1357, die insgesamt
Erb-Land-Marschälle waren.

Abschnitt II.
Die von Campischen Seiten-Linien.

§. 2.

A. Die Bodenteichische.

Die Geschichte dieser Familie hat der selige Rath
Joh. Fried. Pfeffinger ausgearbeitet, und als einen
dritten Theil dem historischen Berichte von der Ankunft
und dem Fortgange des uralten adelichen Geschlechts in
Sachsen, der von Meding angehenget, welche wich-
tige und mit vielen Urkunden versehene Handschrift
Sr. Hochwürden des Herrn Domherrn zu Naumburg
Christian Friedrich August von Medingen, besitzen.
In dieser sind viele Nachrichten, allein nicht so viel

M   als

als zu einem Stammbaume erfordert werden. Das erste Kapitel handelt vom Ursprunge des Geschlechts, das zweite vom Wappen und das dritte von den Personen. Im ersten Kapitel wird blos dargethan, daß die von Bodenteich nicht zu den von Meding gehören, und die Erzälung, daß die von Bodenteich 1130 auf einem Reichstage zu Braunschweig gewesen sind, für eine Erdichtung erkläret. Zwey kürzere Bodenteichische Familien-Geschichten von W. E. sind im 60. und 62. Stücke der Braunschweigischen Anzeigen von 1746, und im 80. Stücke des Jahrs 1760. Endlich findet man eine in den neuesten Zeiten vollständige Stammtafel des Geschlechts vom Amtmann Behrens im Sam. Walthers VI. Theil der Regularium Magdeburgicorum p. 54.

Daß die von Bodendick und von Blankenburg von einem Stammvater herkommen, zeiget erst ihr gemeinschaftliches Wappen und ferner die Gemeinschaft der Güter, in welcher beide Geschlechter vermöge der Urkunden in de Erath Cod. Dipl. Quedlinb: im XIII. und XIV. Seculo gestanden haben. Vermuthlich daurte die erste ziemlich lange, weil sie noch im XVI. Jahrhunderte ihre Wappen gemeinschaftlich änderten. Wahrscheinlich war der Stammvater der von Bodenteich ein Schloßgesessener oder Pfandinhaber zu Bodenteich, und legte sich daher den neuen Namen bei. Denn daß das Bodenteich ein Landesherrschaftliches Schloß, nicht aber ein adeliches Gut im dreizehnten Jahre schon gewesen ist, muß man daraus vermuthen, weil ein Theil vom Herzogthum Lüneburg

neburg das Land Bodendicke in einer herzoglichen Urkunde vom Jahr 1293 genannt wird. (S. Hannö-
verisches Magazin 1762. p. 911.) Die von Bodenteich blieben Pfandbesitzer des Schlosses und dazu gehörigen Kreises bis 1347, da Baldewin von Bodendick es für 650 Mark den Herzogen Otto und Wilhelm von Lüneburg abtrat (*) Nachher bekamen sie
das Schloß wieder, denn sie vertheidigten es im Jahr
1371. im Namen des Herzogs Magnus gegen die
sächsischen Churfürsten (Braunschw. Anzeigen 1746
p. 1387 und 1389), und Ludolf von Bodenteich
war 1428 auf Bodendick beschlosset. (Erath Nachricht von Br. Lüneb. Erbtheilungen p. 52. Baring
Beschreib. der Lauensteinischen Saale p. 117). Dieser Ludolf mußte das Schloß auslösen lassen, und
darauf ward es vom Herzog Wilhelm seiner Gemalin
1429 zum Witthum verschrieben.

Der erste, der unter dem Namen von Bodendick
in Urkunden vorkomt, ist Iohannes de Badendike,
der 1226 in des Pfalzgrafen und Herzogs Heinrich
Bestätigung eines das Kloster S.Aegydii in Braunschweig betreffenden Kaufs (**) gefunden wird. Vielleicht ist dieser und der oben angeführte Johann von
Blankenburg Jordans II. Sohn ein Mann. Baldewinus von Bodenteich erscheint zugleich mit Jordan
und Jusarius von Blankenburg 1237 in einer Urkunde Herzog Otto des Kindes (***) und war vielleicht

M 2 der

*) Merian und Zeilers Topog. Br. Luneb. p. 56.
**) Orig. Guelf. T. III. p. 712.
***) Orig. Guelf. T. IV. praef. p. 63.

der oben angeführte Bruder des Johann von Blankenburg, der auch den Namen von Campe zuweilen
führte. Ein anderer Johann lebte 1245, und wird
in Gräflich Dannebergischen Urkunden angetroffen,
(N. 21. *), und war entweder jener Johann der erste,
oder auch ein Sohn desselben. Nun zeigen sich zwei
Linien, eine Quedlinburgische und eine Lüneburgische.
Die Quedlinburgische stand unter der Dienstmanschaft
der Abtißin zu Quedlinburg: denn die Abtißin vertauschte 1266 an den Herzog von Braunschweig ihren
Ministerialis Hermann, den Sohn Lippoldi militis
de Bodendike gegen einen anderen edelen Dienst-
mann **). Hermann hatte 1272 einen jüngern Bruder Johann ***), welcher 1297 Dapifer oder Truchseß der Abtißin war ****), und also in der Dienstmanschaft verharrete. Bodo, Lippold, Henning und
Henrich, die wie oben bemerkt ist, den Bodendik-
schen Schild mit beiliegenden Hirschgeweihe und den
Pfauenschweif auf dem Helme im Siegel führten, verkauften 1311 dem Stifte S. Wiperti in Quedlinburg drei Höfe in Ergherenvelt *****), und können des
ersten Lippolds Enkel seyn. Lippold der Jüngere schloß
im Jahre 1300 einen Vergleich mit den Edelen von
Esbeke, und hatte 1320 zwei Söhne, Erich und
Lippold ******).

In

---

*) Orig. Guelf. T. IV. p. 196.   **) Erath dipl.
Quedl. p. 229.   ***) Erath l. c. p. 257.   ****) ib:
p. 305.   *****) ib. p. 361.   ******) ib. p. 305,
361, 389.

In der Lüneburgischen Linie sind die ersten Baldewin, Werner, Johann und Baldewin, die in der hinten mitgetheilten Urkunde, N. 16. wodurch sie 1286 ihr Recht an dem Zehnten zu Haßle dem Kloster Medingen schenken, zwar nicht ausdrücklich Brüder genannt werden, aber es dennoch gewesen zu seyn scheinen. Wenigstens findet man Johann und Werner öfters als Brüder beisammen, nemlich 1294, da sie ihrer verstorbenen Mutter, Ida, die eine Schwester Margarethens der Wittwe Gebhards von Bortfeld, war, Jahr-Gedächtniß im Kloster Diekdorf, stifteten a), und 1303 sowol in einer Urkunde des Klosters Medingen b), als auch bei dem Vergleiche des Herzogs Otto von Lüneburg, mit den Herzogen von Sachsen-Lauenburg Albrecht und Erich N. 22., und der Veräuserung der Grafschaft Danneberg an eben diesen Herzog Otto c). Beide waren 1303 Ritter. Johann kommt 1310 und 1318 d) noch in ungedruckten Gräflich Dannebergischen Urkunden N. 17. und 1320, und 1321 als Patruus der Söhne des damals schon verstorbenen Ritters Werner in andern Diplomen vor. Einer der beiden Baldewins ist in Medingischen Kloster-Urkunden von 1290 N. 23. und 1292, N. 15. sichtbar, und scheint der Vater eines Johannes de Badendike famuli zu seyn, der als Johannis Vet-

M 3 ter

a) Gercken Diplomataria vet. March. T. I. p. 434.
b) Lysmanns Hist. Nachricht vom Ursprung des Kl. Meding, p. 14. c) Orig. Guelf. T. IV. Praefat. p. 22. d) Sammlung ungedruck. Urkunden 1 B. 1 St. p. 54.

ter 1318 und 1320 bey gewissen Verträgen aufge-
führet wird.

Johann hatte drei Söhne, Anno, Baldewin, und
Werner. Die beiden ersten verbürgeten sich 1320 nebst
ihrem Vater für ihre Vettern, die Söhne des Werners
verkauften 1317, mit Einwilligung ihres Bruders Werner, und unter der Bürgschaft ihres Vetters
Johann von Bodendick, dem Kloster Ebstorf drei Höfe
zu Westerweinde, nachher acht Höfe in Stadorp und
1321 am St. Johannis Tage unter der Bürgschaft
ihrer Avunculorum Werner, und Werner von Boldensele noch einen Hof in Stadorp *). Ferner über-
liessen alle drei Brüder 1321 mit Zuziehung ihrer
Vettern dem Kloster Lüne die Lehnherrschaft über Hol-
zeln. Anno und Baldewin allein waren Zeugen 1324,
da die von Melzing dem Kloster Ebstorf Ländereien
verkauften **). Baldewin war 1328 Zeuge bei einem
Kaufe zu Ebstorf. Anno überließ 1318 dem Eckard
von Estorf, dessen Tochter Ermegard er im Ehebette
hatte, mit Genemigung seines Sohns Henning, einen
Hof in Goghendorpe ***). Vielleicht ist er 1344 noch
im Leben gewesen, weil in diesem Jahre ein Anno Ritter

*) Pfeffingers Br. Lüneb. Gesch. 1 Th. S. 400.
**) Pfeffingeri Hist. MI. Bodenteich. Von Baldewin
    ist eine Urkunde von 1324 in den Braunschw. Anzeig.
    1746. p. 1318 angeführet.
***) Scheid Mantissa vom Adel, p. 429. wo eine Ur-
    kunde stehet, durch welche Eggerd von Estorpe, dilecto
    generi suo Annoni 2 Casas in Ludhere verkauft. Die
    Goghendorpsche Urkunde führet Pfeffinger Hist. Boden-
    teich. MI. an.

ter mit seinem Sohne Henning dem Knappen, den
Edelherrn Conrad und Wolter von Boldensen einen
halben Hof in Hölthusen verkaufte, und beide den
Jahren nach, er und Henning gewesen seyn können.

Werners Kinder waren Henning, Anno, Conrad, Boldewin, Werner, Margareta und Gisela,
und alle zeigen sich in einer Urkunde, durch welche die
Brüder am Abend vor Jakobi 1320 einen Hof in
Lindohe unter der Bürgschaft ihrer Vettern Anno
und Boldewin, wie auch Johannis von Bodenteich,
und der Edeln von Boldensele dem Kloster Ebstorf
verkaufen, und zugleich ihre beiden Schwestern in dieses Kloster bringen. Im Jahr 1320 genemigten sie,
daß ihr Vetter der Ritter Henning von Bodenteich,
und dessen Söhne Anno und Boldewin sieben Höfe in
Stadorf Hildemaren von der Odeme verkauften. *)
N. 17. Werner verlor im Jahr 1312 seine Gemahlin Margarethe, und stiftete laut der Pfeffingerischen
Geschichte am St. Gertruds Tage ihre Seelmesse im
Kloster Isenhagen durch das Geschenk der Mühle zu
Wittenwater. Er nennet bei dieser Gelegenheit Conrad.

*) Pfeffingeri Hist. Bodenteich. Ms. Da die Söhne Jo-
hannis und Werners gleichfals Höfe in Stadorf besas-
sen, so muß der Stammvater dieses Werners, Johannes, und Ritter Henninges, ein von der Quedlinburgischen Linie abgesonderter Mann, und den Jahren
nach, Johannes Vater und Hennings Großvater gewesen seyn. Vermöge der Zeitrechnung könnte dieser
der Hermann Lippolds Sohn seyn, der aus den Quedlinburgischen in die Braunschweigische Dienste 1266
kam.

und Edelherren von Boldensele und Partham v. d. Knesebecke seine Avunculos. Allein, da eben diese 1317 als nahe Verwandte sich auch für seine Vettern Anno und Boldewin verbürgten, so scheint es eher, daß diese Männer zwei Schwestern seines Vaters, als seiner Mutter in der Ehe gehabt haben. Henning erscheinet 1318 in einer Verkauf-Urkunde der von Melzing und des Klosters Ebstorf, N. 17. und scheint der Olde Henningk von Bodendhcke Knappe zu seyn, der 1346 Bürge für Georg von Bodensted ward, als dieser eine halbe Wiese dem Krüger zu Boddensted im Amte Bodenteich, laut einer bei dem jetzigen Krüger vorhandenen Urkunde, verkaufte.

Jener Ritter Henning verhandelte an das Kloster Ebstorf 1321 einen Hof in Stadorf, und 1323 die Vogtei eines Hofes zu Westerweynede (Hist. Pfeff. Bodent.). Anno, sein ältester Sohn, überließ 1340 mit Genemigung seiner Brüder, Baldewin und Werner, den Zins eines Hofes zu Sovendorpe Gebharden von Esche. Baldewin erscheinet 1328 als Zeuge, da die von Melzing dem Kloster Meding ihre Güter zu Alten-Ebstorf verkauften. N. 17. Da er 1340 noch lebte, so ist er währscheinlich derjenige Balduin, dem die Herzoge von Lüneburg seine Pfandschaft am Schlosse Bodenteich 1347 ablöseten. Werner kann der Vater Hennings und Anno seyn, die 1369 Werners Söhne und des Ritters Baldewin nahe Vettern in dem Bürgscheine beim Verkauf der Nate-Mühle heissen. Beide wurden 1371 vom Kaiser, weil sie dem Herzog Magnus von Braunschweig getreu blieben, am 13 Octobr.

im

in die Acht erkläret. J. Henning *) kam 1371, am
St. Ursula Tage im Dienste des Herzogs Magnus
von Braunschweig, bei der Ersteigung der Stadt Lüneburg um sein Leben, und ist wahrscheinlich auch derjenige Henning, dessen Sohn Dieterich 1380 in einer
Ebstorfer Kloster-Urkunde vorkomt **) und 1403 Heu-
richs und Werners, der Söhne des Ritters Balduin,
Vetter genannt wird.

Dieser Ritter Balduin forderte 1369, da er
die Rate-Mühle Heinen Roggenmüller verkaufte, von
seinen Vettern Henning und Anno, als nächsten Ver-
wandten, ihre Genemigung, und muß demnach der Sohn
eines ihrer Vaternbrüder gewesen seyn. Im Jahr
1364 hatte er einen Bruder Alverich, dem das Schloß
Alvensleben damals gehörte (Pfeffinger H. Bodent.)
Seine Söhne waren laut des Verkauf-Instruments
vom Jahr 1369, Bertold, Baldewin, Gebhard
oder Gevart, Heinrich oder Henning und Werner.
Bertoldens wird nicht weiter gedacht. Boldewin
verliehret sich mit dem Jahre 1371 ****) soll aber zwei
Söhne

*) Dipl. in Scheid. Bibl. Hist. Goettingens p. 153.
**) Vielleicht ist es dieser Henning, der mit dem Prädicat
Herr, und also als Ritter 1350 in einer Urkunde Herzog Heinrichs zeuget. Scheid Cod. dipl. zu den Anmerk. über Mosers Br. Läneb. Staatsrecht Vor. p. 32.
***) Pfeffinger Hist. ML Bodenteich. h. an.
****) Mit diesem Balduin fängt die Stammtafel des Amt-
mann Behrens an. Vermöge selber gehörte ihm Apens-
burg 1360, und er hatte zwei Söhne, Balduin und
Johann, die 1416 lebten. Balduins Sohn war Alverich,

N

Söhne, Baldewin zu Apenburg und Johann, und
von dem älteren einen Enkel Alverich hinterlassen haben. Henrich liehe nebst Werner, seinem Bruder,
Hermann von Spörken, und Ludolf von Estorf, die
vielleicht seine Schwäger waren, 1380 Wilken und Her-
mannen von Woltorpe eine Summe Geldes auf Zins.
Nachher ward er Domherr zu Minden, und verkaufte
dem Kloster Ebstorf 1403 das Dorf Elleringsdorf *)
mit Zuziehung seines Bruders Werner und Geverts,
seiner Vettern Baldewin und Ludolfs seines Bruders
Werner Söhnen, Diderichs, Alverichs und Werners,
von welchen die beiden letztern wahrscheinlich seines
Vaters Bruders Kinder und Brüder gewesen sind.
Werner lebte noch 1409, und erscheinet als Zeuge in
einer Herzoglich Lüneburgischen Urkunde (Pfeff. H.
Bodent.) wie auch 1367 in einem andern Documente

verich, dessen Gemahlin 1450 die Schwester des Bischofs von Hildesheim und Arden, Barthold von lau-
desberg gewesen seyn sall, und diesen hält der Verfasser für Ludolfs auf Schnege Vater. Walther sing.
Magdeb. T. VI. p. 54. Die ersten Glieder können bei
dieser Stammtafel richtig seyn, nicht aber die letzten.
Den Johann hat Pfeffinger (Hist. Bodent.) gleichfals 1415 in einer lüneburgischen Urkunde aufgefunden.
*) Heinrich heisset in einer Urkunde der Braunschw. Anz.
1746. p. 1387. Henning. Ein gewisser Baldwin der
Ritter, und Werner der Knappe, kauften 1414 von
Otten und Anton von Thune Höfe in Bretze und Bar-
schamp, und waren Brüder. Allein da in der Urkunde keiner Söhne gedacht wird, so können sie wohl
nicht die hier genannten Werner und Baldwin zu Apens-
burg seyn.

mente a) Baldewin sein Sohn, war 1422 Zeuge
(Pfeff. H. Bodent.) und Ludolf 1415, der letzte hatte
eine zahreiche Nachkommenschaft, von der wir hernach
reden wollen.

Geverd oder Gebhard Ritter, besaß Osterwohlde in der Altenmark, und pfandweise auch das Schloß
Sandow im Magdeburgischen (Pfeff. Hist. Bodent.)
Der Brandenburgische Markgraf Johann verkaufte ihm
am Sonntage vor Misericordia 1431 eine Wiese zu
Rodewölde, und den Zins aus der Perwer-Mühle zu
Salzwedel b), schenkte ihm 1431 das Kirchlehen in
Osterwohlde c), und befreiete nach seinem Tode 1436
seine Kinder von der Gerichtsbarkeit des Hofge-
richts d). Im Jahr 1429 übernahm er die Bürgschaft für Herzog Wilhelm von Braunschweig Lüneburg,
in Betracht des der Herzogin verschriebenen Wittums
zu Bodendiek e), und am Donnerstage von Kathari-
nen 1430 ward er Hauptmann der Altenmark f).
Seine Söhne Gebhard und Henrich errichteten 1452
nebst andern Schloßgesessenen einen Vertrag mit den

N 2   alt-

a) Gerken Diplomat. Brand. III. p. 328. Vermuthlich
ist dieser, derjenige Werner, der nebst Balduin und
Henrich, 1387, den Landschaftlichen Abmahnungs-
Brief an die Herzoge Friedrich und Heinrich sandte,
da diese den mit Churfürst Wenzeslas gemachten Frie-
den brechen wolten.

b) Gerken Cod. Dipl. Brandenb. T. VII. p. 274.

c) Lenz, Markgräfl. Brandenburgl. Urkunden II. Th.
p. 541.   d) Lenz II. 566.   e) Gerken Cod. dipl.
Brandenb. T. VII. p. 274.   f) ib. T. VII. p. 218.

altmärkischen Ständen g). Der letzte hieß auch Hen-
ning und war sehr unruhig, denn er befedete 1438
die Mindenser h), und 1451 die Quedlinburger i).
Die letztern bekamen ihn aber gefangen. Der Mark-
graf Friedrich gab ihm einen durch Hans von Nimbeck
Tode erledigten Lehnhof zu Hindenborch 1460 k).
Er war der letzte der Osterwohlder Linie, und der
Markgraf verliehe seiner Gemalin Ermgard, und nach
deren Tode seiner Tochter Anastasia, letzterer bis zu
ihrer Verheirathung 1465 ein Leibgeding in ihres
Vaters Lehn l). Er lebte noch im Jahr 1467 m).
Vielleicht war seine oder seines Bruders Tochter eine
gewisse Sophia, die 1515 dem Kloster in Monte
Sion zu Quedlinburg als Priorißin vorstand n). In
der Zeit, da die Osterwoldische Linie blühete, waren
drei Geistliche dieses Geschlechts im Braunschweigischen und Brandenburgischen, die vielleicht zu selbiger gehörten, nemlich Otto, Kirch- oder Pfarrherr
zu St. Mägni in Braunschweig, der 1396 starb,
(Braunschw. Anzeig. 1760). Heinrich, der zum
Bischof zu Brandenburg 1393 erwählet ward, und
1406 o) verschied, und Henning der 1404 Domherr
zu Minden und Archidiaconus zu Lubbecke war p).

Eine

g) Lenz II. 624. Gebhard scheint vor 1467 gestorben
zu seyn. Gerken Diplom. T. II. p. 379.
h) Leibnitii Script. rer. Germ. T. II. i) Abel Chron.
Afcanienf. p. 572. k) Lenz II. 640. l) Gerken dipl. T. I. p. 509. 520. m) Ibid. T. II. p. 379.
n) ab Erath dipl. Quedl. p. 897. o) Lenz Diplomati-
sche Stiftshist. von Brandenburg. p. 45.
p) Würdtwein subsidia dipl. T. X. p. 260.

Eine gewisse Anna von Bodendick hatte 1403 Albrechten von Wittorf zum Gemahl (Pfeffing. Hist. Bodent.), und Cort von Bodendick war Zeuge in des Archidiaconus zu Moderstorpe Johann von Bücken Testamente.

Ludolf und Werner von Bodendick waren 1428 beschloſſete zu Wartbeck, welches Schloß ihnen die Herzoge von Lüneburg verſetzet hatten q). Eben dieser Ludolf, wie es ſcheint, hatte auch das Schloß Bodendick damals als ein fürſtliches Pfand in ſeiner Gewalt, bekam 1428 vom Biſchof von Verden Johann von Azel einige Verdenſche Zehnten für das Geld, was er zu der Einlöſung des Hauſes Rotenburg hergegeben hatte r) zum Pfande, und 1435 gleichfals pfandweiſe einen Hof in Leſten und einen Hof zu Neuendorf von Boldewin von dem Kneſebeck (Pfeffinger Hiſt. Bodent.) Im Jahr 1435 war er Schiedesrichter bei dem Zwiſte des Erzbiſchofs Wilhelm von Bremen mit den Braunſchweig. Lüneburgiſchen Herzogen Otto Wilhelm und Friedrich. Im Jahr 1436 kaufte er und ſein Sohn Alverich die Kneſebeckiſchen Güter in Holthuſen von Boldewin und deſſen Sohne Ludolf, wie auch von Bodo und Anno, Ludolfs Söhnen von dem Kneſebeck (Pfeff. Hiſt. Bodent.) Dieſer Alverich wird in Verdenſchen Urkunden 1455, 1465, 1469 und 1475 s) gefunden, und war ein reicher, brauchbarer und geſchäftiger Mann. Er verheerte

N 3   1455

q) Eroth von den Braunſch. lüneb. Erbtheilungen p. 52.
r) Spangenberg Verdenſche Chronic, p. 139.
s) Spangenberg, p. 148, 144.

1455 das Magdeburgische Gebiet als Herzogl. Braunschw. Feldherr t). Er bekam als Pfand für einen
Geldvorschuß von 12000 Gulden, vom Magdeburgischen Erzbischof Friedrich, das Amt Bebsfelde 1459
am Montage nach Petri Kettenfeier u). Er war zugleich in Verdenschen, Magdeburgischen und Lüneburgischen Diensten, und half 1458 den Vergleich
der Braunschweig. Lüneb. Herzoge mit dem Erzbischof
von Magdeburg über Klötze x), 1457 aber die Aus-
einandersetzung der Br. Lüneburgischen Herzoge zu
Stande bringen. Seine Gemalin soll nach der Ver-
sicherung des Amtmann Behrens, der ihm aber einen andern Vater giebt, eine Schwester des Bischofs
Berthold von Landesberg zu Verden und Hildesheim
gewesen seyn. In den Jahren 1471, 1477, 1478,
findet man ihn in Lüneburgischen Landschaftlichen Urkunden y), und 1472 war er Mitvormund des Herzog Henrichs. Er gebrauchte zuerst den Hirsch im
Schilde, und auf dem Helme zum Wappen. Im Jahr
1459 hätte er entweder noch keine Söhne, oder diese
waren noch sehr jung, denn man findet sie in der Obs-
felder Urkunde nicht genannt, obgleich dieselbige auch
auf seine Erben gerichtet ist. Im Jahr 1477 gab er
mit seinen Söhnen Ludolf und Othrave den Bürgern
zu

t) Schomakers Lüneburg. Chronik. ad. an. 1455.
u) Walther sing. Magdeburg. IV. Th. p. 47. seq.
x) Gerken Cod. dipl. T. IV. p. 543.
y) In J. F. F v. Bülow Beschreibung des Geschlechts von
Bülow, ist in der 69 Beilage vom Jahr 1478 Alverich gleichfalls bemerkt.

zu Obsfelde gewiſſe Vorrechte in Abſicht des Bier-
brauens z). Sowol er, als auch Ludolf ſein älteſter
Sohn müſſen nicht lange nachher verſchieden ſeyn,
denn ſeine übrigen Söhne Johann, Domherr zu Hildesheim, Ottrave Alverick und Werner, verkauften
1485 ihr Pfandrecht Georgen von Bülow a) welches
ohne ſeinen Beitritt nicht würde haben geſchehen können, wenn er noch gelebt hätte.

Von ſeinen Söhnen ſtarb Johann der Domherr
zu Hildesheim, im Jahr 1517 b) Ottrave legte
1470 eine Fede der von Kisleben und des Kloſters
Marienthal bey c), befedete aber 1486 die Stadt
Helmſtedt ſehr hart d). Im Jahr 1486 war er Zeuge bei dem Teſtamente Heinrichs von Eſtorf, der damals nach Einſiedel walfartete (Pfeffing. Hiſt. Bodenteich.) und vermuthlich ſtarb er bald hernach,
weil ſeiner weder in den Abtei-Regiſtern zu Lüneburg,
noch in Urkunden weiter gedacht wird. Von ſeinem
Bruder

z) Walther l. c. p. 56.
a) ib. p. 58. und v. Bülow Beſchr. des Geſchl. v. Bülow, 63 Beil.
b) Ungedrucktes Ausgeb-Regiſter der lüneburg. Abtei,
vom Jahr 1517. Eine Urkunde von dieſem Johann,
von 1504 ſtehet in Struben. Obſerv. Iuris et Hiſtor.
German. p 37. S. auch Lauenſtein. Hiſt. dipl.
Epiſc. Hildeſ. T. I. p. 226.
c) Maibomii Script. rer. Germ. T. III. p. 272. Wenn,
wie es wahrſcheinlich iſt, Ottrave die Ausſöhnung übernahm, weil ſein Vater nicht mehr lebte, ſo müßte dieſer Vater 1478 geſtorben ſeyn.
d) Meibom. ib. et p. 234.

Bruder Werner findet man auch nach dem Jahre
1485 keine Nachricht. Alverich verkaufte nebst seinen Brüdern Ottrave und Werner, dem Johann
Bremer, einem Vicario zu Medingen 1484 einen
Hof in Rentstede. Vermöge der Stamm-Tafel des
Amtmann Behrens war seine Gemalin eine Fräulein
von Molzan, und sowol er als seine Brüder Ottrave
und Werner starben unbeerbt. Seine Schwester Margaretha war die Gemalin des Brandenburgischen
Raths und Erbkämmerers Burchard von der Schulenburg, der 1512 verschied (Behrens Stamm-Tafel. Pfeffing- Hist. Bodent.)

Der Bodenteichische Stamm ward fortgesetzet
durch Werner, einen Vetter des Gebhards, der die
Osterwohldsche Linie stiftete. Dieser Werner erscheint
zuerst 1403 in dem Verkauf-Instrumente über Elleringsdorf. Im Jahr 1410 ward er als Lüneburgischer Landes-Rath bei dem Vergleich der Reichsstadt
Lübeck, mit den Herzogen von Sachsen-Lauenburg,
über die Vogtei Möllen gebraucht *). Im Jahr
1432 übernahm Werner von Bodendick, Werners
Sohn, die Bürgschaft für Otto und Heinrich von
Estorf, bei einem mit dem Kloster Isenhagen geschlos-
senen Verkaufe. (Pfeffing. Hist. Bodent.). Dieser Werner muß sein Sohn gewesen seyn, weil kein
anderer Werner als er, der den Jahren nach des jungen Werners Vater seyn konte, vorhanden war:
dann Werner, Gebhards Bruder, hatte unter seinen
Söhnen

*) Gründl. Nachricht von dem Dominio und der Advo-
catia Möllen. Beil. p. 81.

Söhnen keinen Werner. Im Jahr 1454 findet man
den jüngern Werner, und seinen Sohn Werner, in
einer Geldverschreibung. Im Jahr 1470 hieß er
der ältere Werner in einer Urkunde, wodurch er einen
Zwist, den er mit Rolev von Wyrten, dem ehemaligen Prior zu St. Michaelis in Lüneburg gehabt
hatte, beilegte. Der Prior hatte seine Söhne im
Kloster erzogen, und wollte dafür 100 Mark zurück
behalten, die er als Bürge für ihn bezalet hatte. Das
Kloster bezalte das Geld für seinen Prior, und dieser entsagte seiner Forderung. Den Vertrag unter-
zeichneten zwei seiner Söhne, Ludolf und Henrich,
die vielleicht des Priors Zöglinge waren, mit ihm, zwei
andere Söhne, Werner der jüngere und Alverich ge-
nehmigten ihn, und in den daran gehängeten Siegeln
erscheint schon der Hirsch ohne Decke. Er verkaufte nebst
seinen drei Söhnen Werner, Ludolf und Heinrich
1472 einen Hof zu Thodendorpe und zwei Höfe zu
Lemgrave, dem Kloster Medingen, und weil er gleich
nachher starb, so ließen die Söhne am Freitag nach St.
Moritz, den Verkauf vom Herzoge Henrich bestätigen
(Pfeff. Hist. Bodend. h. an.) Alverich ward vielleicht geistlich, und nahm daher keinen Theil an diesem
Geschäfte, so wie auch Johann, Alverichs Bruder, laut der alten Lüneburgischen Abtei-Rechnungen
des Jahrs 1478, Mönch zu St. Michaelis, 1470
und 1513, und von 1490 bis 1496 daselbst Hospi-
talarius, nach 1499 aber Senior war. Werner war
1475 mit einer Tochter Borchards v. d. Berge vermälet, (Kelnerei-Rechnung zu St. Mich. in Lüne-

O   burg,

burg, h. an.) Befehdete 1474 die Stadt Ulzen *), und
kommt noch 1478 und 1509, in den Lüneburgischen
Rechnungen vor. Henrich und seine Gemalin Anna
kauften 1482 einen Hof in Holdenstede, von Harneid
von Boldensen (Pfeff. Mf. Bod.) und wie es scheint,
ist sein Sohn Johann von Bodendick, Hinrichs Sohn,
der 1511 dem Kloster Ebstorf einen Zins aus zwei
Höfen in Wyren verkaufte, und noch im Jahre 1516
lebte (Pfeffing. Hist. Bodent.). Paul, eines Johannis und vermuthlich dieses Johannis Sohn, wohnte 1553 der Schlacht bei Swershausen bei, in der er
geblieben seyn soll, wiewol er nach andern Nachrichten noch 1562 gelebet hat **). Andreas von Bodendick, dieses Pauls Bruder und Johannis Sohn, erscheint 1546 und 1553 in Urkunden, (Abtei-Rechn.
Pfeffing. l. c.). Er erhielt nach Abgang des Geschlecht von Wrested, das Gut Wrested im Herzogthum Lüneburg, welches seine vor 1560 geheiratete
Ehegattin Margarethe von der Schulenburg (Braunschw. Anzeig. 1760 l, o.) im Jahr 1594, laut den
alten Matrikeln, als Wittwe besaß, nachher aber
Ludolfs von Bodenteich Nachkommen erbten.

Ludolf auf Schwega ist derjenige des Geschlechts,
mit welchem die Ahnentafeln der von Bodenteich, die
den

*) Schilling Hist. Grundriß der Stadt Ulzen p. 65. In
den lüneburgischen Abtei-Rechnungen findet sich 1526,
ein Werner von Bodendick, der vielleicht von diesem,
so wie von dem Werner der Osfelder Linie verschieden war.
**) Pfeffing. Hist. Bodent. Braunschw. Anzeig. 1746.

den Stamm beschloſſen, anheben. Nach der Oehrenſchen Stammtafel ſoll er noch im Jahr 1486 gelebt haben. Seine Gemalin Ilſa von Bartensleben, Jacobs und Lucien von Zerſſen Tochter *) findet ſich 1489 in alten Papieren, die Pfeffinger laut ſeiner Bodenteichiſchen Geſchichte geſehen hat. Sein Sohn war Alverich, welcher 1502, 1516, 1518, Alverik Luleſſes ſeligen Sohn, imgleichen Alf in Rechnungen und Urkunden, hingegen Albrecht in den Leichpredigten auch Chriſtoph und Oswald von Bodenteich genannt wird. In den Abtei-Regiſtern zu St. Michael in Lüneburg, heißet er 1508 Alverius de Bodendike in Kriege. Der Abt Boldewin von Marenholtz nennet ihn 1514 am Cecilius Tage ſeinen Schwager, in einer Urkunde, durch welche der Abt ihm zwey Höfe zu Welbeck für 200 Mark abkaufte. In den Rechnungsbüchern dieſes Abts iſt bemerkt, daß 1511 Alverici de Bodendike uxor in puerperio geweſen iſt, und daß 1507 Conradi des ältern von Marenholz Schweſter, die von Bodenwick geweſen ſei, folglich war eine Gemalin des Alverichs, eine Schweſter des Abtes Boldewin und des Conrads. In den Leichpredigten wird eine Dorothea von Mandelsloh angegeben, daher man vermuthen kann, daß Alverich zweimal ſich verheirathet habe. Von der letzten Gemalin war ſein Sohn Oswald: er war einer der vorderſten der Lüneburgiſchen Ritterſchaft oder nach

D 2 jetzi-

*) Bereits genealogiſche Vorſtellung derer von Steinberg. p. 59. Beilagen. Leichpredigt auf Oswald von Bodenteich p. 75.

jetzigem Sprachgebrauche Landvath, und findet sich
daher in allen wichtigen Schriften derselben bis zum
Jahre 1520. Er ward 1517 am Dienstag nach Maria Geburt Bürge, bei dem Vertrage des Herzogs Henrichs und der Stadt Lüneburg, nannte sich 1519 einen der Heimgeladenen Rede Hertog Hinriks, oder
einen der Satthalter des Lüneburgischen Herzogs, der
sein Land hatte verlassen müssen, erneuerte 1519 nebst
andern Landständen die sogenannte Zate oder den Land-
feeden **), und verbürgte sich 1520 für die 5000
Gulden, die der Herzog von der Landschaft zu Bestrei-
tung seiner Reisekosten empfangen hatte ***).

Im Jahr 1510 am Mittwochen vor Ostern,
verkauften Alverick und Guntert von Bodendick, zwei
Brüder, dem Kloster St. Michaelis in Lüneburg, einen Zins aus zwei Höfen, und diese Höfe scheinen die
zu seyn, die Alverick, Luleffes Sohn, nach vier Jahren dem Kloster überließ. Vermuthlich starb Guntert
bald hernach, weil seiner nirgends weiter gedacht wird.
Es finden sich zu dieser Zeit noch einige von Bodenteich, die Alverichs Geschwister oder Oheime und Vaters Schwestern gewesen seyn können, vielleicht aber
auch zu der Oebsfelder Linie gehöret haben, nemlich
Oswald, der 1516 schon bejahret war (Pfeffing. Hist.
Bodent.). Dorothea, die Gemalin eines von Ilten,
welche man in einer Ahnen-Tafel des Lüneburgischen
Klosterherrn Wolf. Christian von Harling antrift. Ursula,

** Dipl. in Grupe hist. Nachr. von der Stadt Hannover,
p. 14.
***) Braunschw. Anzeigen 1746. N, 60.

sula, Friedrichs von Bülow auf Gudow Gemalin *).
Joachim, Mönch zu St. Michael in Lüneburg 1521
(Kloster-Rechnungen h. an.), und Sophia, Domina
zu Lüne. Diese Sophia wurde 1481 vom Bischof
Bertold von Verden bei der Einführung der Burs-
felder Reformation, zu einer Priorißin des Klosters
Lüne, anstatt der abgedankten Priorißin Berta Hoyers,
verordnet **), und führte in ihrem Kloster eine bessere
Haushaltung und Ordnung ein. Sie hat viele Denk-
mäler im Kloster hinterlassen, denn man findet ihr
Wappen in den Kreuzgangsfenstern, an den Stühlen
der Klosterfräulein auf dem hohen Chore, und nebst
ihrem Bilde fast in Lebensgröße mit Farben einge-
brannt in einem Chorfenster. Auch sind zu der Ver-
zierung des Chors noch vier große genähete Tapeten
vorhanden, die die vornehmsten Begebenheiten des
Heilandes mit beigesetzten Erklärungen aus der Vul-
gata, den Stammbaum des Heilandes, und die Auf-
erstehung vorstellen, und auf ihren Befehl 1500, 1503
und 1504 verfertiget sind. Auf diesen lieset man
folgende Inschriften: Anno dominice incarnationis millesimo quingentesimo Domina Sophia
de Bodendike Priorissa procuravit, ac fecit

O 3   con-

---

*) v. Bülow Beschreib. des Geschl. v. Bülow, p. 187.
   Friedrich von Bülow lebte 1555 noch.
**) Instrum. im Hannoverischen Magazin 1764. p. 981.
   Eben daselbst ist ihr Sterbetag richtig angegeben, da
   Pfeffinger in der Br. Lüneburgl. Historie II. Th. p. 659
   ihn irrig, anstatt in vicesimum tertium, in quinqua-
   gesimum tertium annum hinaussetzet.

confuere iftud Tapete Anno regiminis fui vicefimo per manus fororum, hic in monafterio
Lunenfi, tunc degentium ad Laudem et Honorem fummi Dei et fue dilecte Genetricis Marie
fanctique Bartholomei Regalis apoftoli gloriofi
Patroni noftri Anno octavo Prepofiture Reve-
rendi Domini ac Patris noftri Nicolai Schoma-
ckeri.   Anno partus virginei Millefimo quin-
gentefimo quarto fecit venerabilis dompna pri-
orifla Sophia de Badendike iftud tapete confuere per manus fororum monialium hic in lune
tunc degentium ad honorem dei et fue dilecte
matris Marie ac S. Bartholomei regalis apoftoli
gloriofi patroni noftri reformationis huius anno vicefimo tertio & ipfo anno eadem venerabilis dompna feliciter fuum diem claufit extre-
mum, cuius anima requiefcat in pace. Sie ftarb
am 2 Februarius 1504, und ift auf ihrem Leichfteine
ſtehend abgebildet. Selbiger lieget im Kreußgange vor
einem Altare, iſt aber abgetreten und unkentlich geworden.

Oswald von Bodenteich, Alverichs Sohn, war
1580 herzoglicher Hauptmann der Aemter Gifſhorn,
Füßleben und Campe, und von 1553 bis ins Jahr
1587, da er ſtarb, Lüneburgiſcher Ritterſchafts De-
putatus und Landrath. Er unterſiegelte daher die
Landtagsreceſſe von 1553, 1567, 1570, 1576 und
1579, und den Vergleich zwiſchen den Herzogen Henrich und Wilhelm dem jüngeren. Er ſchloß mit der
Stadt Ulzen einen Vergleich über den Tatern-
Hof

Hof *), und erbte von seinem Vater Schnege, so wie von seinem Vetter und Frauen Schwester Mann, Andreas von Bodentrich, die Güter Goddenstedt und Wrestedt. Er war der einige Mann seines Geschlechts, und setzte dieses durch Rixa von der Schulenburg, des Churbrandenburgischen Geheimen-Raths, Levin von der Schulenburg Tochter, fort. Seine Kinder waren a): ein Sohn der gleich verstarb, Ludolf, Urheber der Linie zu Schnege. Albrecht der vor 1628 verschied. Levin, Herzogs Julii zu Wolfenbüttel Hofjunker, der am 15. April 1588 starb b), Werner, Urheber der Goddenstedtischen Linie. Oswald, welcher 1591 zu Leipzig, so wie Barthold fast zu gleicher Zeit in Frankreich durch die Pocken getödtet wurde. Christoph, Urheber der Wresteder Linie. Fünf jung verstorbene Töchter. Ilse, Gemalin des französischen Obristen Siegfried Edlen von Plotho, welche am 28 Julii 1593 verschied c). Agnese, Gemalin Klemens von Mangelin, und Rixa, Gemalin Lütkens von Röttendorf d), Dom-Seniors zu Magdeburg.

Chri

*) Braunschw. Anzeigen 1746. N. 60. Oswalds Todesjahr findet man in Behrens Stamm-Tafel.

a) Auszug aus Christoph von Bodentrich Leichpredigt in den Braunschweigischen Anzeigen 1760. 89 Stück.

b) Epitaphium zu Braunschw. in den Br. Anz. a, 8.

c) Beckmann Historie des Fürstenth. Anhalt VII. Theil p. 252.

d) Dieser Herr heisset in Behrens Stammbaume vielleicht durch einen Druckfehler Tuck.

Chriſtoph auf Wreſted, ward 1582 am Mittwochen nach Lätare zu Gifhorn geboren, ſtudierte erſt
in der Johannis Schule zu Lüneburg, denn zwei Jahr
in Leipzig, und eben ſo lange in Jena, reiſete durch
Engelland, Frankreich und Niederland, und begab
ſich darauf auf des Guth Wreſted, welches ihm die
Brüder überlieſſen. Er ward 1624 Lüneburgiſcher
Landrath und darnach Hofrichter zu Zelle, ſtarb am
6. Februar 1652 und wurde zu Nettelkamp begraben e). Seine erſte Gemalin ward 1605 Dorothea
von Bünau, eine Tochter des Geheimen-Raths und
Großvogts zu Zelle Rudolf v. Bünau auf Eltze, welche 1633 ſtarb, die zweite aber am 27 November
1639, Catharina Eliſabeth von Weihe, eine Tochter des Großvogts und Hofrichters zu Wolfenbüttel
Jobſt von Weihe auf Böhme Tochter.

Werner von Bodenteich bekam in der Theilung
Gddenſtedt, und war 1614 Landrath f). Nach den
Pfeffingeriſchen Nachrichten war ſeine Gemalin He-
dewig von Bodenteich, welche einen Sohn Albrecht
und zwei Töchter gebahr, nemlich Hedewig, des Lü-
neburgiſchen Landraths Boldewin von dem Kneſebeck,
Ehegattin, und Agnes, die am 10. Mai 1663 den
Landräth und Hofrichter zu Zelle Antoh Detlev von
Plate heirathete, und 1673 Witwe wurde. Albrecht
heirathete 1643 Salome Dorothea von Heimburg,
des Wolfenbüttelliſchen und Oldenburgiſchen Raths,
Jobſt Heinr. v. Heimburg, und Urſulen von Bünow
Tochter,

e) Braunſchw. Anzeig. 1760. 80 Stück.
f) Pfeffing. Hiſt. Bodenteich. Behrens Stamm-Tafel.

Tochter und starb 1685 am 29 Jenner. Ihre Kinder waren Werner Jobst, gebohren 1645 am 14 August, starb am 4. September 1659, Christoph starb 1664 im sechszehnten Jahre seines Alters, und Hedewig Ursula, geboren am 2. Sept. 1649 und verstorben am 17 August 1652.

Ludolf von Bodenteich auf Schnega, war 1594 Lüneburgischer Landrath, kam 1603 in den engern Ausschuß, starb 1628, und wurde am 22 September zu St. Michael in Lüneburg begraben a). Er vermälte sich 1592 mit Elisabeth von Bothmar, Lippolds von Bothmar, Hauptmanns zu Winsen, Medingen und Oldenstedt, und Maria Gese von Holle Tochter, welche 1646 starb b), und folgende Kinder gebahr: Lippold auf Schnega, starb am 7 Febr. 1656. Oswald. Maria Rixa starb 1604 c). Maria Gesa starb 1617 Ursula starb am 28 Mai 1665, und heiratete vor 1646 Herman von Ompteda, Drosten zu Nienbruchhausen auf Mörsen. Ilsa starb am 24 Jenner 1667, als Gemalin Anton von Meyern, königl. schwedischen Obristen, Lothringischen General-Majors und Herzogl. Braunschweig. Lüneburgischen Obristen der Garde und Commendanten des Kalkberges, welcher

a) Kirchen-Register zu S. Michael. Braunschw. Anzeig. 1746. N. 62. p. 1428.
b) Martin Rehburg, Pastors zu Schnega Leichenpredigt, auf Oswald von Bodenteich, Wolfenbüttel 1667, 4to p. 75. seq.
c) Behrens Bodenteichische Stamm-Tafel.

P

cher 1644 geadelt ist, und in der Michaelis-Kirche zu Lüneburg begraben lieget. Engel Dorothea, welche 1666 Klosterfräulein zu Dambeck in der Alten-Mark war. Agnesa, die am 24 Junius 1672 zu Braunschweig starb *) Rixa, welche 1666 Canonißin des Stifts auf dem Berge zu Herverden war, und Dorothea, die 1646 und 1667 lebte.

Oswald war am 16. Mai 1595 zu Schnega gebohren, und erhielt den Unterricht in Wissenschaften erst in der Schule zu Verden, dann von dem Hauslehrer der von Mützchhausen zu Ehrenburg, darauf in der St. Michaelis Schule zu Lüneburg, und endlich 3 Jahr zu Wittenberg. Im Jahr 1611 erhielte er eine Domherren-Präbende zu Verden, reisete 1615 nach Lothringen und Frankreich, und wohnte zu Frankfurt der Krönung Kaisers Ferdinand II. bei. Im Jahr 1620 begab er sich nach Verden, ward aber 1628 durch die Kaiserlichen Commissarien zur Vollziehung des Restitutions-Edicts vertrieben, weil er ihres Zuredens ohngeachtet, sich nicht zu der catholischen Kirche begeben wolte. Er wohnte darauf zu Schnege, bis daß das schwedische Heer die neueingesetzten Domherren vertrieben hatte. Der damalige Dänische Erbprinz und Bischof zu Verden, Friedrich, nahm ihn als Hofjunker in Bestallung: allein da dieser Herr nach Dännemarck ging, danckte er ab, und begab sich wieder nach Schnege. Durch die Secularisation des Stifts Verden 1648, verlor er seine Präbende. Allein er erbte vom Hofrichter Christoph 1652 Wrested, von seinem Bruder Lippold 1656. Schnege, welches

*) Braunschw. Anzeig: 1760. p. 81.

er

er ihm 1657 überlassen hatte, und von dem jüngeren
Christoph 1664 Göddenstedt. Er ward 1645 Lüneburgischer Landrath, 1658 Schatz-Deputirter, und
1657 Commissarius im Amte Bodenteich. Er blieb
im ledigen Stande, starb am 24 December 1666,
und wurde erst am 3. September 1667 mit vieler
Pracht zu Schnege begraben. Weil er den Mannes-
stamm beschloß, so fielen seine Lehngüter an einige
damalige Staatsbediente, die die Anwartschaft auf
selbige erlanget hatten: nemlich Wrested an des Gros-
voigts zu Zelle Thomas Grote Erben, Göddenstedt
an den Kammer-Präsidenten Paul Joachim, Frei-
herrn von Bülow, und Schnege an den Geheimen-
Rath und Grosvogt Hildebrand Christof von Hardenberg, der es dem Landschafts-Director August Grote
verkaufte.

B. Der Nendorfische oder Neiendorfische Zweig.

§. 3.

Wenn man es als einen Grundsatz annehmen
kan, daß auch schon diejenigen adel. Familien in einer
nahen Verwandschaft stehen, die in ihren Wappens
auch nur einige Stammzeichen mit einer andern gemein
haben: so läßt sich um so viel mehr mit der größten
Wahrscheinlichkeit behaupten, daß die Familie, welche
ehemals zu Nendorf im Herzogth. Braunschweig ihren
Sitz gehabt, eben so wol, wie die von Campen Blan-

P 2 ken-

lenburgischen Ursprungs sind e). Gewisse Geschlechts-
Namen, die in der einen gewöhnl. sind, finden sich
auch

e) Eben das sagen auch die Braunschweig. Anzeigen vom
Jahr 1747. p. 1668. und Scheid in den Anmerkungen über Mosers Staats-Recht §. 20. p. 39, 40. nimmt
es als ausgemacht an, daß der Jusarius Pincerna
sowol, als der Jordanus Dapifer, deren in den Urkunden H. Heinrichs des Löwen so oft Meldung gethan
wird, aus dem Hause der von Campen gewesen, und
daß die adel. Familie von Campe, Blankenburg und
Niendorf eines gemeinschaftlichen Ursprungs seyn. Der
erhabene Verfasser des oft belobten Braunschw. Mspt.
v. J. 1750, läßt keinen Zweifel übrig, daß diese, die
Schenken (Pincernae) von Nendorf, mit den von
Campen, (welche Erbtruchseſſs oder Küchen-Meister
(Pincernae waren) zusammen gehören. Und solches
ergiebt nicht allein die durchgängige Gleichheit
des Wappens, welche sich in den ältesten Nein-
dorfschen Siegeln de annis 1251, 1289, 1299, 1319 ꝛc.
zeiget; sondern auch dieses, daß anno 1196. *Jusarius*
Pincerna, ein Bruder von *Jordane Dapifero* und
Aimone de Blankenburg ausdrücklich genennet wird,
und daß 1296 *Jordanus Dapifer* selbst, sich de Nendorpe nennet. Auf einander folgend kommen nach seiner Berechnung vor:

Jusarius Pincerna 1196 - 1212.
Jusarius Pincerna 1223 - 1240, welcher auch anno
1231 Caesarius Pincerna de Brunsuic heisset.
Jordanus Pincerna de Blankenburg 1237 - 1238.
Jusarius Pincerna et Lodevicus fratres 1248 - 1254.
Jusarius Pincerna de Blankenburg 1251.
Jordanes Pincerna de Nendorpe 1289.
Ludevicus Pinc. de Nendorpe, oder de Nendorpe
Pin-

auch in der andern; und die Wappen kommen in allen Stücken völlig überein. Beide Familien unterschei-

P 3 den

Pincerna de Brunsv. 1273-1300.
Jordanes Pincerna de Nendorpe 1311, 1312, 1319. 1323.

Anbei, läßt der Herr Verfasser nicht unbemerkt, daß die unterschiedene Familien des Namens von Meindorf nicht besser, als durch die besondern Vornahmen und Wappen können unterschieden werden; Es waren auß fer den Blankenburg. Campischen Schenken vorneml. noch drei Familien, die zu Ende des XIII. und in der Mitte des XIV. Seculi vorkommen; eine derselben sei, wozu *Olricus et Theodoricus de Nendorpe*, cives Magdeburgenses, die 1282 vorkommen, gehören, und in den Siegeln gleichfalls einen Queerbalken geführet hätten, daher fast die Vermuthung sei, daß sie eine Seiten Branche von den Blankenburgischen Schenken von Meindorp mögen ausgemacht haben. Von einer andern Familie sei gewesen *Henricus Miles de Nendorpe cognomine Meyer dictus*, dessen Siegel de anno 1290 zween Pfäle ausweise; und wieder von einer andern Familie wären gewesen, die *Milites et Famuli de Nendorpe, Castellani in Esbecke*, die von 1350 bis 1363 in 4 Generationen vorkämen, und in ihrem Siegeln de anno 1314, 1333 und 1362 drei krumme Widdershörner geführet hätten. Letztere beide scheinen zu den Schenken dieses Namens nicht gehört zu haben.

Die alten Lehns-Herren der von Campe und von Mein-dorf wären nicht allein die Herzoge von Braun-schweig, (an. 1245, 1255, 1267, 1300, 1332.) und die Bischöfe von Halberstade (an. 1270, 1302, 1306.) sondern auch die Erzbischöfe von Magde-burg

den sich nur durch die verschiedenen Ritter-Sitze. Wie aus dem ersten Abschnitte des ersten Theils dieser Abhandlung erinnerlich seyn wird, erscheinen in den Urkunden die Brüder Jordan und Jusarius von Blankenburg, beide unter der Regierung Herz. Heinrichs des Löwen; unter der Regierung Herz. Heinrichs des Pfalzgrafen ebenfalls, und nicht weniger an dem Hofe Herz. Otto des Kindes, ist Jordan, und ein Jusarius, beide Brüder. So wie jene Truchsesse oder Erbküchen-Meister (Dapiferi) waren; so waren diese Erbschenken (Pincernae). Bald erscheinen sie in den Urkunden unter dem Namen von Nendorp, bald heissen sie ebenfalls von Blanckenburg.

Im J. 1191 wird in der Bulle des Pabstes Cölestinus III. eines Henricus de Neyndorp gedacht, von

burg (1303). Die Grafen von Limbre (1209). Die Grafen von Woelpe (1552). Die Grafen von Schladen (1265). Die Grafen von Falkenstein (1273). Die Edele von Meinersen (1278). Die Grafen von Schaumburg (1305), und die Grafen von Wernigerode (1338) gewesen. Die erste Urkunde, so einer aus der Familie selbst ausgestellet, sei vom J. 1229, und aus andern Familien würden sich auch nicht viel ältere auftreiben lassen.

Das Erb-Truchsessen oder Erb-Küchenmeister Amt, sei mit Anfange des XIV Seculi von der Campischen Familie ab, und auf andere gekommen; denn An. 1307 hätten bereits die Herzoge Heinrich und Albrecht denen Fratribus ordinis Prædicatorum, proprietatem curiæ seu areæ Domini Jordani Dapiferi cum omnibus aliis areis s. Curiis ad ipsum officium pertinentibus, geschenkt.

von dem, das Kloster Marienthal einige Ländereien und eine Mühle gekauft hatte f).

Eben derselbe Henricus de Neyndorp ist auch 1192 Zeuge, da der Bischof zu Halberstadt und der Abt zu Riddagshausen einige Güter vertauschen g), und vermuthlich ist er es auch, der 1197 als Zeuge angeführt wird, da der Graf Conrad von Regenstein eine gewisse Donation an das Kloster Michelstein genehmigt h).

Im J. 1212 wird in der Consöderation des Markgrafen Alberti M. v. Brandenburg, mit dem K. Otto IV. ein Albertus de Niendorp als Sacramentalis angeführt i). Es gehört aber derselbe nicht hieher, sondern nach Reindorpe im Herzogthum Magdeburg k).

In einer Urkunde von 1223 wird ein *Jusarius Pincerna* an dem Hofe Herz. Otto des Kindes namhaft gemacht, und wie man aus dem gewöhnl. Vornamen schließt, war er zwar aus dem Geschlecht der von Blankenburg, gehörte doch aber eigentl. zu dem Nendorfischen Zweige l). Vielleicht ist es eben derselbe, der 1231 in einer Urkunde von Herz. Otto, unter dem Namen Ysarius erscheinet m).

Auch 1235 ist Jusarius Pincerna, und Jordanus Dapifer Zeuge, als Otto Dux den Canonicis St. Blasii in Brunswic pro denariis piscinalibus

1192

1197

1212

1223

1231

1235

f) O. G. T. III. p. 565.   g) Scheidii Mantissa p. 495.
h) Scheid. Cod. diplom. p. 769.   i) O. G. T. III. p. 813.
k) Harenb. Hist. Gandersh. p. 1574.
l) Schmidts Anmerk. p. 40.   m) O. G. T. IV. præf. p. 62.

120

nalibus quatuor manſos ſchenkte n), und kein an-
1236 derer, als eben derſelbe, war es, der 1236 in einem
Transact zwiſchen dem Kloſter Woltingerode und dem
Capitul St. Blaſii zu Braunſchw. wegen gewiſſer Gü-
ter als Zeuge angeführt wird o), und faſt ſo lange
dieſer Herz. Otto lebte, war ein Juſarius von
Blankenburg Nendorf p) Erbſchenke an ſeinem
Hofe.

Zwar wird nach dem Tode Herz. Otto des Kindes, der bekanntermaßen 1252 geſtorben iſt, unter
der gemeinſchaftlichen Regierung ſeiner Söhne, Herz.
Albrechts des Groſſen und Herz. Johannes,
1266 1266. eines Fridericus de Nenthorpe gedacht, aber
nicht dieſer, ſondern Jordanus war damals Pincerna q).

1288 In einer andern Urkunde 1288 wird Ludovi-
cus Pincerna de Niendorp miles, als Zeuge angeführt r).

1296 In einer Urkunde Herz. Henrici mirabilis, vom
Jahr 1296. das Kloſter Riddagshauſen betreffend,
wird Jordanus de Nendorpe Dapifer, als Zeuge
genannt s), und in dem bekannten Streite Herz. Alberts mit dem Ertz-Biſchof von Maynz, wird ein Magiſter

n) ib. p. 153.   o) ibid. p. 171.
p) Es kommt dieſer Name noch vor 1237. O. G. T.
IV. præfat. p. 64. 1239, und præfat. p. 68. ib. p.
179, 180, 1240 præf. p. 69. 1247. p. 213. ib. p. 230.
231.   q) O. G. T. IV. p. 492.
r) Götting. Geſch. Beſchreib. II. B. p. 64.
s) Chron. Riddagsh. ap. Meibom. III. p. 415.

gister Iohannes de Nendorpe als Schiedsmann angeführt t).

Im J. 1311 lebte Jordan Pincerna de Neun- **1311**
dorp, dessen Gemalin Jutha und Kinder, Ludewi-
cus Canonicus Ecclesiae Merseburgensis, Jordanus Miles, Hedewig, Gemalin Gumberts von
Wanzleben, Ritters, J u t h a, Gemalin Bussos, Edelen von Dorstat, Ludewig, Erich, Jordan, — Die
Urkunde ist in Ketners Antiquitat. Quedlinburg.
P. 437. Vielleicht finden sich daselbst noch mehrere
von Nendorp, Herlingsberge und Elvelingerode.

Hingegen heißt 1319 ein Jordanus de Nen- **1319**
dorpe in einer Urkunde H. Ottos des Milden Pin-
cerna u), und vermuthlich ist es eben derselbe, der 1322 **1322**
bezeuget, daß der H. Henricus Mirabilis dem Capi-
tul St. Blasii zu Braunschw. erlaubet, zur Erweiterung ihrer Kirche einige benachbarte Häuser anzukau-
fen x). Auch in eben dem Jahre hat er die Verord-
nung H. Otto des Milden, wegen des Achtworths in
Ansehung wüster Dörfer, als Schencke und Zeuge unterschrieben y). Aus so vielen Exempeln widerlegt sich
die Meinung von selbst, daß die von Nendorf erst
seit 1494 Erbschencken des Fürstenthums Wolfenbüttel sollen gewesen seyn z). Im J. 1492 war Metta von
Niendorp bis 1494 Priorin zu Ebstorf. Es kann seyn, **1494**
daß vielleicht nach Abgang des Mann-Stammes der
Nen-

---

t) O. G. T. IV. præfat. II. u) Leibn. T. I, p. 369.
x) Scheid. Cod. dipl. n. VII. p. 444. 45.
y) Scheidts Mantissa docum. p. 366.
z) Scheidts Anmerkung. p. 38.

Q

Nendorf Blanckenburgischer Linie um diese Zeit eine
andere Familie mit diesem Schencken-Amte ist belehnt
worden, die auch von dem Gute, Nendorf, Besitz genommen, und in so ferne hätte das transferirte Erb-
schencken-Amt damals zuerst angefangen. Denn ein
Henning von Nendorf und Hilla von Veltheim, Tochter Anna von Nindorf, war lange vor 1540 mit dem
Groß-Voigt und Statthalter Thomas Grote vermält
und starb 1564. (Pfeff. Hist. Grot. Mspt.) Ein
Mißverstand liegt hier ohnfehlbar zum Grunde. Das
ist gewiß, daß, nachdem durch das Absterben des
Königl. Preußl. Hauptmanns, Carl Wilhelm von
1744 Neindorf, der Manns-Stamm dieser Linie 1744
gänzlich ausgegangen, der weil. Herzogl. Braunschw.
Geheimde Rath und Regierungs-Präsident des Für-
1746 stenthums Blanckenburg von Cramm 1746 mit diesem
Erbschencken-Amte ist belehnt worden; a) und nachdem sich dieser dessen begeben, hat der weil. Geheimde
Rath von Schliestedt dasselbe erblich erhalten b).

C. Noch einige andere Zweige.

I. Der Herlingbergische. Ein grosser
Geschichtskundiger unsers Vaterlandes c) behauptet
aus vielen beigebrachten Beispielen, daß besonders in
dem Calenbergischen fast kein Dorf anzutreffen sei, wovon nicht seit dem Ende des 11ten und Anfange des
12ten Jahrhunderts, eine adel. Familie den Namen
geführet habe; so wie auch die Grafen seit dem angefangen

a) Die Urkunde steht in Scheidts Cod. dipl. p. 487.
b) Scheidts Anmerkung, p. 36, 37.
c) C. Ur. Grupen in discepta. forens. p. 286.

fangen sich nach ihnen Schlössern zu nennen. Dabei
bemerckt derselbe als etwas besonderes, daß die Gebrüder von Campen, Jordan, Heinrich, Wedekind sich 1292 genant haben Gebrüder von Harlings-
berg. Die Gleichförmigkeit ihrer Wappen mit den
alten Blanckenburg-Campischen, und die Uebereinstimmung der Namen, mit denen, die so oft bei den von
Blanckenburg und Nendorf vorkommen, läßt wol an
dieser ihrer Abstammung nicht zweifeln; daß sie aber
auch einen besondern Zweig ausgemacht haben, erhellet auch daraus, weil in der Urkunde H. Otto des Kindes, nach welcher derselbe 1243 der verwittweten Her- 1243
zogin Agnese für den Goslarischen Zehnten, nebst einer nahmhaften Summe den Ort Isenhagen überläßt,
zwei Jusarier zugleich, ein Jusarius Pincerna,
und ein Jusarius von Herlingsberge als Zeugen
angeführt werden d). Es war bekantermaßen dieses
Herlingslingsberge ein jetzt wüstes Schloß unweit

Q 2 Har-

d) O. G. T. III. p. 719. In dem zuvor genannten Mspt.
die Campische und Nendorfische Familie betreffend, heißt
es: *Baldewinus de Herlesberck*, (Herlingsberch) wird
An. 1231 ausdrücklich ein Bruder von *Jordano Dapifero* genennet, und das Siegel van 1316 trift mit
den andern Campischen Siegeln völlig überein. An.
1361 sind die v. Herlingsberge von dem H. Albrecht
zu Grubenhagen annoch mit der Grefeschaft zu Bodendick belehnen. Letzteres bestärkt um so mehr, daß
die von Bodendick mit zu denen von Campe gehört
haben. Die Siegel haben bereits eine Vermuthung
dessen an die Hand gegeben; wie denn auch dieses,
daß die von Campe selbst einen Ort, Nahmens Bo-

dens

Harlingerode im Amte Harzburg, welches K. Otto IV.
im Jahr 1189, (1201) gegen Goslar an der Ocker
zu der Zeit hatte anlegen laſſen, als er von ſeinem Ge-
gen-Kaiſer Philipp mit einem feindl. Zuspruch be-
drohet ward, und die Stadt Goslar dieſes Vorhaben
Philipps zu begünſtigen ſchien. Bis in das Jahr
1291, da dieſes Schloß in dem Kriege mit dem Bi-
ſchofe von Hildesheim iſt demolirt worden, hatten es
einige adel. Familien von den Landes-Fürſten zur Lehn
beseſſen. Auch ſchon zuvor wird 1280 in einer Urkunde von Herz. Heinrich dem Wunderl. ein Jordan
von Herlingsberg als Zeuge genant e). Und noch
1290 hatte ebenderselbe Herzog den von Wallmoden
ihren Antheil des Herlingbergiſchen Lehns genommen f). Dieſes Lehn (heredium) muß alſo wol ein
anſehnlicher Diſtrict geweſen ſeyn, entweder der von dem
Schloſſe, oder von dem das Schloß iſt genennet worden. Denn Aſchwin von Walmoden ſoll ſchon ums
Jahr 1239 eine Sophia von Herlingsberge, die Erbin
eines Theils von Herlingsberge, geheirathet haben,
nachdem die andern Erben entweder geſtorben, oder ver-
ver-

dencamp, ehmals in Beſitz gehabt, eine Reflexion
verdienet — — Es mag aber auch etwa der ganze
Ort ſo wenig, als ganz Lewertberge der Familie je-
mals angehört, ſondern dieſe an beiden Orten, wie
zu Blankenburg nur einen Sitz gehabt haben.
e) Scheidt in praefat. ad Cod. diplom. p. 41.
f) Chron. Walmodenſe ap. Harenberg in Hiſtor. Gan-
dashelm. p. 1507. Anno 1290 hebben de Henrich und Diderich den Herlingsberg boven Woltingerode verloren.

verdränget waren g). Nicht weit von dem zerstörten
Schloße soll der Hildesheimische Bischof Sigfried, das
Castell, Liebenburg, (Levenburg) angelegt haben h).
Dieser Herlingsberger Zweig scheinet nicht lange nach
1379 ausgegangen zu seyn; denn in besagtem Jahre
wurden laut des Lehn-Buches, Curds von Döhrin-
gen, die von Döhringe von Heinrich v. Herlingsberge
beliehen, und nahmen 1431 nach der von Herlingsberge Abgange die Lehne von den von Sampleben. Es
scheinet aber von den von Herlinsberge oder Her-
tingsberge, ein Zweig nach Lüneburg gekommen zu
seyn, wo er zu den Patricien gehörte i). Aber zu

Q 3   der

g) Harenb. ib. p. 1506 u. 1510.
h) Harenb. ib. p. 775. 1507.
i) In J. H. Büttners Collectaneis ad Familias Lune-
    burgicas Mspt. findet sich davon folgendes:
    Tiderleus de Hertesberge Senator Lune-
    burg. emit Plaustr. salis in domo Budsinghe ab
    Hermanno de Wenksternen 1377 in die annune.
    dominicae. Tider. de H. dederat filiabus suis
    Monialibus in Walsrode 1 pl. salis, culus medie-
    tatem Nicol. de Schildstein a conventu sibi com-
    paratum vendit D. Ioh. de Remsede 1329.
    Ioh. Hertberge fit civis Luneb. 1295. Vi-
    cariam primam S. Catharinae ad S. Johannem in
    Luneb. fundavit Theodorus de Härzberge,
    praesentationem sue ius Patronatus ad eius here-
    des et postea ad Archidiaconum in Modestorp,
    cuius vices nunc (1532) habet praepositus Lune-
    burg. Iam habent illi de Spörken, possederunt
    vero, Albert Vorle, Joachim Ruwe, Werner.
    Spörken, qui resignavit 1552. Georg Spörcke
                                                    insti-

der Blankenburg-Campischen Familie gehörten wahrscheinlich

2) Die

inftitutus 27 Ianuar. 1553. Ioh. Sporcke Jufti filius inftit. 17. Jan. 1565, Henricus a Meding inftit. 23. Mai. 1576. Wilh. Spörcke, Ernefti filius 1586, Gebhard Sporcke, Warneri in Dalenborg filius, inftit. Octobr. m. 1595, Jul. Sporcke 1612. 10. Mai. Joh. Phil. Sporcke 1618, 9. Jan. Chriftian Feuerſchütz 1630. 20 Nov. Werner Herm. Sporcke 1. Aug. 1636, Io. Frantz Sporcke 1651 17 Nov. Io. Georg Burmeifter 1661. 8. Febr. Ernft Wilh. Sporcke 1668. 23 Nov. Werner Hermann v. Campen 1690. 4 Aug. Frantz Ludew. Spörcke 1711. 9. Dec. Ernft Wilh. Spörcke 1717. 1. Mai. Ernft Ludew. Wagenfeld 1725 1. Mart. Ernft Wilh. Bilderbeck 1733. 11. Mai. Andr. Wilh. Saffe 20 Nov. 1745, Georg. Io. Christian v. Ramdohr 1757. 6. April.

Da dieſe von Herzberge od. Hirſchberg, vermöge eines Lüneburg. Geſchlechts-Buchs des XVI. Jahrhunderts ein mit den Campiſchen oder Herlingsbergiſchen übereinſtimmendes Wappen haben, und ihr Gut den von Spörcken als nächſten Vettern, vermuthlich durch Verheirathung mit einer von Hertesberg, hinterlaßen haben, ſo ſind ſie adelich, und wahrſcheinlich Agnaten der von Herlingsberg am Harze.

Das Wappen iſt im blauen Felde ein von grüner Erde auſſpringender ſilberner Hirſch mit ausgeſchlagener rother Zunge und einer über den Rücken gelegten ſchwarzen Decke, auf der 2 übereinander liegende 6mal eckigt-gezogene ſilberne Queerbalken ſind; Helmdecken und Wulſt blau und Silber, und das Helmkleid iſt ein wachſender ſilberner Hirſch. (Kupfer-Tafel N. 15.

2) Die von Lewenberge und Gersdorf.

Um eben die Zeit, da ein Jordanus Miles de Nendorp und ein Jufarius, deffen Bruder, beide aus dem Blanckenburg-Campifchen Geschlechte, der erste als Dapifer, der andere als Pincerna, am Hofe Herz. Otto des Kindes standen, erscheinet auch in einer Urkunde von eben demselben Herzoge 1248 ein Jordanus Miles und Ministerialis de Lewen-Berch, nebst seinem Bruder Jufarius k). Es ist nicht glaublich, daß sich solches ganz von ohngefehr so solle gefüget haben, und daß die Nendorfschen und Lewenbergischen Jordans und Jufarier ganz verschiedener Abkunft seyn sollten, wo sie nicht gar eben dieselben Personen sind, die verschiedene Ritter-Sitze gehabt, und nach Beschaffenheit der Umstände bald nach dem einen, bald nach dem andern den Namen geführet haben. Die Wappen müßten hier entscheiden, aber die sollen mit dem alten Blanckenburg-Campischen völlig übereinstimmen. Wenn auch das seyn sollte, daß sie blos nach der Verschiedenheit der Oerter sich genennet haben; so waren sie doch ein Zweig des Blanckenburg-Campischen Stammes, und können auch als ein solcher behandelt werden.

Gedachter Jordan von Lewenberge verkaufte mit Einwilligung seines Bruders Jufarius dem Kloster Stein fünf Hufen eigenthümlichen Landes bei Gerstorp, nebst 2 areis in diesem Dorfe. Gerstorp lag in dem Quedlinburgischen Territorio l). Und

Lewen-

k) O. G. T. IV. praefat. p. 71. l) Kettner antiquit. Quedlinb. p. 143.

Lewenberg, wie im Orig. G. m) aus überzeugenden Gründen gezeiget wird, kann unmöglich das Löwenberg (Lauenburg) an der Elbe bedeuten, sondern es muß ein von den am Harz gelegenen Schlössern gewesen seyn, welche in der Theilung 1203 dem Prinz Wilhelm zugefallen waren, wie es denn auch ausdrücklich in dem Theilungs-Briefe unter diesen Schlössern namhaft gemacht wird n), und muß in der Nachbarschaft von Regenstein, Blanckenburg und Heimburg, nicht weit von dem ehemaligen Lichtenberge, hinwerts nach Quedlinburg gelegen gewesen seyn o). Die meisten

von

m) O. G. T. IV. p. 9. n) O. G. T. III. p. 852.
o) Lewenberge, Lewenburg, oder die alte Lauenburg, so nebst Gerstorf hinter Quedlinburg unweit Stapelburg belegen, sagt das Braunschweigische Mspt. des Herrn G. R. von Praun, gehörte ehemals denen Pfalz-Grafen von Sommerschenburg. Graf Albrecht hat noch 1164 eine Urkunde von daher datirt. Gleich darauf ist dieser Ort an Herz. Heinrich den Löwen gekommen. An. 1267 haben Jordanus de Gerstorpe, dessen Sohn Gevehardus und dessen Brüder Arnoldus de Monte, Iohannes de Monte, und Fridericus de Gerendorp. Die Kirche zu Gerstorp an das Kl. St. Marien auf dem Berge Sion vor Quedlinburg verehret, und sich dafür in der Kloster-Kirche ein Erbbegräbniß ausbedungen. Jordanus und Jusarius von Lewenberge hatten an. 1248 ihre eigenthümlichen Güter zu Gerstorf an das Kloster Michaelstein bereits verkauft, und an. 1351 sind Lewenburg und Gerstorf von den Grafen von Blanckenburg und Regenstein, welche es inzwischen an sich gebracht, an den Bischof Albrecht von Halberstadt, einen gebohrnen

Her-

von der alten Blanckenburg-Campiſchen Familie hatten
in dem Quedlinburgiſchen Stifte Güter; und obgleich
hieraus nicht folget, daß die Edelleute von Gersdorf
mit den von Lewenberge verwandt geweſen ſind, ſo läßt
ſich doch aus dem getheilten Schilde, welches ein Jordanus von Gersdorph 1267 im Siegel führte,
und deſſen eine Hälfte zum Blanckenburgiſchen Wappen gehörte, die andere aber mit Schachen ausgefül-
let iſt, einige Verwandſchaft ſchlieſſen.

Laut dieſer Urkunde vom J. 1267 ſchenckte dieſer Jordan von Gersdorf nebſt ſeinem Sohne Gebhard die erledigten Pfarr-Güter der Kirche im Dorfe
dem Kloſter Monzion-Berg (Mons Sion) bei
Qued-

Herzog zu Braunſchweig, abgetreten worden. Auch
ſoll ſich noch eine adeliche Familie von Blanckenburg
in der Marck, Pommern, Mecklenburg und Groß-
Polen ausgebreitet haben, die einen ihrer Sitze mit
dem Namen Gerstorf belegt, vermuthlich in Erinnerung deſſen, daß ihre Vorfahren das Gerstorf
hinter Quedlinburg ehemals beſeſſen. Ob ſie gleich
ein ganz anderes Wappen führet, nemlich einen auf-
ſteigenden Steinbock im Schilde, und einen Pelican
auf dem Helme hat. (Nürnberg Wappenbuch
I. p. 172.) ſo habe ſie doch ohne Zweifel ihre alte
Abkunft daher. Auch könnten die von Gerstorf, wovon eine Branche in den Gravenſtand erhoben, und
gar anſehnliche Güter in der Laußnitz beſitzt, dazu gehören. Jedoch müſſe man das dahin geſtellt ſeyn
laſſen, da ein gleichlautender Name es allein nicht aus-
mache. —

R

Quedlinburg, und erinnert; daß die Kirche des Dorfes eingieng, und nach besagtem Kloster transferirt ward *).

Ohne Zweifel lassen sich noch andere einzelne Sprossen antreffen, die eben so wol zu dem Blanckenburg-Campischen Stamme gehören; aber die eigentliche Folge ihrer Abstammung erweisen wollen, würde zu kühn und am öftersten unmöglich seyn. Ein solcher Zweig war auch

3) Zu Elbingerode (Eluelingerode).

Von demselben ist uns der einzige Lodewich aus Eraths Codice diplom. Quedlinb. p. 421 bekant, der 1331 sein Officium Pincernae der Aebtißin zu Quedlinburg resignirt, und sich in der Urkunde filium sororis Pincernae de Quedlinburg nennet. Daß er zu dem Blanckenburg-Campischen Geschlechte gehöre, davon ist sein Schild und Wappen der vorzüglichste Beweis.

*) In diesem ehemals berühmten Kloster, auf dem Münzberge vor Quedlinburg, vermeinte man vor einigen Jahren des Kaisers Heinrich Grab entdeckt zu haben, aber der angebliche Stein des Kaisers, gehörte einem von Hoym.

Dritter Theil.

Abschnitt I.
Von den übrigen Stamm-Linien der von Campe, und Campen.

§ 1.

Diese Familien-Geschichte der von Campen auf Isenbüttel würde zwar schon bestehen können, wenn auch die übrigen Familien gleiches Namens, aber vielleicht verschiedenen Ursprungs, übergangen würden. Das hätte geschehen können, wenn nicht hie und da Umstände einträten, die eine Vermengung befürchten ließen. Mit der größten Behutsamkeit läßt sich dieser Fehler nicht allemal vermeiden, daß Personen der einen Familie zugeschrieben werden, die zu einer andern gehören. Um gegen diese Besorgniß etwas mehr gesichert zu seyn, wäre es zu wünschen, daß irgends wo ein genaues und ausführliches Verzeichniß aller adel. Personen, die den Namen von Campe in unserm Vaterlande führen, und geführet haben, in chronologischer Ordnung zu haben wäre. Da dieß aber nicht ist, und auch die besten Adels-Lexica uns diesen Dienst versagen: so müssen wir uns mit den zerstreuten Brocken begnügen, die sich sammlen ließen. Diese noch rückständigen Stamm-Familien sind, wie schon oben bemerket worden,

I. Die

I. Die Deenser (Deenhusische), oder Stadt Oldendorfische, in der ehemaligen Grafschaft Eberstein.

II. Die Poggenhagener, in der ehemaligen Grafschaft Wölpe.

III. Die Kirchbergische, in dem Herzogthum
Braunschweig Wolfenbüttel.

IV. Die Oster-Stadische auf Aschwarden, in dem
Herzogthum Bremen.

§. 2.

I. Die Deenser, oder Stadt-Oldendorf-
sche Familie der von Campen.

Wenn man sich darauf verlassen könte, daß der
Stammtafel vom J. 1596. welche Letzner seiner Das-
selschen und Eimbeckischen Chronick von dieser Familie beigefügt hat, in allen Stücken zu trauen wäre,
und dieselbe bis auf unsere Zeiten reichte: so künte
man gerade zu sich nur auf dieselbe berufen. Indessen
müssen wir doch dieselbe, in Ermangelung einer besse-
ren, zum Grunde legen. Es heißt daselbst, diese Familie habe in dem Dorfe Deensen (Oedesen) vor dem
Solinger Walde, in der ehemaligen Grafschaft Eberstein ihren Sitz gehabt, nicht weit von dem Städtgen
Oldendorf unter Homburg, und habe von den Grafen von Dassel viele Lehne gehabt.

Als der Aelteste derselben wird ein Bodo angegeben, der im J. 1186 soll gelebt haben; aber schon
lange vor demselben wird in den Annalibus Corbei-
ensibus (Leibn. T. III. p. 306.) eines Otto von
Campen gedacht, der nebst einigen andern Wolthä-
tern

tern des Klosters in die Bruderschaft S. Viti ist aufgenommen worden.

Von den beiden Söhnen jenes Bodo, soll der eine Boldewin, bei den edlen Herrn und Rittern von Roßdorf, in guter Kundschaft gestanden, und noch 1209 gelebt, aber keinen Erben hinterlassen haben; der andere Heinrich von Campen habe gleichfalls 2 Söhne, Gottfried und Hartung hinterlassen.

Gottfried soll Herzogs Otto des Quaden an der Leine (Göttingen) Schild-Junge (Armiger) und hernach dessen Hof-Juncker gewesen seyn, habe auch nach dessen Ableben der verwittweten Herzogin Margaretha von Berge zu Hardessen getreulich bis an sein Ende 1438 zu Hofe gedienet, und sei auch daselbst in der Kirche begraben. Welcher Sprung in der Chronologie! Wenn er schon bei Lebzeiten des Vaters, wie doch wohl zu vermuthen steht, da gewesen, und erst 1438 gestorben ist, wie alt müßte er nicht alsdann geworden seyn? Das ist wol gewiß, zur Zeit dieses Herzoges kan er nicht gelebt haben; denn selbiger kam erst 1368 zur Regierung, und starb 1394. Zu dem ist unter den Rittern und Knappen, die in den Jahren 1370, 1371, 1376, den Turnieren zu Göttingen beigewohnt haben, kein Gottfried von Campe anzutreffen, er müßte denn unter denen seyn, die nicht aufgeschrieben sind *).

A 3

*) Das Verzeichniß derselben steht in der Götting. Ritter-Beschreibung, p. 25, 27.

Was läßt sich nun von der Geschichte seines Bruders Hartung, vermuten? Derselbe soll in seiner Jugend bei den Banherrn zu Homburg sich hurtig und wol gehalten, auch etliche Züge mit ihm gethan, und von demselben das Jagd-Haus zum Brack, zwischen dem Solinger Walde und dem Holz = Häuser Berge mit besondern Privilegien erhalten haben. Das müßte doch auch wol unter der Regierung Herzogs Otto, des Quaden geschehen seyn; und so wäre hier in Ansehung dieser beiden Brüder ein Irrthum, entweder in der Genealogie, oder in der Chronologie, oder wol gar in beiden zugleich vorgefallen.

Hartungs von Campen Söhne sollen gewesen seyn 1) Asche oder Ascanius, 2) Gord oder Gotthard. Der erste hat zu Eberstein gewohnet, und von seiner ungenanten Gattin zwo Töchter hinterlassen, die eine Elisabeth, ist unverheirathet gestorben, und die andere, Berta, ist im Kloster Hockeln Nonne gewesen.

Der andere, Gord, hat zu Deensen gewohnt, hatte aber auch zu Stadt Oldendorf einen freien Hof mit Burgmanns Gerechtigkeit. Der Name seiner Gemalin ist nicht bekant. Er liegt zu Amelungsborn begraben, und hinterließ einen Sohn

Bartold I.

Dieser ist zwar von Letznern nicht angeführt, wird aber aus einem Familien = Manuscript eingeschaltet. Er soll 1430=1470 auf den Gütern zu Stadt Oldendorp und Deensen gelebt haben. Seine Gemalin wird Anna van Amelungen genant, von welcher 2

Söhne

Söhne waren, und eine Tochter, an Bruno von Bevern verheiratet. Die Söhne hießen 1) Jan, oder Johannes. 2) Gord II. welche sich 1501 dergestalt getheilet haben, daß der erste Stadt Oldendorp und Giesenberg, der andere Deensen bekam. Daher entstanden 2 Linien.

A. Die Oldendorfische und
B. Die Deenser Linie.

A. Die Stadt Oldendorfische Branche.

Jan oder Johannes

Bartolds I. Sohn, setzte die Deenser Linie fort; Seine Gemalin soll Johann Weken von Moringen Tochter gewesen seyn, mit welcher er erzeuget

Bartold II.

Derselbe hat Ludolfs vom Amelungen Schwester zur Gemalin gehabt, mit welcher ein Sohn Otto, und 6 Töchter, Anna, Maria, Ermegard, Judith, Barbara, Edelind, sind erzeuget worden.

Otto I.

war nach dem Letzner gebohren 1568, nach dem Familien-Mspt. aber 1558, und hatte zur Gemalin eine von Hacken. Sein Sohn ist nach eben demselben Familien-Manuscpt. gewesen.

Otto II.

Er hat zur Gemalin gehabt eine von Heistermann, mit welcher er erzeuget

Burchard Heinrich

dessen Gemalin war eine v. Hacken, von welcher 3 Söhne waren und eine Tochter Anna Cathar. die an Burchard a. Campe zu Deensen ist verh. worden. Die Söhne waren,

1) Jobst

1) **Jobst Heinrich Christoph,** der sich mit Ilse Armgard von Hacken zum Buchhagen vermält, aber ohne Erben verstorben ist.

2) **Otto** ist in Wolfenbüttelschen Kriegs-Diensten in Ungarn geblieben.

3) **Diedrich Julius** vermält mit Engel Elisabeth von Oldershausen, von welcher 2 Töchter waren, Anna Catharina, und Luise Christine, die beide in der Jugend verstorben sind.

Die beiden Brüder Jobst Heinrich Christoph, und Diedrich Julius, haben sich 1704 getheilet, daß ersterer Stadt Oldendorf, und letzterer Giesenberg erhielt, welche Güter aber nach deren Ableben an die Deenser Branche zurück fielen.

B. Die Deenser Branche.
Gord II. von Campe.

Bertold I. Sohn, Jans Bruder setzte diese Branche fort. Seine Gemalin war Godeken von Bolten, von welcher 2 Kinder waren, eine Tochter Anna, vermält an Waldebrand von Reden und ein Sohn Aschen, oder Ascanius.

Asche II.

der 1554 auf der Schlüsselburg gestorben, und im Kloster Loccum begraben ist. Mit seiner Gemalin Catharina von Münchhausen, die gleichfalls 1554 gestorben, und im Kloster Amelunxborn begraben liegt, hat er 2 Söhne gehabt, 1) Hilmer, der weggekommen ist, ohne von ihm weiter einige Nachricht zu erhalten, 2) Gord III. od. Gordian und eine Tochter, die zu Dassel an einen von Garmir verheiratet gewesen ist.

Gord

Gord III.

Hat sich zweimal verheiratet 1) mit Edelind v. Closter, 2) mit Magdalena von Wrisberg. Er ist 1576 gestorben, und im Kloster Amelunxborn begraben. Aus der ersten Ehe waren 5 Söhne: 1) Aschen III. geb. 1555 † 1565, 2) Burchard. 3) Stattus Wilhelm † 1563. 4) Hilmar, soll ausser Landes gezogen seyn, welches sicher eine Vermengung mit dem vorigen ist. 5) Aschen IV. ist im Stifte zu Minden als Domherr gestorben. Aus der zweiten Ehe waren Gord und Catharina verheiratet an Otto Raben v. Landsberg zu Stadthagen und Wormsthal, lebte noch 1595. Den Stamm setzte fort

Burchard I. von Campen

Drost zum Fürstenberge 1595, hat mit seiner Gemahlin Agnesa von Hacken zu Ohr 8 Kinder erzeuget, die aber alle früh verstorben sind, bis auf einen Sohn

Hilmer Elmershausen von Campe

lebte 1670, und hat sich zweimal vermält, 1) mit einem Fräulein von Spiegel zu Dorickhausen, 2) mit Margar. Lucie von Friesenhausen zu Belle. Aus der ersten Ehe waren 5 Töchter, a) Magdalena Dorothea † unverheirätet, b) Christian gleichfalls, c) Anna Catharina, Stifts-Fräulein zu Lippstadt, d) Amalia, e) Edeling Margaretha Sophia.

Aus der zweiten Ehe waren a) Agnesa Elisabeth, an Lev von Freytag vermält. b) Jobst Arend ist als Lieutenant in den Niederlanden unverheiratet gestorben und

S   c) Bur

c) **Burchard H. von Campe**

hat als Lieutenant Abschied genommen, vermählt sich 1) mit Anna Catharine von Campe, Burchards Tochter zu Stadt Oldendorf Tochter 1692. 2) Mit Hedwig Lucien von Dassel zu Wellersen, der Wittwe Hans Thedels von Campe auf Wettmarshagen. Aus der ersten Ehe war Burchard Hilmer, aus der zweiten a) Joh. Georg Christoph, b) Friedr. Aschen, c) Anna Charlotte, Hof-Fräulein zu Bevern.

Burchard Hilmer v. Campe.

hatte zur Gemalin Luisen Sophien Eleon. v. Campe zu Altenhausen, mit der er 2 Söhne erzeuget. a) Ernst August Burchard an ein Fräulein von Loheisen verheiratet. b) Otto Carl Wilhelm an ein Fräulein von Rumin verheiratet, und sechs Töchter 1) Sophia Justina Charlotte Wilhelmine Amalia an einen Ritt meister von L — — verheiratet. 2) Anna Catharina Johannetta, verheiratet an den Major von Benning in Cassel. 3) Sophia Christiana Caroline Amalia, verheiratet an den Hauptmann von Uhlen. 4) Luise Charlotte, verheiratet an den Lieut. von Schmidt. 5) Augusta Wilhelmina, verm. an Hauptmann von Geyse. 6) Friderica Eleon. Christine.

Der Bruder Joh. Georg Christoph von Campe, hat gleichfalls 2 Gemalinnen gehabt, 1) Anna Christ. Charlotte Goetz von Ohlenhausen. 2) Christine Charlotte Vitzthum von Eckstedt.

Aus der ersten Ehe waren 3 Söhne, a) Ludew. Wilhelm, früh verstorben. b) Burchard Gustav Jobst Wilhelm, gleichfalls, c) Johann Burchard Carl Wilhelm.

Aus

Aus der 2ten Ehe waren 6 Söhne und 8 Töchter.

Die Söhne: 1) Jobst Hartm. Christian Friederich jung verstorben. 2) Adam Gottlob, gleichfalls. 3) Theod. Joh. Gotthard, gleichfalls. 4) Friedr. Georg Johann, gleichfalls. 5) Carl Friedr. Ferdinand. 6) Theodor Ludew. Hartmann.

Die Töchter: 1) Hedewig Sophia Christina Charlotte, jung verstorb. 2) Christiana Henr. Friderica, verheiratet an Herr v. Grom, jung verstorb. 3) Sophia Charl. Wilhelmine, gleichf. 4) Magdalena Augusta Carolina, gleichf. 5) Johan. Christiana Dorothea, gleichf. 6) Sophia Wilhelmina, gleichf. 7) Eva Mariana, gleichfalls. 8) Albertina Charlotte, gleichfalls.

Vielleicht gehört zu den Söhnen auch Bernhard Adolph, der 1694 auf der Ritter-Academie zu Wolfenbüttel gewesen. Den Stamm setzte daher fort Johann Burchard Carl Wilhelm v. Campen zu Giesenberg bei Stadt Ottendorp, lebte noch 1776. Gemahlin Charlotte Doroth. Henriette von Weyhe, eine Tochter Ernst Conr. v. Weyhe, und Magdal. Elisab. von Campe, aus dem Hause Isenbüttel und Wetmarshagen, deren Tochter Friderica Albertina von Campe 1776 Stifts-Fräulein im Kl. Steterburg ward.

Die Verschwägerung der beiden Familien von Campe, der Deensischen und Isenbüttelschen, macht vielleicht nachstehender Entwurf etwas deutlicher.

G 2   Deen

Deensen   Isenbüttel

Hilmer Elmershausen von Campe

Balthas. Oswald von Campe

Hans Detlev (Thedel) v. Campe, zu Wettmarshagen † 1689. ——— Hedwig Lucia v. Dassel ——— Burchard II. von Campe

Joh. Georg Christoph   Magdal. Elisab. v. Campen, geb. 1689. ——— Ernst Conr. v. Weyhe

Joh. Burch. Carl Wilh. v. Campe ——— Charl. Dor. Henriette von Weyhe

Friderica Albertina v. Campe

§. 3.

Auf Hohmanns Charte vom Herzogthum Braunschweig mit einigen beigedruckten Wappens, die vermuthlich nach J. W. Schelen Zeichnung gemacht sind, stehet bei dem Gute Deensen und Olvendorf, der alte Campen-Bodentrich-Blanckenbugische Schild, mit dem sparrigen Queer-Streife, wie solcher noch jetzt im Gebrauch ist. Wenn man hierauf allein bauen könte, so müßten freilich die Herrn von Campe auf Deensen mit den Herren von Campe auf Isenbüttel einerlei Abstammung haben; allein zu geschweigen, daß jetzt die Stammzeichen im Schilde ganz verschieden sind, so
haben

haben auch beide Wappen von den Kleinoden nur die
Säule über dem Helme mit den Pfauen-Federn gemein.
Nach Letzners Angabe führen die von Campen
auf Decken einen in 2 Felder getheilten Schild, von
welchen das zur rechten ganz geld ist, das zur linken
aber in 6 weisse und eben so viel schwarze Schache getheilet war; auf dem Helme war eine goldene Krone,
darüber eine Säule, und auf derselben ein Pfauen-
Schwanz. Es hat aber Dietrich Jül. von
Campe zu Oldendorf, damals, als er zu Wolfenbüttel auf der Ritter-Academie war, sein Wappen fol-
gender maßen malen lassen: Ein perpendiculair getheilter Schild, in dessen einer Helfte zur Rechten
roth und weisse Schache stehn; die andere ist ein ganz
schwarzes Feld; auf dem gekrönten Helme stehet eine
pyramidal rothe Mütze, oder vielmehr Spitz-Säule,
auf welcher ein Pfauen-Schwanz stecket. Die Helm-
Decken sind nicht Gold und schwarz, sondern Gold
und roth ¹); und so stehet er auch auf der Charte bei
Poggenhagen.

§. 4.

Daß ehemals noch wol mehr Familien in hiesigen
Gegenden gewesen sind, die den Namen von einem
Campe, den sie zuerst bewohnet, bekommen haben,
ist gar nicht unwahrscheinlich. So erwehnet Baring **)
einer solchen Familie, die bei dem ausgegangenen

G 3

Dorfe

*) Alb. Audiosor. Nobil. Academ. Equ. Wolfenb. p. 18.
Nürnberg. Wappenb. P. I. p. 179. n. 7.
**) In der Beschreibung der Saale im Amte Lauenstein
des Fürstenthums Calenberg, p. 61, 67.

Dorfe Gerdessen oder Jersen in dem Calenbergischen Amte Lauenstein ihren Sitz gehabt habe. Das ist gewiß, in einem After-Lehn-Briefe vom J. 1637 belehnet der Canzler Arnold Engelbrecht einen Franz von Campe, anders genannt Mordebotter, und dessen Nachkommen, die jetzt in Salz-Hemmerdorf wohnen sollen, mit gewissen Gütern, die zuvor ein Christoph Boch zum Lehn gehabt. Gedachter Baring setzt hinzu, man habe von dieser Familie eine bekante Nachricht, daß dieselbe zu Jardessen in einem Campe gewohnet, daß die ersten Einwohner in Salz-Hemmerndorf ihr daher den Namen vom Campe beigelegt, welchen Namen die Nachkommen angenommen, ihren Geschlechts-Namen, Mordebotter, aber hätten sie fahren lassen; noch wären in der Gegend des ehemaligen Dorfes verschiedene Brincke oder Campe, und in einem derselben würden noch oft viele lose rothe Steine, als Ueberbleibsel ehemals daselbst gestandener Häuser, ausgegraben, indem man wisse, daß dieses Dorf an einem Pfingst-Tage, da die Leute zu Salz-Hemmerndorf in der Kirche gewesen, in einer Feuers-Brunst aufgegangen, und hernach nicht wieder aufgebauet sei. Wenn auch das alles seine Richtigkeit hat, so läßt sich doch weiter nichts daraus beweisen, als daß auch diese Familie von einem behaueten Brincke oder Campe den Namen erhalten habe. Ob aber Mordebotter mit seiner Nachkommenschaft um deswegen zu den alten adelichen Familien zu rechnen sei? das müssen wir dahin gestellt seyn lassen. Aelter als seit 1637 scheinet wenigstens dieser Adel nicht

nicht zu seyn; denn die vorigen Besitzer des Guts zu Jarsen, hiessen nicht von Campe, und wenn Moxi debotter etwa ein Abkömling von der Deenischen Familie von Campe seyn sollte, so käme es darauf an, ob er auch ihr Schild und Wappen geführt habe?

§. 5.

II. Die von Campen zu Poggenhagen.

Jo. Wilh. Franz Freiherr von Krohne versichert in seinem 1774 herausgegebenen allgemeinen Wels-Lexicon, daß dieses Geschlecht der von Campen zu Poggenhagen im Fürstenthum Calenberg eines der ältesten in Nieder-Sachsen sei; daß sie vormals Nobiles Domini de Lo oder Lohe geheissen, und verschiedene Castra zwischen Neustadt am Rübenberge und Wunstorf besessen, als das Castrum zu Bodenau, allwo sie auch die Pfarre fundiret, ingleichen die Castra Lüneburg und Lockhausen, welche beiderseits an der Leine gelegen gewesen, aber beiderseits im 13ten Seculo wären zerstört worden. Es könne aus Documenten erwiesen werden, daß sie zur erwehnte Zeit Nobiles Domini de Lo, dicti a Campe wären genennet worden; denn da im Jahr 1293 Ludolphus dictus de Lo, dem Kloster Lochum eine Wiese zu Munzel verkauft, und dieser sich nicht a Campo genennet habe, so sei daraus zu schliessen, daß die jetzigen Herrn von Campe ex Castro Luneburg abstammen; daher erlange auch eine alte Tradition desto mehr Wahrscheinlichkeit, daß nemlich im 13ten Seculo einer dieses Geschlechts ex Castro Luneburg gegen seinen Landesherrn sich gröblich vergangen, weswegen seine Veste, Lüneburg sei zerstöret worden, und nachdem er wieder Gnade erlanget, habe er sich zu Poggenhagen angebauet. Den Familien-Namen de Lo aber habe er gänzlich ablegen, und dagegen den a Campo beibehalten müssen.

Bei genauerer Erkundigung wird versichert, und aus hinten beigefügter Beilage N. XI. a) bestärket, daß im Jahr 1202 ein Arnold von dem Lohe wirkl. zu Bordenau sein Schloß gehabt, indem er daselbst eine Capelle angelegt, und einen Vicarium damit belehnt habe. Diese Capelle sollte auch von seinen Vettern zu Luchhausen mit begiftet werden, und nach der Beilage N. XII. erscheinet erst hundert Jahr hernach, 1306 ein Arnold v. Dom — anders geheten von Campen, Dirkes eines Ridders Sohn; der seiner Vettern Capelle zu der Bordenau mit einer Hufe Land des dotiret. Wäre das Siegel noch an diesen Urkunden, so ließe sich mehr mit Gewißheit davon sagen. Indeß erhellet doch so viel daraus, daß Arnold von der Loh, und der Arnold von Dom — geheten von Campen, Nachbaren und Vettern gewesen. Daß aber die Castra Lüneburg und Lockhausen bereits im 13 Seculo wären zerstöret und die Besitzer besagter Schlösser Nobiles Domini de Lo dictis a Campo genennet worden; das verdiente wol eine genauere Untersuchung

a) Gedachte Beilage ist aus dortigen Gegenden nebst andern Nachrichten von glaubhaften Freunden mitgetheilet; nur Schade, daß wegen der Zeit-Rechnung nicht alle Bedencklichkeit wegfällt, und von der Geschlechts-Folge in den ältern Zeiten sich wenig zusammenhangendes herausbringen läßt.

dung. Wenigstens läßt sich die Folge nicht klar genug einsehen: weil Ludolphus dictus de Lo, der 1293 dem Kloster Lockum eine Wiese verkauft, sich nicht a Campo genannt habe, so müßten die jetzigen Herrn von Campen ex Castro Lüneburg abstammen. Auch Bernhardus Nobilis dictus de Lo hatte 1282 diesem Kloster den Zehnten in Peine verkauft *), was läßt sich aber daraus erzwingen?

Das Castrum Lüneburg anlangend, so hat dasselbe laut sichern Nachrichten, auf einer Anhöhe an der Leine, zwischen dem jetzigen Schloße Poggenhagen und Neustadt am Rübenberge gestanden. Der Platz soll noch jetzt der Lüneburger-Wald (Wall) heissen. Nach einer etwas verbesserten Tradition, die aber nicht in jene Zeiten zurück reichet, soll der letzte Besitzer dieses Schlosses Arnold geheissen haben, der auch in Neustadt sein Wesen gehabt, und dem Herzoge Erich oft im Spiele daselbst Gesellschaft geleistet. Einstmalen hätten sie sich darüber entzweiet, und da es zu Thätlichkeiten gekommen, habe sich der Junker an dem Herzoge vergriffen, weswegen er landflüchtig habe werden müssen, das Schloß zum Lüneburger-Wald sei damals zerstöret und die Güter des Edelmannes eingezogen worden. Nachdem er aber endlich wieder begnadigt worden, sei er zwar auch wieder zum Besitze seiner übrigen Güter gelanget, aber das Schloß auf dem Lüneburger Walde habe er nicht wieder bauen dürfen: dagegen sei ihm ein sumpfiger Platz, wo sich viel Pog-

gen

*) Treuers Münchhaus. Geschl. Geschichte in den Beilagen p. 16.

T

gen aufgehalten, zum Anbau angewiesen, und sein altes Wappen beizubehalten sei ihm auch erlaubt worden. Wenn von der ganzen Geschichte etwas wahr ist, und man dem copeilichen Auszuge eines fürstl. Vertrages vom Jahr 1573 (Nro. XIII. Beilagen), wegen des Juris Patronatus der Kirche zu Bordenau, den Herzog Erich, und Ludolf v. Campen eigenhändig unterschrieben, trauen darf, so kann sich jene Begebenheit nicht so früh zugetragen haben, aber auch wol nicht unter der Regierung Herzogs Erich, des Vaters, denn der war schon 1540 gestorben, und Herzog Erich, der Sohn, erwehnet in dem Recesse einer Zeit, ehe sein seelig geliebter Herr Vetter, Hochlöbl. Gedächtnisses, unter andern, der von Campen Gütern, den Poggenhagen in Sitz bekommen. Es müßte denn anstatt Vetter, gelesen werden, Vater; aber auch dann war Poggenhagen schon da.

Bernardus Nobilis dictus de Lo, und Justacius gener eius, dictus de Monckhusen, führten 1282 in ihrem Schilde einen Löwen, der über einem auf 3 oder 4 senckrecht stehenden Pfeilern ruhenden Queerbalcken fortschreitet[*]). Auch Henricus Miles de Monchhusen, hatte 1316 einen solchen Schild[**]), nicht weniger die Gebrüder Bernardus, Wedekind, Olricus von Landsberghe 1322 [***]), und in so ferne die Edlen Herrn von Campe zu Poggenhagen eben diese Stammzeichen, den Löwen nemlich über 3 oder 4 senckrechten Pfeilern führen

[*]) Trenet ibid. im Anhange Tab. X.
[**]) ib. Tab. XII, XIII.   [***]) ib. Tab. XIV.

ren, läßt sich die nahe Verwandtschaft ersterwähnter Familien nicht bezweifeln, aber mit dem Jsenbüttelschen Schilde hat solches nichts gemein. Ehemals haben diese von Campen auch in Neustadt gewohnt; jetzt aber sind seit 1715 nur noch Haushaltungs-Gebäude auf dem Gute daselbst, seit dem der weiland Königl. Großbrittannische und Churfürstl. Braunschw. Lüneburgische General, Christian Wilhelm von Campen, das Haus Poggenhagen in den jetzigen Stand gesetzet hat.

Zu Bordenau hat diese adeliche Familie ihr Erb-Begräbniß, wie wol auch einige Leichen derselben zu Neustadt beigesetzet sind. Aus den Neustadt und Bordenauischen Kirchen-Büchern sind uns folgende Personen dieser Familie bekant gemacht.

1683 den 27 Jan. hat Amalia Dorothea von Stolzenberg ihren seligen Ehe-Herrn, Friedrich von Campen allhier zu Neustadt in ihr Erb-Begräbniß setzen lassen, alt 72 Jahr.

1712 den 17 Jul. ist auf dem Hause Poggenhagen geboren, und den 18. daselbst getauft, Clamer Wilhelm von Campen.

1713 den 11. Aug. ist daselbst geboren, und den 13. getauft, Friedr. August v. Campen.

1714 den 27. Dec. daselbst geboren und den 29. getauft, Christian Werner v. Campen.

1716 den 26. Jul. daselbst geboren und den 29. getauft, Fräulein Melosina Sophia v. Campen.

1721 den 8. August daselbst geboren, und den 10. getauft, Georg Philipp von Campen.

1722

1723 den 20. Nov. daselbst geboren, und den 22. getauft, Fräulein Amalia Charlotte v. Campen.

1725 den 2. Aug. daselbst geboren, und den 6. getauft, Ludew. Ernst v. Campen.

1710 den 23. Febr. starb Georg Ludew. v. Campen, und ward zu Bordenau den 25. ejusd. begraben, alt 13 Mon. und 7 Tage.

1712 den 5. Jan. ward zu Neustadt begraben, Friedr. von Campen, alt 64 Jahr.

1712 den 9. Jan. starb Philipp Wilhelm von Campen, begraben zu Bordenau.

1715 den 8. Mertz starb Christian Werner von Campen, begraben zu Bordenau, alt 10 W. 1 Tag.

1721 den 22 Mertz starb zu Hannover Fräulein Amalia Sophia von Campen, begraben zu Bordenau, alt 14 Jahr.

1721 den 31 Aug. starb zu Egesdorf, Philipp Ludewig v. Campen, Kammerherr bei Sr. Königl. Hoheit dem Kron- und Chur-Printzen, begraben zur Neustadt am Rübenberge, alt 46 J. 7 M. 4 T.

1724 den 18 Mertz starb zu Hannover Fräul. Amalia Charlotte v. Campen, begraben zu Bordenau, alt 1 J. 4 M.

1728 den 4 Mai, starb die Drostin v. Groten zu Egesdorf, gebarne von Stoltzenberg, des Herr General-Major v. Campen Frau Mutter, begraben zu Neustadt, alt 82 Jahr.

1739 den 30 Jul. starb Herr Clamer Wilhelm von Campen, Ritter des Teutschen Ordens und Haupt-

Hauptmann unter seines Herrn-Vaters, des Generals Regimente, an einer Blessur, die er in Ungarn den 22ten Jul. in der Schlacht bei Crotzka mit den Türken erhalten, und ist bei Peterwardein begraben, alt 27. Jahr 1½ T.

1739 den 8. Aug. starb zu Zelle an den Blattern im 29. Jahr seines Alters, Herr Christoph Friederich von Campen, Königl. Chur-Fürstl. Ober-Appellations-Rath, und ward zu Bordenau in sein Erb-Begräbniß gesetzet.

1747 den 24. Mai starb zu Hannover Herr Christian Wilhelm von Campen, General en Chef der Infanterie, im 79. Jahre seines Alters. Es war derselbe auf dem Hause Poggenhagen 1668 gebohren, und hatte 60 J. rühmlich gedienet. Die Leiche ward zu Bordenau beigesetzt. Der damalige Pastor loci, weil. N. N. Tolle, hat demselben nachstehende Inscription gesetzt:

En!
Corporis Hoc est Domicilium
VIRI HEROIS
Illustrissimi, Generosissimi,
DOMINI
Domini Christiani Wilhelmi de Campen
Domini Haereditarii in Poggenhagiam, Egerdorfium
Wundstorfium, Neostadium
Augustissimi. Regis Magnae Britanniae
Ducis Summi Copiarum Pedestrium
Tribuni Cohortis Peditum
Praefecti Castelli Neoburgici
Herbs Natus
Ex Antiqua et Nobili Heroum Stirpe

T 3   Pog.

Poggenhagiae Fer. II. Pasch. MDCLXXIX.
Bene Vixit
Bene Fecit
Bene Valedixit
Deo Pius, Regi Fidus
In Religione Integer
In Imperio Cautus
In Sagatu Fortis
In Togatu Prudens
In Aduersis Constans
In Secundis Temperans
Bene fecit in officio annos LX
Bene vixit annos LXXIX.
Consenuit
Abiit non Obiit
Disceßit in Fide Hannoverae d. 24. Maji
Sepultus Honeste Bordenauiae d. 1. Iun. 1747.
Lector
Mirare Gloriosum Hoc Germanae et Christianae
Fidei, Virtutis, Vitae, Mortisque Exemplar
Imitare, Abi!

1759 den 26 Jan. ſtarb zu Hannover, Fr. Anna Louiſa v. Campen, geborne von Hammerſtein, im 71 J. ihres Alters, und ward zu Bordenau an die Seite ihres Gemals geſetzt.

1765 den 15. Mai ſtarb zu Hannover der Major Herr Friedr. Aug. v. Campen, alt 51. J. 9 M. und ward zu Bordenau in das Erb-Begräbniß geſetzt

1742 den 27. Jul. iſt in der Kirche zu Poggenhagen der weil. Hof-Rath Herr Geas Reinhard von Langwerth an die Fräul. Meloſina Sophia v. Campen getrauet worden.

Als

Als eine besondere Anecdote bemerckt der selige
Hofr. Scheidt in Cod. diplom. p. 407. daß die
Herrn von Campen zu Poggenhagen das Schencken-
Amt in dem Kloster Wunstorf iure feudali ehemals
besessen, und daß sie verschiedentlich auch noch 1645
um die Renovirung desselben zu Hannover nachgesucht,
und den Bescheid erhalten, daß sie die von diesem
Amte herrührende Güter specificiren, und sich wegen
des Exercitii desselben legitimiren sollten.

§. 6.

III. Die von Campen auf Kirchberg.

Was der Frei-Herr von Krohne in dem allgemeinen teutschen Adels-Lexicon p. 140, und 835 von
dieser adel. Familie sagt, stimt mit Harenbergs Erzeh-
lung (in Hist. diplom. Gandersheim, p. 1554,
1041.) und den Nachrichten, die von guter Hand aus
Braunschw. sind mitgetheilt worden, ziemlich überein.
Die ehemaligen Grafen von Kirchberg sind sehr berühmt.
Ihrer wird oft in den Urkunden von den Jahren,
1155, 1231, 1235, 1246, 1266, 1268, 1295,
1398 ꝛc. gedacht, aber weit später erscheinen die von
Campen auf Kirchberg. Im J. 1547 hatte Herzog
Heinrich der jüngere von Braunschweig seinen mit Eva
von Trotten erzeugten natürlichen Sohn, Heinrich
Dürdanck Eitel und dessen Bruder Carl Heinrich mit dem
Hause Kirchberg belehnet, welches Lehn aber 1597 wieder
ist erledigt worden, und erst im Anfange des 17ten Seculi acquirirte selbiges D. Daniel Campe *). Sonst heißt
es

*) Im Jahr 1621 ward D. Daniel von dem Herzoge Fri-
derich Ulrich mit dem Hause und Gute, Kirchberg, wie
auch

es auch in einer zu Braunschweig gedruckten Leichen-Predigt, ein Uslarius von Dorfeld, der von Oselarius, de Doro Campo abstammen soll, habe zuvor das Haus Kirchberg besessen.

7. Der Aelteste also von dieser jüngern adelichen Familie soll Thomas und dessen Sohn Daniel geheissen haben *). Nach Krohnens Angabe hatte sich letzterer mit Gertrud von Essen vermälet, und mit ihr einen Sohn, auch Thomas genannt, erzeugt.

Dieser Thomas der jüngere soll eine Wallpurgen von Claer zur Gattin gehabt, und mit ihr Daniel den jüngern erzeuget haben. Derselbe war 1581 gebohren, ward Fürstl. Braunschw. Lüneb. Kammer- und Schatz-Rath, auch Berg-Hauptmann, und besaß Kirchberg und Idelhausen am Harze. Da diese Schlösser 1626 von den Kaiserlichen Truppen, welche die Berg-Städte occupirt hatten, waren zerstört worden, bauete er sie wieder auf, und gab 1646 dem Schlosse Idelhausen den Namen Friedens-Wunsch, und legte daselbst die Kirche an, die seine Söhne vollendeten (Merian. Topograph. Br. Luneb. p. 84.) Seine Gattin ist gewesen Anna Beckerin von dem Ast, mit welcher er sich in dem 24. Jahre vermälet, und 50 Jahre in der Ehe gelebt hat. Er starb 1654, und sie in eben dem Jahre, doch vor ihm, und beide
sind

auch dem Dorfe Ildehausen belehnet, der Lehn-Brief stehet in Hinübers Beiträgen zum Braunschw. und Hildesheim. Staats- und Privat-Rechte. Th. 3. N 48. p. 100.
*) In den Personalien des Thomas Ludolph von Campen, heißt des Daniel Senioris Vater, Florns Claren, dessen Gattin Gertrud von Rodenberg soll gewesen seyn.

sind zu Kirchberg begraben. Von dieser seiner Gattin hat er sieben Söhne und sechs Töchter hinterlassen. Von den Töchtern ward Gertrud Adelheid von Campen an Friedr. Frantz von Uslar, dessen Vorfahren das Haus Kirchberg besessen, 1634 vermälet; und eine Schwester, Elisabeth, hatte den Obrist-Lieutenant v. Rück zum Gemal gehabt.

Von den Söhnen setzten Thomas Ludolf und Joachim Wilhelm den Stamm fort. Von dem ersteren heißt es beim Harenberg: Thomas Ludolphus, Doctor iuris et Administrator Ducum Brunsvicensium medio seculo superiori suscepit Kirchbergam et Jldehusam in feudum a Ducibus Brunsuicensibus, euectus ad Nobilitatis honores. Seine Gemalin ist gewesen Anna Margar. Götzen von Ohlenhausen, mit der er sich 1658 vermälet, und die 1702 den 21. April ohne Kinder gestorben ist. (Personalia). Ioachimus Wilhelmus postea rei metallicae in Hercinia praefuit. Seine Gemalin ist gewesen Anna Elisabeth von Rheden, mit welcher er fünf Söhne, Wilhelm Hartwich, Christian Friedrich Hermann, Thomas Ludolf Bernhard Adolf, und Melchior August erzeuget hat; und eine Tochter Elisabeth Sophia von Campen, die hernach an Levin Adam Bock von Wulfingen ist vermält worden. Nachstehendes Schema läßt diese Genealogie mit einem Blicke übersehen:

Es

Florus Claes === Gertrud von Rodenberg

Dan. Gen. von Campen === Gertrud von Essen

Thomas v. Campen === Walpurge v. Claes.

Claes bei dem Graf. v. der Hoye.

D. Daniel v. Campen
geb. 1581 † 1654 Braunschw.
geheimer Cammer- und Schatz-
Rath, auch Bergshauptm. Erbherr
auf Kirchberg u. Friedensmuntsch

Anna Becker v. dem Al-
Tochter Hans Beckers v. dem Al-
Fürstl. Braunschw. Lüneb. Canzler

Gertrud Adelheid
verm. 1634 an Frdr.
Frantz v. Weler.

Elisabeth
verm. an von
Rück

Thomas Ludolph v. C.
geb. 1616 † 1681 von
Herz. Rudolf August ge-
... u. mit Kirchberg u.
Ziebaußen belehnet.
Gem. Anna Marg. geb.
v. Gochen zu Oehlenhau-
sen.

Joachim Wilh. v. C. === Anna Elisab.
v. Aheben

Wilhelm Hartwig.

Christian Frdr.
Hermann.

Thomas Ludolff
jun.

Bernh. Adolf.

Melch.
August

Sophia
verm. an
Levin Adolf
Bock von
Wülfingen.

Elisabeth

Es hatten dieselben auch von dem Stifte Gandersheim verschiedene Lehne, wie denn auch Thomas Ludolf der ältere von der Abtißin Dorothea Hedwig, Herzogin zu Schleswig, mit der von Michael Büttner resignirten so genanten Salder Wiese (pratum Salderense) 1660 belehnet ward. Als aber dieser Thomas Ludolf von Campe der ältere, sich an der Person dieser Abbatißin thätlich vergriffen hatte, so implorirte sie nebst der Decanißin, Christiana, Herzogin zu Mecklenburg, und dem ganzen Convente die Hülfe des Herzogs Rudolfs Augusts, und erklärte den Thäter aller und jeder vom Stifte habender Beneficien und Lehne verlustig. Der Erfolg ist unbekannt. So viel sagen die gedruckten Personalien, daß der Proceß über 10 Jahre gedauret, und er seiner Güter beraubt sich indessen ausserhalb Landes habe aufhalten müssen.

Das alte Wapen dieser Familie, wie es Harenberg l. c. Tab: XXX: n. 21. bezeichnet, und solches auch auf dem Leichensteine der Gertrud Adelheid von Campen, Gemalin Friedr. Franz von Uslar zu Braunschweig stehet, ist ein aus den Wolken hervorragender geharnischter Arm, mit einem Schwerde in der Hand, das mit einer Schlange umwunden ist. Und auf dem Helme stehen 3 Federn.

Das Wapen aber, welches von Krohne aus Speners Histor. insign. illustr. p. 189. beschreibt, soll ein in die Länge getheilter Schild seyn, dessen rechts befindlicher Theil gelb, und der lincke sechsfach, wechselsweise weiß und schwarz geschacht ist, über dessen Helme eine aufgerichtete weiße Säule, oben mit

U 2   einem

einem Pfahl Schwarz gezieret, oder Ist das nicht
fast eben dasselbe Wapen, welches Lohner der Devese
oder Stadt-Oldendorfischen Familie zuschreibt?

§. 7.

IV. Die von Campen zu Osterstade im
Herzogthum Bremen.

So viel sich aus Mushards magerer Beschreibung und den beigefügten Wapens ersehn läßt, sind
dieser Familien zwo; die eine in Bremen, die andere
zu Aschwerden im Oster-Stadischen. Beider Wapens
sind in so ferne einander ähnlich, daß der Schild durch
einen weißen Querbalcken in zwei Felder gespaltet ist
und über dem Helme 2 Büffel-Hörner stehn, auch im
übrigen einerlei Helm-Decken und Kleinoden haben.
Dadurch unterscheiden sie sich, daß in dem Brem-
schen auf dem Querbalken im Schilde 3 Reh-Köpfe
mit langen Hälsen im blauen Felde, und ein solcher
Reh-Kopf auch oben zwischen beiden Büffel-Hörnern
blau in weißer Farbe stehn. Hingegen in dem Oster-
stadischen stehn auf dem weißen Querbalcken des Schildes im rothen Felde 3 Wolfs-Köpfe in natürlicher
Farbe mit kurzen Hälsen, aufgesperrten Rachen, ausgeschlagener rothen Zunge und gespitzten Ohren, dergleichen sich auch oben zwischen den in roth und weiß
abgetheilten Büffel-Hörnern befindet. In dem ersteren ist die Farbe des Feldes im Schilde, auf beiden
Seiten des weißen Querbalckens, blau, und die Büf-

L ij

felhörner

felhörner sind blau und weiß abgetheilet; in dem
andern, dem Oster-Stadischen, ist das Feld des
Schildes roth, der Querbalcken weiß, und die Büf-
felhörner sind roth und weiß abgetheilet. Krantz und
Helm-Decken haben in beiden die Farben des Schildes.
Das Bremische ist ohnstreitig älter, als das Oster-
Stadische, obgleich Mußhard nicht anzugeben weiß,
wie das eine aus dem andern entstanden sei. Aus der
Bremischen Linie werden von ihm nahmhaft ge-
macht:

Jacob Campsen und Otto von Bardenfleth,
welche beide 1318 zu Bremen unter den Rittermäßigen benahmt gewesen sind

Johannes Campen, der 1348 gelebt hat.

Bolecke von Campen, der 1359 für
seinen Bruder Johannes Bürge gewesen ist.

Heinrich von Campen, stehet 1361 in einer alten Rolle.

Bernhard von Campen 1375, desgleichen Gertrud von Campen.

Johann von Campen, stand 1564 in See-
Diensten bei Graf Anton zu Oldenburg.

Zu

Wilken von Campen, Erbgesessener zu Aschwarden
Gödt von Campen, Erbgesessener zu Aschwarden und Wurthfleth, uxor Bede Stimpen

Carsten v. Campen
Erbgesessener zu Wurth-
fleth, ux. Lucia von
Rohden

Anna von Campen

Friederich v. Campen
Erbgesessener zu Aschwarden
ux. Clara Siegen

Emma, Nannke Anna

Frieberich v. Campen
Erbgesess. zu Aschwarden ux.
Bede von Rohen

Willen v. Campen
Erbgesess. zu Aschwarden ux.
Adelheid v. Warden

Dilmar v. Adelheid Anne Bede Junnke
Campen. v. Campen. v. Campen. v. Campen.

Clara v.
Campen.

Frieder. v. Burchard v. Clara v. Margaretha
Campe. Campe. Campe. v. Campe.

So wie es im dritten Theile des Nürnbergischen Wapenbuchs p. 103 angegeben wird, findet sich auch in Tyrol eine Familie von Camp, in deren Wapen, Schild, Kleinoden, Farben, mit dem Osterstadischen einerlei, nur fehlen in dem Tyrolischen die Wolfs-Köpfe. Es ist daher der Herr Verfasser des oft belobten Braunschw. Mspts nicht ganz abgeneigt dafür zu halten, daß vielleicht beide mit den von Campe zu Isenbüttel, ehemals eine Connexion mögten gehabt haben, daß nemlich die von Camp in Tyrol von denen zu Osterstade und diese von denen zu Isenbüttel abstammen mögten, obgleich die Isenbüttelische Zacken an dem Balkken des Osterstadischen und Tyrolischen Schildes nicht anzutreffen sind. Unmöglich wäre das nicht, zumal ein Johannes von Campe 1360 bei dem Bremischen Ertz-Bischof, Albrecht, einen gebohrnen Herzoge zu Braunschweig-Lüneburg, und Bruder Herzogs Magni Torquati Marschall gewesen. Sollte dieser Johannes oder Jan von Campe wol gar eben derselbe seyn, der wie schon oben ist erwehnet worden, bei Ersteigung der Stadt Lüneburg 1371 dem Herzoge Magnus zu Gefallen das Leben verloren, und der in Schomackers Chronick, ohne seinen Vornamen anzugeben, nur Campe von Isenbüttel, Pötker, genennet wird? —

Das Pötker-Amt war ein Erb-Hof-Amt, das im Fürstenthum Lüneburg und im Ertz-Stifte Bremen vorzüglich und nur allein im Gebrauche war. Ob aber jemand ein Marschall und Pötker zugleich? oder in dem Lüneburgischen Pötker und im Bremischen Mar-

Marſchall ſeyn konte? Desgleichen wie er nach Tyrol gekommen? das iſt eine andere Frage.

§. 8.

Anders ließ ſich die Geſchlechts-Folge der von Campe auf Iſenbüttel nicht berichtigen, als durch die Vergleichung mit den übrigen Familien und Branchen dieſes Namens, und wie es auch mit Vortheil geſchehen ſei, das kann der Aufmerkſamkeit des Leſers nicht entgehn. Aber um deswegen blieben doch noch einige wenige Namen rückſtändig, denen entweder bloß nach der Wahrſcheinlichkeit ein Platz auf den Stamm-Tafeln hat müſſen angewieſen werden, oder für die ſich gar keine ſchickliche Stelle finden ließ. Erſtere ſind mit ( ) eingeſchloſſen, und zu letzteren gehören etwa

Johannes von Campe Magiſter 1313. deſſen ſchon oben aus dem Pfeffing. T. II. p. 198 in Diplom. Marquardi Epiſcopi Razeburg. Erweh: nung gethan iſt.

Herman und Johann von Campe, 1422. Falke in Cod. diplom. Corb. p. 936.

Statius v. Campe et filius eius Iohannes 1457. Treuers Münchhauſ. Geſchichte in den Beilagen. p. 70.

Richard v. Campe 1546, der für den faſt ſtets abweſenden Probſt Felder. Burdigang die Probſtei zu Iſenhagen verwaltet, Mſcpt. Pfeff.

In dem Anſchlage zu der bewilligten Türken-Steuer 1594 werden im Amte Gifhorn Rolef von Campen und Lüdelefs von Campen Erben gewiſſe

Bei:

Beiträge zugetheilet, wo mag dieser Ludolf zu suchen seyn?

In der corrigirten Matrikul des Fürstenthums Lüneburg 1645 finden sich im Amte Bissendorf Melchior und Tönies (Anton) von Campe, Erben von Wellingendorf; In Treuers Münchhaus. G. G. wird eines Melchior v. Campe gedacht, der 1602 Schaumburgischer Land-Saße gewesen seyn soll; wohin mögen die zu rechnen seyn?

§. 9.

Unverzeihlich ist es daher eben nicht, wenn sich auch hier noch einige Mängel hervor thun. Haben wir doch noch bis jetzt noch nicht einmal eine ganz richtige und vollständige Geschichte unsers Vaterlandes, so viel große Männer auch dieselbe bearbeitet haben; und wie manche Fürstl. Kinder entdecken sich nicht noch in den Urkunden, die man in allen bisherigen Stamm-Tafeln vergebens suchet. Fehlen uns doch sogar Nachrichten von einigen Fürsten aus dem Braunschweigischen Hause, der Fürstl. Gemalinnen nicht einmal zu gedenken, deren Abstammung sich noch nicht gewiß bestimmen läßt *). Wenn dergleichen Unvollkommenheiten in einem so bebaueten Felde, wie die Geschichte des Durchlauchtigen Hauses Braunschw. Lüneburg ist, noch nicht ganz haben können gehoben werden, wie vielmehr werden sie bei billigen Lesern in einer Geschlechts-Geschichte, wo gewisser maßen nur noch erst die Bähn mußte gebrochen werden, Entschuldigung

*) Scheids Vorrede zum Cod. diplom. p. 92-129.

X

digung gewärtigen könten! Sie ist in diesen Blättern, was die ältern Zeiten betrift, nur nach der Väterlichen Abstammung dargestellet worden, ohne die
Mütterliche Abkunft anzeigen zu können. Dieser Vor-
zug ist nur den jüngern Zeiten vorbehalten. Seit
dem erst ist man im Stande, ziemlich vollständige Ah-
nen-Tafeln von adelichen Familien zu entwerfen, da
es zur Nothwendigkeit geworden ist, beides, so wol
von väterlicher, als mütterlicher Seite die sechzehn Ahnen zu berechnen. Wie groß würde nicht die Anzahl
der Häuser seyn, wenn sie alle könten namhaft gemacht
werden, die dieser Familie seit 600 und mehrern Jahren Gemalinnen gegeben haben, und wo würde eine
adeliche Familie übrig seyn, die nicht mit den Herren
von Campen auf Isenbüttel verwant wäre? Verschiedene derselben sind bereits erloschen, aber nicht ihr An-
dencken. Heinrich von Campen, der zweite dieses Namens, der Bruder der Fürstin Metta von
Campe, der in der ersten Hälfte des XVI Seculi
gelebt hat, hatte eine Ilse von Mandelsloh zur
Gemalin, und erst von der Zeit an, lassen sich die
Mütterlichen Vorfahren und Ahnen des weiland Herrn
Hof-Richters, Heinrich Wilhelm August von
Campe, in gerader Linie angeben. Es mag seyn,
daß die den Leichen-Predigten beigefügte Folge derselben abgeschrieben ist, so haben sie doch fidem publi-
cam, und denen zur Folge sind bis dahin, dessen
Vorfahren und Ahnen.

Väter-

Väterlicher Seite.	Mütterlicher Seite.
1. Die von Campe.	1. Die von Krosigck.
2. Die von Ahlen.	2. Die van Alvensleben.
3. Die von Krosigck	3. Die von Schulenburg.
4. Die von Troten	4. Die von Hahnen.
5. Die von Wallmoden.	5. Die von Asseburg.
6. Die von Rößing.	6. Die von Alvensleben.
7. Die von Cramm.	7. Die von Asseburg.
8. Die von Dornberg.	8. Die von Quitzau.
9. Die von Spörcke.	9. Die von Steinberg.
10. Die von Wittorf.	10. Die von Wrisberg.
11. Die von Hodenberg.	11. Die von Wense.
12. Die von Oppershausen.	12. Die von Münchhausen.
13. Die von Lente.	13. Die von Wiedensee.
14. Die von Marenholz.	14. Die von Wense.
15. Die von Watzdorf.	15. Die von Fronhorst.
16. Die von Kunitz.	16. Die von Drossel.

Diese Geschlechts-Folge noch etwas deutlicher darzustellen, ist die dritte Stamm-Tafel beigefügt.

Abschnitt II.

Von einigen in vorstehender Geschlechts-Geschichte vorkommenden adelichen Benennungen und Erb-Hof-Aemtern.

§ 1.

Dieser Anhang würde ganz überflüßig seyn, wenn vorstehende Geschlechts-Geschichte nur für Gelehrte geschrieben wäre. Was du Fresne, Wachter, Burgemeister, Pfeffinger in Vitriario illustravit, Scheidts Nachrichten vom hohen und niedern Adel, Strubens vortrefliche Nebenstunden, Köhlers Abhandlung von den Erb-Land-Hof-Aemtern,

N 2 von

von Ldens Abhandlung vom Adel u. a. davon geschrieben haben, kan nicht von einem jeden nachgeschlagen werden; und doch würde manchen manches sehr auffallen, wenn diesem Vorurtheile nicht durch einige Erläuterung vorgebeugt würde. Die Namen Miles, Ministerialis, Famulus, Seruus, Armiger, Vexillarius, Mareschallus, Camerarius, Dapifer, Pincerna etc. erscheinen fast auf allen Blättern in der Geschichte der von Campe, und diese Benennungen sind es hauptsächlich, zu deren Erklärung einige Anmerkungen müssen excerpiret werden.

§. 2.

Der Adel war bei den Teutschen ursprünglich eine militärische Würde, deren verschiedene Grade in sieben Classen, die man Heerschilde nante, pflegte eingetheilt zu werden *).

Zu dem ersten Heerschilde rechnet man die Kaiser und Könige.

Zu dem zweiten die geistl. Fürsten, aus Ehrerbietung für die Kirche.

Zu dem dritten die weltlichen Fürsten.

Zu dem vierten die Frei-Herrn.

Zu dem fünften die Mittelfreien, darunter auch die so genannten Milites, der heutige Landsäßige Adel, die Fürstl. Vasallen, oder Lehn-Leute begriffen werden.

Zu dem sechsten werden gerechnet die so genanten Ministeriales, sonst auch Adel-Schalk genant.

Zu

*) v. Lyen Abhandlung vom Adel. p. 31-32.

Zu dem siebenten gehörten diejenigen, die zwar
adeliche Lehn-Güter besaſſen, aber keine Adelheit hatten, nicht von Ritter-Art waren. Nam ſi ruſticus
emat feudum nobile, ſagt der Sachſen-Spiegel,
non ideo fit Nobilis.

§. 3.

Dem Berichte des Tacitus de moribus Ger-
manorum zur Folge waren ſchon zu deſſen Zeiten vie-
rerlei Stände der Bewohner Teutſchlandes. I. Der
adeliche Stand (Nobiles). II. Der Stand der Freigebornen (Ingenui). III. Der Stand der Freige-
laſſenen (Liberti). IV. Der Stand der Knechte
(Servi). In dem Stande der Freigebornen fand
ſich, wo nicht zu den Zeiten des Tacitus, doch unter
den Carolingiſchen Königen, und wol gar noch etwas
ſpäter, der merckliche Unterſchied, daß diejenigen, die
ſich durch vorzügliche Verdienſte auszeichneten, auch
gewiſſe Vorzüge der Ehre und Freiheiten erhielten,
welche auch auf ihre Kinder und Nachkommen vererbt
wurden. Dieſe Vorzüge der Freigebornen beehrte
man gleichfals mit dem Titul des Adels, aber mit
dem Unterſchiede, daß die Nobiles die erſte Claſſe,
oder den hohen Adel, ausmachten, die geadelte Frei-
geborne aber zu der zwoten Claſſe, oder dem niedern
Adel gerechnet wurden (Scheidt vom Adel p. 3.).
Aber noch nicht genug; es waren nach dieſer Eintheilung zweierlei Leute, welche die 2te Claſſe des Adels
ausmachten, die Mittel-Freien (liberi) und die
Dienſt-Mannen (ministeriales). Wenn ein
Dienſt-Mann manumittirt ward, ſo ward er ein Mit-

X 3

tel-

tel=Freier. Da nun zu der erften Claffe des Adels in medio aeuo niemand anders, als Fürften, Grafen, und Dynaften oder Freiherrn gehörten, so war um deswegen ein Mittel=Freier noch kein Dynafte; sondern der Stand eines Mittel=Freien machte so zu sagen eine Claffem intermediam zwischen dem Frei=Herrn (Dynaften) und den Minifterialen aus. Sie gehörten also eben so wol, als die Minifterialen zu der 2ten Claffe, nur nach dem Heerschilde waren sie unterschieden; indem jene, die Mittelfreien zum fünften, diese, die Minifterialen zum sechsten gerechnet wurden. Die Tochter eines Minifterialis oder Adelschalcks, konnte nicht wol einen Dynaften und Grafen heiraten, und eben so wenig auch umgekehrt; aber in Ansehung der Mittelfreien war hier eine Ausnahme *).

Vielleicht ließen sich auch wol vermittelft dieser Claffis intermediae des Adels, anstatt der 2 Claffen, deren 3 ansetzen. Die Anmerckung des Herrn von Loen **) verdienet hier angeführt zu werden. Ich halte, sagt er, die Eintheilung des Adels in den Hohen, Mittleren und Niedern, für die natürlichfte und deutlichfte. Zu dem hohen Adel gehören alle regierende Fürften= und Grafen=Häuser; zu dem mittleren der unmittelbare freie Reichs=Adel; und zu dem niedern der mittelbare Landsaßige und Städtische Adel. Indeffen scheint es doch nicht, daß die Angabe des Herrn von Loen überall Beifall finden werde. Man wird

*) Scheid l. c. p. 8. u. p. 9. praefat. ad mantiff. documentorum. **) Abhandlung vom Adel, p. 34:44.

wird sagen: Mittelfreie sind keine unmittelbare, freie Reichs Adeliche, sondern solche Edele, die keinen Sitz und Stimme auf dem Reichstage hatten, auch nicht als erbliche Dienstleute oder Ministerialen eines großen Theils ihrer Freiheit beraubt waren. Beide Arten der Mittelfreien verpflichteten sich anderen Herren durch aufgetragene oder angenommene Lehne, und da die erbliche Dienstbarkeit nach und nach (vor 1300) verschwand: so entstand der jetzige Adel aus Alten, Mittelfreien und Dienst-Männern. Die jetzigen Dienst-Männer (Ministerialen) sind blos Lehn-Leute, die nur den Titel der alten Aemter führen, und Erbmarschälle, Erbschencken u. s. w. führen, nicht mehr dem Herrn, sondern dem Lande dienen, und daher Erb-Land-Marschälle u. s. w. genant werden, auch bloß bei Huldigung, Beerdigung, und andern ähnlichen seltenen Feierlichkeiten einen Theil des ehemaligen Amts verrichten.

Man wird auch vieles dagegen einzuwenden haben, daß die Grafen Europa beherrschen, denn die, welche es thun, die thun es nur, weil sie durch Wahl oder Erbschaft Könige geworden sind. Ausserhalb Teutschland sind eigentlich die Grafen nicht, von welchen der Verfasser redet. Denn alle Fürsten, Grafen, Marquis, Vicomten rc. ausserhalb Teutschlands sind Unterthanen, und haben kein ius foederis, armorum, legislationis, und keine vollkommene Landes-Hoheit, wie die Sitz- und Stimmfähigen Grafen und Edele in Teutschland.

Auch

Auch das scheinet nicht ganz richtig zu seyn, daß einige der Blanckenburgischen Familie sollen Grafen, andere Nobiles, andere Ministeriales, andere Famuli gewesen seyn. Denn 1) gehören die Grafen gar nicht zu den übrigen. 2) Sind auch keine Edele Herrn von Blanckenburg bekant, sondern alle nanten sich Grafen, weil der, von dem sie abstamten, und zurrst diesen Titul angenommen, nicht nur Edelherr, sondern auch Ober-Richter oder Graf gewesen war. 3) Sind alle von Blanckenburg, die nicht gräflichen Standes waren, Ministetiales von Quedlinburg, Braunschweig und Lüneburg gewesen, hatten daher Erb-Hof-Aemter, wurden vertauscht und veräusert. 4) War jeder von Gräflich-Edelherrischen, Freien- und Ministerial-Stande so lange Famulus, bis er den Gradum Militis annahm.

Es können daher auch nicht alle Patricier zu dem Land-Adel gerechnet werden, sondern nur diejenigen gehören dazu, welche erweisen können, daß sie vom Lande als Adeliche in die Stadt gezogen sind, oder daß einige von ihnen Ritter, so wol Milites, als auch Ritter aus gewissen Orden gewesen sind, oder daß ihr Stamm ehemals geadelt sei.

Desselben 2te Classe vom Adel würde daher ganz wegfallen. Es komt nicht auf vieles Land an, sondern ein kleines Land, worauf die Rechte eines Stimmfähigen Reichsstandes haften, ist genug, und die, welche solches besitzen, sind einander am Stande gleich. Neue Fürsten heissen nicht Durchlaucht, sondern Gnaden, so lange sie kein Stimmland haben,

wenn

wenn auch gleich ihr Land weit grösser wäre, als das
Gebiet eines andern Durchlauchtigen Fürsten.

Die Stimmfähigen Grafen und Edelherren werden daher allerdings zum hohen Adel gehören, nicht
aber diejenigen Reichs- unmittelbare und Reichs-Rit-
ter, die nicht zum Reichs-Tage kommen.

§. 4.

Die Lehre von den Rittern und Knechten, sagt
der seel. Scheidt *) ist eine so verworrene Sache, daß
man viele hundert Urkunden könne gelesen haben, ohne
zu wissen, daß Miles und Ritter gleichbedeutende
Namen sind, eben so, wie Famulus, Servus, Armiger, Knappe, Knecht, Edel-Knecht, Schildträger ꝛc. gleich viel bedeuten. Niemand war von Geburt ein Ritter. Der Degen war bekantermassen in
den alten und mittleren Zeiten die vornehmste Beschäftigung des Adels in unserm teutschen Vaterlande.
Wer nicht durch Leibes Schwachheit zum Kriege untüchtig war, oder sich dem geistlichen Stande gewidmet hatte, dem war es eine Schande, wenn er nicht
dem Militär folgte. In diesem Stande waren nur
zweierlei Grade, der Ritter nemlich, und der
Schildträger, oder Knappen. Wenn es zu
Felde ging, trug der Knappe dem Ritter den Schild
nach, bis ihn derselbe beim Gefechte selbst zur Hand
nahm. Wenn sich der Schildträger bei diesem Geschäfte beherzt genug bewies, und hinlängliche Proben seiner Tapferkeit abgelegt hatte, so ward er gleichfalls

*) Scheid in praelat, ad Mant. p. 5.

Y

falls mit der ritterlichen Würde belegt. Was also
bei den Römern Tyrones und Veterani waren, das
waren bei den Teutschen Knappen und Ritter.
Wer zur Würde eines Ritters gelangen wollte, der
mußte zuvor als Knappe dienen *). Selbst Könige und
Fürsten wurden erst zu Rittern gemacht, wenn sie zuvor im Kriege etwas versucht hatten. K. Wilhelm
aus Holland war bereits zum Römischen Könige erwählet, als er sich noch 1247 vor seiner Krönung
zum Ritter schlagen ließ; und so lange dies noch nicht
geschehen war, hat man ihn nur Domicellum, den
Jonckheer von Holland genennet **). Der Titul,
Miles, war also keine Benennung, die nur einer
Classe des Adels eigen war, indem sowol die Ministerialen als Mittelfreien sich denselben erwerben konten. Es bezeichnet dieses Wort 1) entweder überhaupt einen jeden, der in Krieges-Diensten stehet,
oder 2) den Adel, der vornemlich zu Pferde dienete;
denn der Name Eques war damals nicht gebräuchlich, oder es bedeutet 3) einen Vasallen, beides aus
dem hohen und niedern Adel, oder 4) einen Ritter,

der

*) Scheid l. c. p. 52.
**) Es war dieses wehrhaft machen so nöthig, daß, ehe
daßelbe geschehen war, bei einigen Völkern vormals die
Prinzen bei ihren Vätern nicht zu Tische sitzen durften.
Paulus Diaconus de gestis Longobard. erzählet l. c.
15. als einige Longobarden den Prinz Alboin nach
einem erfochtenen Siege eine Stelle an der Königl. Tafel
ausgebeten, habe der König geantwortet, scitis, non
esse apud nos consuetudinem, ut regis filius cúm
patre prandeat, nisi prius a rege exterae gentis,
arma susceperit. Scheid, p. 527.

der sich durch seine Tapferkeit auf die höchste Ehren-
Stufe im Krieges-Stande hinauf geschwungen hatte.
Wenn Miles so viel als einen Vasallen bedeutet, so
kommt diese Benennung auch dem hohen Adel zu, und
in dem Verstande heißt der Graf Günther von
Käfin Miles (Scheidt l. c. p. 249-50.). Heißt
es so viel, als Soldat, so kan beides der hohe
und niedere Adel darunter verstanden werden. Zuweilen bezeichnet auch wol dieser Name einen Palati-
num, oder Aulæ officialem, in welcher Bedeutung
Carolomann bei dem Othlone in vita S. Bonifacii
II. 13. omnes palatii sui milites zusammen berufen
ließ; aber nirgendswo wird man finden, daß Miles
præcise einen von dem niedern Adel bedeute (p. 78).
Die Armigeri oder Knappen waren gewisser maf-
sen Knechte, aber nicht in Ansehung des Landes-Herren, sondern in Ansehung des Ritters, dem sie den
Schild nachtrugen. Denn da wegen der damals üb-
lichen schweren Waffen-Rüstung, indem beides der
Ritter und das Pferd geharnischt waren, solches von
dem Reuter nicht wol gelenkt und regiert werden
konte, so mußten sie solches am Zaume führen. Sie
mußten dem Ritter beim Aufsitzen den Sattel und
Steigbügel halten. Es hatte daher ein Ritter, mehr,
als einen Waffenträger, nötig, und wenigstens allemal
deren zweene zu seiner Bedienung (p. 65. h.)
   Es läßt sich nicht mit Gewißheit sagen, wenn
dieser Unterschied zwischen Rittern und Knechten
aufgekommen sei, und wenn er sich zuerst in den Urkunden bemerken lasse. Indeß so lange man in Teutsch-

Y 2   land

land gewohnt gewesen ist, jemanden durch Feierlich=
keiten den Gebrauch der Waffen, als ein öffentliches
Zeugniß seiner geprüften und bewährt gefundenen Fä=
higkeit zuzusprechen, eben so lange hat man Ritter ge=
macht, und so lange man Ritter gemacht hat, eben
so lange ist auch der Stand der Knappen und Knechte
gewöhnlich gewesen. In den Urkunden erscheinen die
Namen Milites und Famuli sehr spät. Wenn bis
zu Ausgange des XII Jahrhunderts die Layen als
Zeugen aufgeführt werden, so werden sie blos durch
die Benennung Nobiles vel Liberi, und Ministe=
riales von einander unterschieden. In dem XIII.
Jahrhunderte hingegen findet man gleich Anfangs den
neuen Unterschied der Titul, miles und famulus in
den Unterschriften der Zeugen sehr häufig. Unter den
vielen Urkunden, die von Herzog Heinrich dem Löwen
noch vorhanden sind, findet sich keine einzige, darin
unter den Zeugen die Namen Miles und Famulus
vorkommen. Hingegen unter der Regierung seines
Sohns, des Pfalz=Grafen Heinrichs, sind der Mili=
tum nicht wenig; Unter der Regierung seines Enkels,
Herz. Otto des Kindes, vergrößert sich schon deren
Anzahl, bis endlich unter dessen Söhnen Herzog Al=
brecht dem Großen und Herzog Johannes
v. Lüneburg diese Namen so gemein wurden, daß
man allemal zehn Urkunden, in welchen sie anzutref=
fen sind, gegen eine, in welcher sie nicht vorkommen,
aufweisen kan. Es ist auch seit dem der Titul Miles
in so große Achtung gekommen, daß die zum hohen
Adel gehörige Edle Herrn kein Bedenken getragen ha=
ben,

ben, bei Nennung ihres Namens lieber das Prädicat
Nobilis, als Miles wegzulassen. Ja auch der hohe
Adel hat sich des Namens Famulus nicht geschämet.
Beispiele werden p. XIII. Præfat. f. angeführet. Erst
im XVI. Jahrhunderte ist das wehrhaft machen abge-
kommen, und bis dahin war der Stand eines Knappen in Vergleichung mit dem Stande eines Ritters
das, was in den Klöstern das Noviciat in Vergleichung gegen den Mönch ist, der sein Kloster-Gelübde
wirklich gethan hat. Das Haus eines Ritters von
vorzüglichen Ruhme, er mogte ein gemeiner Edelmann,
oder von Herrn-Stande seyn, war nicht anders, als
eine Schule anzusehn, in welche ein jeder vom hohen
und niedern Adel seine Söhne zu bringen suchte. Diese
warteten mit Verleugnung aller Vorrechte der Geburt,
demselben sogar bei der Tafel auf, und sich seines
Wohlwollens würdig zu machen, bequemten sie sich
wol zu weit geringern Verrichtungen. Es muß auch
in der That die Anzahl der Edel-Knechte, die Anzahl
der Ritter weit übertroffen haben. Denn zu geschwe-
gen, daß ein Ritter insgemein wenigstens ihrer zween
zu seiner Bedienung gehabt habe, blieben ihrer viele
Zeitlebens Knappen, nahmen dabei Frauen und starben. Beispiele genug werden davon p. 95. e. angeführt, und zu selbigen gehöret auch ohne Zweifel aus
der Campischen Familie Jordan VII. der Vater
Aschwins von Blankenburg, dessen Bruder und Vater
Milites gewesen sind. Man konnte ausser dem ein
Knappe, Famulus oder Knecht seyn; und doch in einer wichtigen Bedienung stehen. So nennet sich

Hein

Heinrich von Hardenberg 1337 Knecht, und
doch war er Amtmann auf der Burg zu Lindau, anderer Beispiele zu geschweigen.

Die Frage läßt sich also nicht gerade zu beant-
worten, ob ein gewisses Alter dazu sei erfordert worden, ehe man zu der ritterlichen Würde habe gelangen
können? Denn obgleich viele behaupten, daß man bis
in das 21 Jahr habe warten müssen, so leidet doch
diese Regul sehr viele Ausnahmen. Es pflegte auch
eine feierliche Handlung voran zu gehen, ehe jemand
Armiger oder Knappe werden konte, und vielleicht
können die Worte des Tacitus: scuto frameaque
ornare, ehe übersetzt werden, einen zum Knappen, als zum Ritter machen. De la Curne de
St. Palaye erzehlet beim Scheidt in der Vorrede ad
Mantiſſam doc. p. XV. h. es sei ehemals in Frankreich bei dem Adel gewöhnlich gewesen, daß man die
Söhne, wenn sie das 7te Jahr zurück gelegt, als Pa-
gen an einem Hofe oder bei einem Vornehmen, in Ansehn stehenden Ritter unterzubringen gesucht habe.
Dieser habe sie in allen Arten der Leibes-Uebungen un-
terrichten lassen; wenn sie nun bis in das 14te Jahr
sich wol verhalten, und sie Ecuyers, (Knappen) hätten werden sollen, so hätten die Aeltern und nächste
Anverwandte, jeder mit einer brennenden Wachs-Kerze
in der Hand, den Juncker in die Kirche geführet, wo
der Priester eine Meſſe gelesen, ihm den geweiheten
Degen umgürtet, und unter mancherlei Segenswün-
schen ihm das Recht ertheilet, denselben zu tragen.
Eben dieser Schriftsteller erzehlet, daß niemand den

Namen

Namen eines Knappen bekommen habe, bevor er einer Feld-Schlacht beigewohnet, und daß kein Knappe habe Ritter werden können, bevor er nicht mit eigener Hand einen Krieges-Gefangenen gemacht habe. Wenn der Stand der Knappen regulariter bis in das 21te Jahr gedauret hat; wie mancher Knappe hat alsdenn die Anwartschaft, Ritter zu werden, mit ins Grab genommen! Viele haben es auch wegen der großen damit verknüpften Kosten nicht einmal gewollt. Das Haus eines Ritters mußte einem jeden reisenden Ritter und Knechte bei Tage und Nacht offen stehn; der Ritter mußte allezeit eine gewisse Anzahl Pferde für sich, und seine um sich habende Edel-Knechte auf dem Streu halten. Die Ehre konte freilig wol viele dazu lüstern machen; nur die Ritter führten den Namen Herr, und sogar der hohe Adel pflegte sich denselben nicht eher anzumassen, bevor er nicht die ritterliche Würde erhalten hatte; Ihren Gemalinnen allein kam der Name Frau, Vern, (Domina) zu; Der Ritter allein hatte das Recht goldne Spornen zu tragen, und seinen Helm, Harnisch und Schild mit diesem Metall auszuzieren; das Silber gehörte für die Knappen; allein alle diese glänzende Vorzüge konten es doch nicht verhindern, daß die ritterliche Würde im XV. Jahrhunderte anfing in Verfall zu geraten, bis sie endlich im XVI. Jahrh. ganz aufhörte. Der zuvor genante Französische Schriftsteller führet eine Menge von Ursachen an, die zu diesem Tefall Anlaß gegeben. Einige derselben sollen gewesen seyn:

1) Daß

1) Daß die Anzahl der Ritter sich allzu sehr des vielfältiget habe. Denn 1382 sollen bei der Schlacht bei Roßbeck deren 467, und 1415 bei Azincourt 500 auf einmal seyn gemacht worden, und bei einer andern Gelegenheit gedenckt er einer Armee von 10000 Rittern und 25000 Knappen.

2) Daß man auch anfing die Ritterliche Würde durch Wallfarten nach dem Heil. Grabe zu verdienen, da denn unter denen, die sie erhielten, auch Mönche und Pfaffen gewesen.

3) Daß durch das nach gerade eingeführte Römische- und Päbstliche-Recht der Adel, der dessen nicht kundig war, sein bisheriges Ansehn in den Gerichten ganz verlor, und dagegen Leute von bürgerlichem Stande zu Richtern und Räthen von Königen und Fürsten bestellet wurden, welche nun als Doctores der ritterlichen Würde vorgezogen zu werden begunten, und an vielen Orten milites justitiæ, milites literati, milites clerici genennet wurden, ja auch selbst zum Theil die ritterliche Würde durch ausdrückliche Kaiserl. Privilegien erhielten. Kaiser Sigismund sprach den Doctoribus den Rang vor den Rittern zu, und seine rationes decidendi waren, er könne an einem Tage hundert Ritter, aber alle sein Lebtage nicht einen einzigen Doctor machen.

4) Daß die Turniere, die sonst die beste Gelegenheit waren sich hervor zu thun, wegen vieler dabei vorfallenden unglücklichen Begebenheiten, durch die Bannflüche der Päbste ganz abgeschaft und verboten wurden.

5) Daß

5) Daß, besonders von der Zeit der Oestreichischen Kaiser an zu rechnen, das Nobilitiren in Teutschland so sehr zur Gewohnheit geworden, daß neue Edelleute nicht nur zu Schild und Helm privilegirt wurden, sondern auch in ihren Adelbriefen die Vorrechte erhielten, daß sie Rittern und Knechten sollten gleichgeachtet werden.

6) Daß der K. Maximilian I. eine neue Einrichtung der Miliz gemacht, die durch den General von Freundsberg verbessert worden, dadurch der Unterschied unter Rittern und Knappen ganz unnütz geworden sei.

7) Daß die von Königen und Fürsten gestiftete neue Ritter-Orden und die mit selbigen verknüpfte weit ansehnendere Vorzüge jene Namen, Ritter, Knechte, Knappen ꝛc. so sehr in Vergessenheit gebracht hätten, daß man sie in Teutschland fast kaum mehr verstehe. (Scheid Mantiſſa praef. p. XXII. XXIII.)

Auch zu den vergessenen Namen gehören die Banner-Herrn. Es ist noch nicht entschieden, woher dieses Wort stamme, ob es von Panier? (Vexillum) oder von Bann? (territorium, diſtrictus) herzuleiten sei. Banner-Herr, sagt Wachters Gloſſarium, vel Panner-Herr, eſt aliis Dynaſta, Pannophorus, qui ſignum ducis gerit; aliis Baro, vexillo militari cum dignitate territoriali inveſtitus. Du Fresne nennet ſie Banneretos, (Chevaliers Bannerets,) Milites, viros inter nobiles primarios, qui cum plura ac maiora praedia poſſiderent; vaſallos ſuos ſi

3

proe-

proelium sub vexillo suo conducebant, cum a
Rege vel Principe submonebantur. Milites
vexilla ferentes, vexilliferos. In der
neuen Hallischen Bibliothec P. 14. p. 320. wird behauptet, sie hätten daher den Namen, weil sie den Blut-
Bann auf ihren Gütern, und in dem ihnen verliehe-
nen Bezircke gehabt hätten. Alles kurz zusammen zu
fassen, was der Hofr. Scheidt an verschiedenen Stellen über diese Würde disputiret, so war solche von
der Beschaffenheit, daß sie ebenfalls mit vielen Feierlichkeiten ertheilet ward, und durch Tapferkeit müsse
verdient werden. Edle Herrn oder Dynasten hätten
nur dazu gelangen können; aber nicht ein jeder Dynaste sei eben so wenig ein Banner-Herr gewesen, als
ein jeder von Adel Miles oder Ritter gewesen wäre.
Unter dem Titul Edler-Herr und Dynaste aber ver-
stehet derselbe alle diejenigen vom hohen Adel, die keine
Reichs-Bedienungen gehabt hätten; und könten in
soferne verschiedene Fürsten aus den mittleren Zeiten
dahin gerechnet werden; der Name Freiherr sei
unsern alten Teutschen gar nicht bekant gewesen. Wenn
nun ein solcher Edler Herr im Felde erschienen, so sei
ihm ein Trupp von adelichen Vasallen gefolget; er
habe wenigstens 10 Helme, das sind Ritter zu Felde
führen müssen, und mithin, weil jeder Ritter 2 Knappen zu seiner Bedienung gehabt, so habe der Edle
Herr mit 30 Mann, die alle Edelgeborne (ex gene-
re militari) gewesen, im Lager erscheinen müssen,
wenn er Bann-Herr habe werden wollen; und weil ein
Ritter sich eben so wenig von jemand anders als von
                                                    seines

feines gleichen habe commandiren laſſen, als wenig jemand, der ſelbſt kein Ritter geweſen, einen andern
zum Ritter habe machen können, ſo habe auch der
Lote Herr, der einen Ritter zum Banner-Herrn inve-
ſtiret, zuvor ſelbſt Ritter ſeyn müſſen. Die Inveſti-
tur geſchahe mit der Fahne, als welche das Symbo-
lum des Banner-Herrn geweſen (cum lancea et con-
fanono). Derſelbe dürfte ſein Panier (vexillum)
nicht eigenmächtig aufwerfen, ſondern mußte ſich mit
einer eingewickelten Fahne dem Herzoge präſentiren,
der ihm dieſelbe vor den Augen der ganzen Armee flie-
gen zu laſſen befahl. Wenn ſich niemand fand, der
gegen die Promotion etwas zu erinnern hatte, ſo
ſchnitt der Herzog die Fahne ins Gevierte, und er-
laubte ihm ſie öffentlich zu führen.

§ 5.

Edelmann und Dienſtmann (Miniſterialis) ſcheinen in unſerer Sprache einander entgegen geſetzt zu
werden; aber die Dienſt-Männer, von denen hier die
Rede iſt, waren ſo wenig geringer, als der freie voll-
bürtige Adel, daß man, in dem Tone des vortrefli-
chen Schelds fortzufahren, ſagen kann: ſie waren, ſo
zu reden das Holz, aus welchem große Männer, Mareſchalli, Dapiferi, Pincernæ, Camerarii,
Milites &c. gezimmert wurden. Oft bedeutet zwar
jener Name auch homines ſervilis conditionis. Alle
Handwercker in villis regiis, alle Officianten an den
Höfen der Fürſten, heißen zwar auch Miniſterialen;
aber zwiſchen einem Hof-Lacquayen, Hof-Schneider,
Hof-Schuſter ꝛc. und einem Hof-Marſchall, Ober-

Z 2   Schen-

Schencken, Kammer-Herrn ꝛc. wird man doch wol
einen Unterschied machen müssen. Natürlich lassen
sich also die Ministerialen in 2 Classen vertheilen; zu
der ersten gehören die Hof-Cavaliers; zu der andern
die Hof-Officianten bürgerlichen Standes. Letztere
kommen hier in keine Betrachtung, ob ihnen gleich
ihre angemessene Achtung nicht abgesprochen wird.
Auch erstere waren zu gewissen Dienstleistungen verpflichtet, aber diese Dienste waren von keiner knechti-
schen Eigenschaft. Ja wenn diese Ministerialen die
ritterliche Würde erlanget hatten, so pflegten selbst ihre
Herren ihnen den Titul, Herr, zu geben. Vieler
andern Exempel zu geschweigen, die in den gelehrten
Hannöverschen Anzeigen vom Jahr 1753, 1432,
1437, 1438 angeführt werden, nennet auch Herzog
Otto Puer seinen Dapifer, Anno von Blanckenburg
Dominum (Or. G. T. IV. p. 169.) Sogar der
hohe Adel, Grafen und Dynasten schämten sich nicht
bei geistlichen und weltlichen Fürsten nexum ministe-
rialem zu übernehmen. Exempel genug bestätigen
solches beim Scheid de Nobilit. p. 103. k. Nur
einige davon anzuführen, so sollen die alten Marck-
grafen von Thüringen bereits Marschälle des Ertz-
Stifts Maynz gewesen seyn, wie denn auch noch jetzt
die Landgrafen von Hessen dieses Marschall-Amt vermuthlich als Erben der Landgrafen von Thüringen
haben. Der erste Graf von Schaumburg, Adolf,
war Kämmerer des Stifts Minden, und brachte diese
Würde auf sein Geschlecht; der Graf Heinrich von
Weldenz war Truchseß von Chur-Maynz, Graf Hein-

rich

rich von Waldenburg Schencke des Bischoffs von
Hildesheim, und Graf Günther von Kefernburg
zugleich Truchseß der Marchgräfin Agnes von Brandenburg. Daß sich manche von Adel, auch bii Graf-
fen und Dynasten als Ministerialen dienstpflichtig gemacht haben, darüber erklärt sich Herr Schütz l. c. p.
104 und 179. Theils die Armuth; theils die Be-
gierde zu guten Tagen und andern Bequemlichkeiten, auch
wol der Aberglaube hat einer Vormischung der Mini-
sterialität, besonders bei Stiftern und Klöstern, Anlaß
geben. Fürsten und Herren sogar ließen sich dadurch
bewegen, sich zu Dienstpflichten zu verstehn, die ihrer
hohen Geburt nicht angemessen waren. Und sollte
wol nicht auch die Liebe dann und wann Ursache gewesen seyn, daß mancher Edler Herr vom ersten Range
durch den Reitz der schönen Tochter eines Ministerialis
gerührt, ihr zu Gefallen sich dazu entschlossen habe?
Der Würde der Ministerialen überhaupt geschahe dadurch kein Abbruch, daß dieses oder jenes Individuum
sich dann und wann zu gewissen præstantionibus und
seruitiis ludicris Vasallorum (divertissements de
Menestreles) hat brauchen lassen; auch das nicht,
daß sie ihrer Lehns Herren Einwilligung haben mußten,
wann sie etwas von Klöster und Kirchen verschencken
wollten. Es lassen sich viele dergleichen Beispiele beibringen, aber was brauchen wir sie weit zu suchen, da
sie auch in dieser Geschlechts-Geschichte enthalten sind?
Nach Auswisung der Urkunde Num. E ward die Einwilligung des Hildesheimischen Bischoffs Conrad ver-
erfordert, als Balduin Miles de Blankenburg,

B f   Und

190

und Campe 1244, der Kirche zu Steinhorst einen
gewissen Zehnten vermachte, und als 1368 die Gebrüder Jan, Anno, und Hans van dem Campe nach
Num. IX. ihren Zehnten zu Isenbüttel an das Kloster
Isenhagen vermachen wollten, suchten sie erst den Consens bei dem Herzog Albrecht II. von Göttingen. Allein dieser Consens erstreckte sich nur auf die Güter,
die sie iure ministeriali von dem Herrn zum Lehn
hatten. Die Ministerialen hatten auch vielfältig ihre
Allodial-Güter, viele Leibeigene Knechte und Vasallen, und damit konten sie frei und nach Belieben schal-
ten; wenn nicht etwa in einem Lande etwas anders
Rechtens war. Man hat Exempel genug, daß Ministerialen vertauscht und verschenkt wurden.

Jordan, Insernus und Anno von Blankenburg gehörten 1203 ohnstreitig, wie schon oben
im ersten Theile, Abschnitt L. §. 6. angeführet ist,
zu Herzog Wilhelms Erbtheile, gleichwol überließ dieser Herzog dieselben seinem Bruder, und 1204
überließ der Pfalz-Graf Heinrich Jordanum III. dem
K. Otto zum Ministerialis §. 7. Aber um deswegen
bekam der andere dadurch nicht gleich das ganze Vermögen des Verschenckten oder Vertauschten.

Den stärksten Vertheidiger haben die Ministerialen an dem ehemaligen großen Vice-Canzler zu Hannover weiland David Georg Struben in der Abhandlung von adelichen Dienstleuten *). Nachdem derselbe
alle Einwürfe bündig entkräftet, die zur Verkleine-
rung dieses Standes von einigen sind gemacht worden,

*) Desselben Nebenstunden 4 Th. 1755.

ben, und hauptsächlich den Unterschied zwischen einer vollkommenen und unvollkommenen Unterwürfigkeit festgesetzet und gezeiget hat, daß die größten Staats-Minister und Generals sich zu letzterer bei dem Landes-Herrn verpflichten; so wird hieraus die natürliche Folge gezogen, daß eine solche Verpflichtung niemandes Ehre nachtheilig seyn könne, und daß vielmehr die in einer solchen Dienerschaft lebende von Adel, denen oft vorgehen, welche einer größern Freiheit genießen. Die Gründe, aus welchen dargethan wird, daß die Ministerialen geehrte und in großem Ansehn lebende Männer gewesen, welche an den wichtigsten Regierungs-Geschäften ihrer Herren Theil genommen, sind etwa folgende.

1) Die adelichen Dienstleute halfen ihren Herren das Regiment führen, indem ihr Rath und Einwilligung begehrt wurde, wenn neue Gesetze und Verordnungen gemacht wurden. Dies wird §. XIII. 1. α aus vielen unverwerflichen Zeugnissen dargethan.

2) Die errichteten Verträge der Fürsten und Herren, insonderheit der Geistlichen, erforderten ihrer Dienstleute Geruchmhaltung. Nachdem die Beweise §. XIV. sind beigebracht worden, wird ein Einwurf beantwortet, der daher pflegt genommen zu werden, daß auch an manchen Orten die Einwilligung des gemeinen Volks zu wichtigen Geschäften erfordert worden. Das Resultat läuft dahin aus: der geringste Pöbel steht in so ferne in keiner vollkommenen, unterwürfigkeit, wenn die Obrigkeit ohne dessen Einwilligung keine wichtige Einnahmegeschäfte unternehmen

nehmen

mahnen darf; aber eine solche .... von der vollkommenen Unterwürfigkeit, berechtigte um deswegen
den Pöbel noch nicht zu den Vorrechten der Geburt.

3) Die adelichen Dienstleute saßen in den höch-
sten Gerichten, von welchen geringe, verächtliche
Leute ausgeschlossen waren. Unter andern Exempeln
wird §. XV. aus Rehmeyers Br. Lüneb. Chronik,
p. 837. ein Johann von Steinberg angeführt,
der als Ministerialis 1498 Marschall oder Richter
des ganzen Braunschweigischen Weichbilds gewesen; und
war es nicht auch Ludolf von Campen, der, wie
bereits oben aus Grupen disceptat. forens. p. 565
angeführet ist, 1354 zur Zeit Herzog Wilhelms, zu
Lüneburg, auf dem Runtelshorn bei Hannover, in
Sachen der Grafen von Aller und der Bürger zu
Pattensen in Consilia principis (in uses Herren Name) in Beiseyn und mit Rath Graf Adolphen von
Schaumburg, der Grafen von Wunstorf und vieler
von der Ritterschaft Recht gesprochen? und ohne Zweifel gehörte doch dieser Ludolf von Campe unter
die Ministerialen gedachten Herzoges.

4) Wurden die wichtigsten Hof-Aemter durch
solche Dienstleute verwaltet §. XVI., und sie hatten
großen Antheil an den Bischöflichen Wahlen, indem
nicht nur die von Dienstleuten entsprossene Domherren,
sondern auch die Dienstleute selbst, welche Layen und
Ritter oder Ritterbürtig waren, zur Wahl gezogen
wurden. §. XVII.

5) Sie waren nicht bloße Räthe, deren Meinung der Herr jederzeit nach Willkühr befolgen oder ver-

verwerfen konte; sondern sie widersetzten sich oft thätlich, wie denn auch die von Steinberg und von
Schwichelt den Herzog Bernhard von Lüneburg in einer Fehde gefangen bekommen, und zu
Bodenburg verwahret haben. Es haben sich zwar auch
wol ehe Bauren der Obrigkeit widersetzet, und zu den
Waffen gegriffen; solches aber ist nicht von einzelnen
Bauren, sondern von einem großen zusammen rottir-
ten Haufen derselben geschehen; dahingegen einzelne von
Adel es gewagt haben, ihre Händel mit großen Fürsten und Herren durch den Degen entscheiden zu lassen.
Die geführten Kriege sind daher ein Beweis der Macht
und des Ansehens, worin die adelichen Dienstleute
in den mittleren Zeiten stunden. Mithin sind sie keine
geringe unter das Joch gebrachte Dienstboten gewesen.
§. XVIII.

6) Die angesehensten, reichsten, ritterlichen
Geschlechter stunden in der Dienst-Pflicht und sind Ministeriales gewesen. Mithin fällt es von selbst weg,
daß aus ihnen die geringste Art des Adels bestanden.
Die wenigsten sind ihrer Dienst-Pflicht ausdrücklich
und gänzlich entledigt, sondern es ist stillschweigend
geschehen, weil sie mit der Zeit ihren Herren unnütz geworden, und diese sich bei den ihnen verwilligten Land-
Steuren besser befunden, als bei den Kriegesdiensten
der Ministerialen, die ihnen nicht immer zu Gebot
stunden. §. XIX.

Daß überhaupt die so genannten Erb-Hof-Aemter, eben so wol, wie ehemals die militärischen Be-
lohnungen, aus dem Stande der Ministerialen sind

besetzt

beſetzt worden, daran wird wol nicht mehr gezweifelt.
Es iſt auch ſehr natürlich, ſagt Herr Rathlef in der
Abhandlung von den älteſten Hof-Aemtern des Durchlauchtigen Hauſes Braunſchweig Lüneburg, daß ein
großer Herr verſchiedene Bediente von unterſchiedenem
Werthe, nach der ungleichen Beſchaffenheit ihrer Ver-
richtungen unterhalte. Und eben ſo billig iſt es, daß
dieſer zu den Bedienten ſeines Hofes, die er öfters
um ſich haben, und zu ſeinen Ehren gebrauchen muß,
nicht die geringen ſeines Landes nehme, und daß dieſe
Perſonen durch ſolche Bedienungen zu noch größern
Anſehn gelangen. So machten es in den mittlern
Zeiten die Römiſchen Könige, die Fürſten, und die
vornehmſten Geiſtlichen; und ſo machten es auch die
Herzoge des Durchlauchtigen Hauſes Braunſchweig-
Lüneburg. Unter dieſen Erb-Hof-Aemtern werden
hauptſächlich dieſe viere verſtanden, das Erb-Mar-
ſchall-Amt, das Küchen-Meiſter-Amt, das
Schencken-Amt, das Kämmerer-Amt; und
können wir uns deßfalls dreiſte auf den Schwaben-
Spiegel berufen. Daſelbſt heißt es P. I. Tit. 63.
die geiſtlichen und weltlichen Fürſten Amt, die ſind
vom erſten geſtift mit vier Fürſten-Ampten, mit einem Cämmerer, mit einem Schencken, mit einem
Truchſeß, mit einem Marſchall. Eben dieſe
Aemter finden ſich auch ſecundum morem Imperii
in den Urkunden, ſo wol vor- als nach Errichtung
des Herzogthums Braunſchweig-Lüneburg. Diejenigen, welche dieſe Aemter bekleiden, nach dem Wort
des ſeligen Kählers in den hiſtoriſchen Nachricht von

den

den Erb-Land-Hof-Aemtern) p. 15. Zu bedienen, üben aus der Landes Ritterschaft auserlesene, und wohl verdiente Personen, besaßen dieselbe mit gewissen dazu gestifteten Gütern zu männlichen Erb-Lehn, hatten deßwegen den Landes-Fürsten bei besondern Ehren-Fällen, als Landeshuldigungen, Vermählungen, Leichen-Begängnissen und andern Solennitäten vorzüglich vor den ordentlichen bestellten Hofbedienten, auf Erfordern wirkliche Bedienung pflichtmäßig zu leisten, welche eigentlich dem Aeltesten des Geschlechts zukam, und hätten davon auch einigen besondern Nutzen zu erwarten, wurden auch wegen dieser Würde allen andern Vasallen vorgezogen.

Daß aber diese Aemter anfangs erblich gewesen, daran zweifelt Herr Rathleff p. 8. mit Recht. Sie klebten anfangs an keiner gewissen Familie, sondern wurden bald diesen bald jenen verliehen. Die viele verschiedene Namen, und die oft gedoppelt auftretende Hofbediente, scheinen solches sattsam zu beweisen. Wenn aber ein solcher Hofbedienter sich in der Gnade seines Herrn fest gesetzt, und dieser sich an jenen gewöhnt hatte, so war es ganz natürlich, daß ein Bruder, oder der Sohn eben dasselbe Hof-Amt wieder erhielt. Die Jordans von Blanckenburg, und Jusarier von Neindorf, sind in der Campischen Geschlechts-Geschichte dessen unleugbare Zeugen. Jeder Hof-Beamter war zugleich ein Krieges-Mann. Die Hof-Bedienungen sind eigentlich unter Carl V. zum Theil gar erst im 30jährigen Kriege Civil-Aemter geworden. So war Jordan de Campis 1252 zugleich

Aa 2   Mar-

Marschall und Dapifer bet dem Herzog Albrecht von
Braunschweig, und Jordan V. dieses Namens, nach
unserer Stammtafel, der sich auch Campock nennet,
war Miles und Dapifer zugleich. Erst nach dem
Tode Herzogs Otto des Kindes, wie Herr Rathlef
behauptet, sind diese Hof-Aemter erblich geworden,
und seitdem sollen sie in Erb-Land-Hofämter überge-
gangen seyn; das soll so viel sagen: die adelichen Hof-
Beamte, die sonst beständig bei Hofe seyn mußten,
und theils wegen ihres Amts, theils auch eigene Güter besaßen, versäumten sich oft sehr stark, wenn sie
sich beständig am Hof aufhielten. Sie wünschten daher mehr auf ihren Gütern zu seyn, und versuchten es,
in ihre Stelle andere (Subofficiatos) zu schicken; und
vermuthlich ist dies die Veranlassung gewesen, daß die
Landes-Herren ihre vorige Hofbeamte von ihrer be-
ständigen Gegenwart bei Hof dispensiret, sie mit Bei-
behaltung ihres vorigen Characters und Lehngüter dahin verpflichtet, daß sie nur zu gewissen Zeiten, und
bei vorfallenden Solennitäten, selbst erscheinen mußten; an ihrer Stelle aber wurden andere adeliche Hof-
Officianten angenommen, und es entstanden nach und
nach daher, Ober-Hof-Marschälle, Ober-
Hof-Meister, Schloß-Hauptmänner c. deren Würde aber nicht erblich war.

§. 7.

In Ansehung dieser vier Hof-Aemter in den
Braunschweig-Lüneburgischen Landen, muß nothwen-
dig Rücksicht genommen werden auf die Zeiten a) der
Errichtung des Herzogthums Braunschweig-Lüneburg,

von

von Heinrich dem Löwen angerechnet, bis auf dessen
Enckel, Herzog Otto, das Kind genannt. b) Nach
Errichtung des Herzogthums 1235.

i Was die erste Periode betrift, so komt uns da=
bei oft genante Abhandlung des Herrn Scheidts zu
statten, und von der andern verdient die ausführliche
Abhandlung des seligen Köhlers nachgelesen zu werden.

Wenn auch schon die Geschäfte der heutigen Erb=
Hof=Aemter von den ehemaligen in vielen Stücken ab=
gehen, so ist doch nicht zu läugnen, daß jene den Grund
ihrer Benennung in diesen haben. Der Dapifer und
Pincerna hatten die Tafel und den Keller des Fürsten
in Besorgung; jener die Tafel, dieser den Keller; da=
her sie auch für die Bewirthung der Fremden sorgen
mußten. Der Dapifer oder Droste war zugleich
Präses in einigen Gerichten.

Der Camerarius hätte bei Hofe die Aufsicht
über die Einkünfte und Kammer=Gefälle des Fürsten;
wie denn auch dergleichen Beamte in den Stifter=und
Klöstern nöthig waren.

Der Marschall hatte Verrichtungen, die sich
weiter, und über den ganzen Hof erstrekten; aus=
genommen die Küche und den Keller, mußte er bei
Hofe alles anordnen. Ausserdem mußte er auch als
Obrister die Lehnpflichtige Ritterschaft im Kriege an=
führen, und hatte daher auch den Stall unter seiner
Aufsicht.

Da die Absicht des Anhanges dieser Geschlechts=
Geschichte hauptsächlich nur dahin gehet, die Personen
der ersten Periode wahrhaft zu machen, welche auch

der Familie, der von Campen auff Neubürsel, dieses
oder jenes Hof-Amt bekleidet, und auf ihre Nachkom
men vererbt haben; so könte ich mich freilich nur auf
die erste Stammtafel berufen. Es kann aber doch
nicht schaden, die Anzahl der übrigen Hof-Beamten
damaliger Zeit einigermaßen zu ergänzen; und aus
den jüngern Zeiten so viel beizubringen, als sich in der
Kürze thun läßt. Zuvor aber muß ich doch erst, was
besonders die Dapiferos und Pincernas betrift, dem
seligen Köhler noch eine Anmerkung abborgen. Es
stehet in der oftgenanten historischen Nachricht, p. 352
seq. und ob sie gleich eigentlich auf die Bremischen
Dapiferos gerichtet ist, so sagt sie doch vieles, das
sich nicht bloß auf das Bremsche einschrenket. Aus
den Dapiferis sind die Drosten entstanden. Seiner
ursprünglichen Bedeutung nach, ist ein Drost soviel,
als ein Herrschaftlicher Vorgesetzter, und daraus ist
das neuere Wort Truchsetz oder Truchseß ent
standen. Weil derjenige, dem die Besorgung einer
königlichen oder fürstlichen Tafel anbefohlen war, über
alle andere Leute, durch welche solche gehörig bestel
let werden mußte, gesetzt war, so hieß er um deswil
gen ein Drotzet oder Drost (regiæ mensæ præ-
positus). Dieser Name ist hernach allgemeiner ge
worden, und überhaupt solchen adelichen Personen
beigelegt worden, die von der hohen Landes-Obrigkeit,
mit einer gewissen Gewalt andern niedern Bedienten
auf dem Lande, als der Unterrichtern, Einnehmern u.
d. g. vorgesetzt wurden, daher Drost in Niedersach
sen und Westphalen einen Landvoigt oder Oberamt

N n   mann

mann bekannet; und man zum Unterschiede sagt, ein
Land=Drost, Reichs=Drost ꝛc. Sonst heißt
auch ein solcher Dapifer Senescallus.

§. 8.

An dem Hofe Herzog Heinrichs des Löwen, wurden nach des Herrn G. R. von Praun Angabe, als

	Rudolf v. Blankenb. 1163. (Rathlef).
	Jordan von Blankenborg, cum fratre
Dapiferi	Jsfario 1158, 1170, 1190, 1196.
	(O. Praun).
	Erchenbertus.
	Henricus de Scoderstede einem jetzt
	wüsten Orte bei Königslutter.
Pincernæ	Henricus 1170, 1171.
	Lippoldus, 1171.
Camerarii	Anno von Blankenburg 1163, 1170.
	Lippoldus 1170.
Marescalli	Hermannus de Gustidde.
	Henricus 1170.

§. 9.

Nach Absterben Herzog Heinrichs des Löwen
1195. theilten sich 1203. dessen Söhne, Heinrich
Herzog zu Sachsen und Pfalzgraf am Rhein, Otto
IV. Römischer Kaiser, und Wilhelm Herzog zu
Lüneburg. Jeder von ihnen hatte seine besondere
Hof=Aemter.

Bei Heinrich dem Pfalzgrafen waren

Dapiferi	Rudolfus der Eßbete.
	Jordanus senior.
	Jordan us junior, frater Jsarii et
	Anno de Blankenburg (a).

Pin-

Pincerna   Jusarius (Lotharius) v. Blankenburg.
Camerarii {Anno de Blankenburg.
        Gercke und Johannes
        Fridericus von Volkmerode (b).
Marescalli {Wittekinus.
        Wilhelmus (c).

   a) Obgleich in der Theilung 1203 dem Herzog Wilhelm urbes Löwenberch, Blankenburg, Regenstein, Heimburg, ac omnis proprietas in Nendorpe cum omnibus ministerialibus intra istos terminos zugefallen war, so hatte sich doch Pfalzgraf Heinrich, die drei Hofbedienten, Jordan, Jusar, und Antonem namentlich vorbehalten.

   c) Wittekinus und Wilhelmus mögen vielleicht nur eine Person seyn, wie denn auch oft mehrere Namen solthergestalt mit einander verwechselt werden. Z. E. Hermannus und Henricus, Jordanes und Johannes, Anno und Antonius, Jusarius und Lotharius, oder Josarius, oder Luderus, Henricus und Heino. Der Name Wittekinus komt in folgenden Zeiten besonders noch in der Familie der von Gustedt oft vor.

   b) Fridericus de Volkmerode komt 1196, bis 1229, und Wittekinus von 1204 bis 1240 in der Qualität eines Marschalls vor. Wittekini Brüder waren, Gercke und Johannes Camerarii (v. Praun).

                              §. 10.

§. 10.

Kaiser Otto IV. hatte seine Kaiserl. Hof-Aemter.
Bei ihm waren

Dapiferi
{ Henricus von Waldburg 1196, 1209.
Conradus von Wilre 1203.
Gunzelinus von Wolfenbüttel 1209,
1218.

Pincernæ
{ Adamus 1198.
Walterus de Schipse.

Camerarii
{ Otto 1198.
Symon Aquensis 1203.
Cuno de Munzenberg 1209.

Marescallus Henricus de Kalendin 1189 und
1209 a).

a) Henricus Dapifer de Waldburg, Henricus Marescallus de Kalendin, und Walterus
de Schipsa Pincerna kommen auch in einer Urkunde
von dem Gegen-Kaiser, Philipp vor. Gunzelinus de
Wolfenbüttel stand beim K. Otto in gar besondern
Ansehn. Er hat sich auch lange nach dessen Absterben
bis 1254. Imperialis aulæ Dapifer geschrieben.
Jedoch hat sich das Amt nicht auf seine Söhne vererbt,
wie denn selbst die Kaiserl. Hof-Aemter damals noch
in keiner Familie ganz erblich gewesen sind v. Praun).
Aber die von Schipse, Kalendin, Walburg,
waren nicht Landes- sondern Reichsbeamte.

§. 11.

Beim Herz. Wilhelm zu Lüneburg waren

Bb   Otto

Dapifer: (Otto de Luneborch) 1200, 1204, 1209 aus der Familie der Groten, die zugleich Advocati de Luneborch waren. Wernerus 1204 (Rathlef).

Pincerna Segebandus 1205, 1209, aus der Familie der vom Berge bei Lüneburg, die noch im XIV. und XV. Seculo sich Schencken nanten.

Camerarius. Luderus 1205, 1209. Aus der Familie der v. Odeme (v. Praun).

Es scheint aber derselbe vielmehr zu der Familie de Monte zu gehören, weil diese Familie, wie aus verschiedenen Urkunden erweißlich ist, bis 1374 das Kammer-Lehn gehabt hatten.

Marescallus Wernerus de Luneborch, aus der Familie der von Meding, welche bis auf den heutigen Tag dieses Erb-Marschall-Amt bei sich fortgeführet haben. (v. Praun).

§. 12.

Als nach dem Tode H. Wilhelms, 1212 Herzog Otto der Knabe den Stamm bekanter maßen allein fortgesetzet, und 1227 das ganze Erbe Herzog Heinrichs des Löwen, wieder zusammen gebracht hatte, woraus 1235 das Herzogthum Braunschweig Lüneburg errichtet ist, waren nach Rathlefs Berechnung bis 1252, da er starb, dessen Hofbeamte

A. von 1212, bis 1227, die er von dem Vater geerbet

Dapi-

Dapiferi { Werner van Lewenburg 1212, 1214, 1224, 1225, 1226.
Gevehard, Werneri frater, 1224, 1225.

Pincernae { Segeband de Monte od. Wittorp, 1212, 1224, 1226.
Jusarius de Nendorp, frater Lothevici, 1223.

Camerarius Luderus, 1217.

Marescalli { Werner von Meding, 1212, 1215.
Peridamus von Meding, 1225.

B. von 1227 bis 1235.

Dapifer Jordanus von Blankenburg 1229, 1232, 1233, 1234, 1235.

Pincernae { Segeband 1228, 1234.
Jusarius von Nendorp 1235.

Camerarius Willekinus od. Willelinus 1232.

Marescalli { Balewinus, 1232.
Willelinus, 1235.
Wernerus, 1234.

C. von 1235, bis 1252.

Dapiferi { Gunzelinus, 1236, 1238.
Jordanis, 1236, 1237, 1238, 1239.
Anno von Blankenburg, 1241, 1242, 1243, 1245, 1246, 1247, 1248, 1249, 1252.
Gerhard von Ofleve, 1260.
(Scheid Anmerk. zu Mosers Cod. dipl. p. 717.

Pin-

	Baldewin von Blankenburg, Caeſarius Pincerna, 1243, 1246, 1247.
Pincernae	Juſarius, 1236, 1239, 1243, 1247, 1248, 1249, 1251.
	Thidericus de Monte (v. Praun).
Camerarii	Ludolf, filius Annonis de Blankenb. 1237, 1238.
	Herewicus dé Uteſſen, 1247, 1248.
	Willekinus, oder Wilhelmus, 1236, 1237.
Mareſcalli	Henricus Grabo, 1245, 1246, 1247, 1248.
	Burchard von Aſſeborg, 1280, (Scheid Anmerk. zu Moſers Cod. diplom. Vorrede p. 35.
	Werner von Meding, 1251.

§. 13.

Nach dem Tode Herzogs Otto, des Kindes, 1252 blieben deſſen Erblande bis 1269 unzertheilet, und führten deſſen Söhne Albrecht und Johannes die Regierung gemeinſchaftlich. In der Zeit blieben auch ohne Zweifel die Hofämter mit den vorigen Perſonen beſetzt. Als aber in beſagtem Jahre durch jene Theilung zwei beſondere Regierungen und Herzogthümer entſtanden, das Braunſchweigiſche und Lüneburgiſche, ſo wurden auch zweierlei Hof-Aemter eingeführet. Herzog Albrecht behielt bekanter maſſen das Herzogthum Braunſchweig, und Herzog Johann bekam das Herzogthum Lüneburg. Das Herzogthum Braunſchweig begriff in ſich das Braunſchweig=

schweig-Wolfenbüttelsche, Göttingische und Gruben-
hagensche Land; und obgleich nach H. Albrechts Tode
dieses Herzogthum 1279 wieder in drei regierende
Häuser zertheilt ward, so ward doch 1345 wegen der
vier Hof-Aemter vestgesetzt, daß sie gemeinschaftlich
solten beibehalten werden. (Köhler p. 12.) Indessen kamen die Hof-Aemter nun auf das Land, und
gehörten ganzen Familien; daher wurden sie immer
von den Aeltesten des Geschlechts verwaltet. Daß
aber der älteste des Geschlechts (wie der Herr Professor
Gebhardi bemerket), das Erbamt alleine, und im Namen der übrigen Agnaten verwaltet habe, siehet man
aus einem Vertrage, den die von Meding unter sich
geschlossen haben N. 27. und aus folgenden Stamm-
Tafeln.

Otto von Meding

Otto, dessen Nachkom- men die heutigen Mar- schälle sind.	Werner heissen 1225 auch Marschälle, und müssen also das Amt mit dem Otto gemeinschaftl. gehabt haben.	Perldam.

Friederich v. d. Berge

Henrich		Johannes
Segeband	Gebhard	Heinrich
Segeband war Schenck 1334, 1368.	Segeband heisset u. war Schenck 1306, 1312, 1316.	Segeband war Schenck 1315, 1334.

N. Grote.

Otto 1190, 1204 Droste	Werner Droste	Geverd Droste
Otto		
Gebhard		
Otto, Gebhard war Droste 1336 Gebhard war Droste.		

1357 ſtehet um ein Stegel ſigillum *Waſnudi de Medinge*, Mareſchalci de Luneburg.

1336 S. *Gheuebardi* Drotſati Ducis de Luneborgh, und im Briefe 1337 Nos *Gheuebardus Grotemiles* dapifer illuſtrium Principum ducum de Brunswik et Lüneborch.

1334 S. *Seghabandi de Monte* dicti Pincernæ.

In einer alten Nachricht findet man folgendes:

1477 *Ludelue* vaine Kneſebeke Wernero et Maneke filiis ſuis X fl. Rhen. pro uno equo, quem ratione officii ſui camerarie ducatus Luneburgenſis poſtulabant a domino tempore introductionis ſue ſexta feria ante palmarum.

An. 1505 dedi XII. fl. fratri pro equo quem emi in locum illius quem dedi *Ludolpho de Kneſebeke* ratióne officii Camerarie, ſed videat ſucceſſor quo iure promiſit eum velle literis ſigillatis probare illum ſibi ac ſuis heredibus debere, ſed nondum literas vidi.

Dieſe Briefe könnte er nicht aufweiſen, daher die Abgabe unterblieb. Man ſiehet aber hieraus, daß 1336 die Erbämter für des Herzogs Bedienung; 1357 aber für des Landes Amt ſchon gehalten ſind, welches letztere aus der Notiz von 1477 noch deutlicher wird. Ferner da nur die Erbbeamte den Titel führten, wenn mehrere ihres Vornahmens da waren, und bei den von Kneſebecken ſich Vater und Sohn in den Sporteln theilten, ſo müßten eigentlich alle, die von dem erſten Erbbeamten herkamen, das Amt beſeſſen haben. So viel indeſſen die älteren Braunſchweig. Erbtruch-

ſeſſen

seffen, oder Drosten abgelahgt, Jo findet sich, daß bis 1315 immer ein Jordanus oder ein Anno, Dapifer gewesen, obschon nicht allemal allein. So folgen auf einander:

Jordan dapifer, frater Jusarii *de Blanken-burg,* 1158-1196. *Jordanus* Dapifer, frater *Jusarii Pincernae, Baldewini* et *Annonis* de Blanken-burg 1196-1219. *Anno* Dapifer 1200. *Jordanus* Dapifer, frater Baldewini de Blanken-burg vel Hertesberch (Herlingsberge) et Jusarii 1222, 1237. *Anno* Dapifer, frater Baldewini et Henrici 1224-1264. *Jordanus* Dapifer, 1252. *Jordanus* miles de Kampe Dapifer Henrici Du-cis 1296. *Jordanus* de Nendorpe Dapifer, 1296. *Jordanus* de Witmarshagen (de Campe) Dapifer Ducum de Brunsv. 1306, 1307, 1315. *Anno* Dapifer 1316. Und auf diesen *Ludgerus* de Garsenbuttel Dapifer 1319, 1322 etc. mit seinen Nachkommen (von Praun Mspt. §. 8.)

I. Die Braunschweigischen Erb-Hof-Aemter in den neueren Zeiten.

A. Das Erb-Marschall-Amt verwalten die von Oldershausen, nemlich Ludolf II. 1478, Henrich v. Ollershausen 1478, Bart-hold, Ludolf und Hans v. Ollershausen 1489, 1495, 1557, Adam, Thomas, Dieterich Hans, Rudolph, Barthold von Olders-hausen, 1569. Dietrich von Oldershau-sen 1643; Jobst Ludewig Adam von Ol-dershausen. Landbrost des Herzogthums Lauen-burg.

B. Das

B. Das Erb-Küchen-Meister-Amt haben in den ältern Zeiten bis 1315 fast immer ein Jordanus oder ein Anno Dapifer von Blankenburg verwaltet. Nach des Herrn Geh. Raths v. Praun Meinung ist es von dieser Familie auf die von Garsenbüttel gelanget. Schon im Jahr 1319 wird ein Ludegerus von Garslebüttel, der noch 1341 gelebt hat, als Dapifer nahmhaft gemacht; und nach deren Abgang ist dieses Erb-Hof-Amt an die ritterliche Familie von Honlage gelanget. Nach dem auch diese Familie mit Johann von Honlage 1514 ausgestorben war, hat Herzog Heinrich, der ältere dasselbe seinem Rathe Curd von Veltheim zum Lehn gegeben. Seit dem hat die gänze Familie der von Veltheim solches als ein rechtes Erb-Sampt-Mann-Lehn besessen; und Herr Josias von Veltheim, Chur-Sächsischer Kammerherr hat dasselbe 1746 vertreten. (Köhler p. 16-18.)

C. Das Braunschweigische Erb-Schenken-Amt ist seit der Regierung Herzog Heinrichs des Löwen beständig bei der Familie der von Reindorp, den Stamm-Vorfahren der von Campe, geblieben; und da sie so lange dieses Amt gehabt haben, so haben sie auch immer continuiret, sich Schenken zu nennen. Jn den Jahren 1223, 1231, 1235, 1259, 1251, war ein Zusarus an dem Hofe Herzogs Otto, des Kindes. Jm Jahr 1319 wird in einer Urkunde vom Herzog Ottone dargo zu Göttingen ein Jordan von Reindorp Pincerna als Zeuge angeführt, und das wird

wen derselbe vom Herzog Henrico Mirabili zu Grubenhagen als Zeuge genannt, wie denn auch unter
den folgenden abgetheilten Regierungen noch verschiedene von dieser Familie in den Urkunden erscheinen.
Etwas ausführlicher ist von dieser Familie §. 3. Abschnitt 2. des ersten Theils dieser Geschlechts-Geschichte gehandelt worden. Nebst den daselbst angezeigten
Schenken kommen vor:

Jusarius Pincerna, 1164. Jusarius Pincerna 1196-1212. Jusarius Pincerna 1223-1240,
welcher auch 1231 Cesarius Pincerna de Brunsvic
heisset. Jordanus Pincerna de Blankenburg 1237,
1238. Jusarius Pincerna et Lodewicus frater
1248, 1254. Jusarius Pincerna de Blankenb.
1251. Jordanus Pincerna de Nendorpe, 1289.
Lodewicus Pincerna de Nendorpe oder de Nendorpe Pincerna de Brunsvic 1273, 1300. Jordanes Pincerna de Nendorpe 1311, 1312, 1319,
1323. (von Praun).

Im Jahr 1458 war Henricus a Wen-
den von den Herzogen von Braunschweig Wilhelm
und Friderich, si forte familia Nendorffianorum
desinat, beanwartet; da aber jene Familie schon
1495 mit Johann von Wenden ausstarb, so ist
sie auch nicht dazu gelanget, sondern Henning von
Neindorf, ward 1569 von Herzog Julius mit dem
Schenken-Amte des Fürstenthums Braunschweig und
den dazu gehörigen vielen Gütern belehnet. Der
letzte von dieser Familie ist gewesen Carl Wilhelm
von Neindorf auf dem Hause Neindorf, Kö-

Cc   niglich

nigltch Preußl. Hauptmann, welcher 1744 gestorben
ist. Nachher ist damit belehnet worden der Herzogl.
Braunschw. Geheimde Rath und Regierungs-Präsident von Cramm; da sich aber derselbe dessen begeben, hat der Geheimde Rath von Schliestedt
dasselbe erblich erhalten. (Köhler p. 18, 19. Scheids
Anmerkung zum Moser p. 36, 37.)

D. Das Braunschweigische Erb-Käm-
merer-Amt

bekleidete Herewicus de Utessen 1247, 1248,
unter der Regierung Herzogs Otto, des Kindes, Iohannes dictus de Utessen 1282, 1301, bei Herzog Albrecht, Herwich 1322. Ottwar von Veltheim, 1495, Gerlach oder Gerloff von Forst,
Jägermeister, D. Joach. Mynsinger von Fron-
deck, 1569 Canzler Herzogs Julii. Mit dessen Söhnen Heinr. Albrecht, und Sigismund Julius gieng
dieser Stamm aus, worauf der Geheimde Rath und
Berg-Hauptmann Bartold von Rautenberg
das Kämmrer-Amt vom Herzog August erhielt, aber
desselben 1648, wegen Malversation nebst seinem Enkel verlustig erklärt ward. Mit diesem eingezogenen
Erb-Kämmreramte ward endlich 1656 der damalige
Kammer-Rath und Hof-Schenke, Fritz v. Cramm,
dessen Brüder und sämmtliche Vettern vom Herzog
August belehnet, wie denn noch 1746 Herr
Franz Jörge von Cramm zu Volkersheim,
Fürstl. Braunschw. General-Major und Commendant
zu Wolfenbüttel, dasselbe bekleidete (Köhler p. 19-22.)

§. 14.

II. Die Lüneburgischen Erb-Hof Aemter.

Deren waren nach der 1269 geschehenen Theilung anfangs ebenfalls viere, und zwar eben dieselben, wie in dem Braunschweigischen. Nachher aber ist das Erb- und Küchen-Meister und Erb-Schenken-Amt zusammen gezogen, und dagegen das Erb-Pörker-Amt eingeführt worden.

A. Von dem Lüneburgischen Erb-Marschall-Amte.

Mit diesem Erb-Hof-Amte ist seit Errichtung des Herzogthuums Braunschw. Lüneburg die Familie der von Meding beständig versehn gewesen. Schon im Jahr 1200 wird in einem Lünischen Kloster Briefe von Herzog Wilhelm eines Werneri de Meding als Marschalls gedacht.

Werner, Marschall 1271-1316. Werner, des vorigen Sohn 1317-1320. Werner, dessen Sohn 1321-1340. Wasmod I. dessen Sohn 1372-1397. Machovius, des vorigen Vatern Bruders Enckel 1376-1423. Wasmod II. Wasmods I. Sohns Sohn 1428. Jordan, dessen Bruder 1466, Heinrich 1488, 1493, Jordans Sohn. Heinrich, Wasmods II. Sohn, um dessen Schild in St. Michael in Lüneburg stehet: Na Christi Gebort 1500 des Mydewekens vor Petri vorstarf, Hinrik van Medingh der Herschop to Lnneborg. M. Wasmod, seines Sohnes Sohn 1499, von dem der erste Lehn-Brief vorhanden ist.

Herzog

Herzog Ernst zu Celle belehnte ihn mit diesem Amte 1532.

Franz von Meding bekennet 1549 daß er, als der älteste mit Zubehuf seiner Vettern, Levin und Carls, Gebrüdern, von den Statthaltern und verordneten Räthen zu Zelle, und verordneten Vormündern der nachgelassenen jungen Herrschaft weiland Herzogs Ernst mit dem Marschalck-Amte des Landes Lüneburg sei belehnet worden.

Henning von Meding empfing 1565 als der älteste, nebst seinen Brüdern, Heinrich und Johann, Franzens seel. Söhnen, und seinen Vetter, Wasmoden, Levins seel. Sohne von den Herzogen Heinrich und Wilhelm, Gebrüdern eben dergleichen Belehnung.

Nach Hennigs Absterben empfing 1580 Heinrich von Meding als der älteste vom Herzog Wilhelm, und 1594 von Herzog Ernst dieses Lehn.

Nach dem Tode Werner August von Meding, Land-Raths und Ausreiters des Klosters St. Michael zu Lüneburg ward von König Georg k Christoph Ernst, mit Einziehung seiner Brüder Joachim Friederichs, und Augusts von Meding damit belehnet, und seit 1738 ist Herr Georg Ludwig von Meding, Landrath und Ausreuter des Klosters St. Michaelis, der den 3ʒ Aug. 1766 verstarb, der Lehnträger dieses Amts gewesen. Ihm folgte der General-Lieutenant Ernst August von Meding.

B. Das lüneburgische Erb-Küchen-Meister und Erb-Schencken-Amt.

Von wem, und in welchem Jahre, diese beide Aemter sind vereinigt worden, ist noch ungewiß. Unter der Regierung Herzog Wilhelms war Segeband von dem Barge (de Monte) noch allein Erb-Schencke, nachher aber ist diese Familie auch zu dem Erb-Küchen-Meister-Amte gelanget. Im Jahr 1309 findet sich in einer Urkunde, wodurch Gerhard v. d. O-de me dem St. Michaelis Kloster eine Wiese bei Lüneburg verkauft, unter den Ritter Zeugen Fridericus Kokemester. Pfeffinger sagt in der Braun-schw. Lüneb. Histor. I. Th. p. 290. daß die von Lang-lingen Küchen-Meister gewesen sind. Diese starben am Ende des XVI. Seculi aus, und ehe die von Berge das Amt hatten. Im Jahr 1367 war Car-sten von Langeln Kockenmester und Johann Spörke Putteker (Landes privil. Herz. Magni in Pfeff. B. L. H. II. p. 1036.) woraus zugleich er-sichtlich ist, daß der Pütker weder Küchen-Mei-ster, noch Schencke gewesen sei.

Im Jahr 1535 begnadigte Herzog Ernst seinen Rath Dietrichen v. Berge, als den ältesten mit Zubehuf seines Vetters, Frizen von dem Berge, und ihrer männlichen Lehns-Erben mit dem Kocken-Me-ster-Amte und Schenken-Amte.

Im Jahr 1560 ward Wicke von Berge von den Herzogen Heinrich und Wilhelm, dem jüngern, und 1568, und 1571 Oswald von Bodendieck, und Albrecht von der Schulenburg als Vormün-

der,

der, wegen ihres Mündels Fritzen vom Berge, damit belehnet.

Weil mit diesem Fritz von Berge 1623 das alte adeliche Geschlecht der von Berge erloschen war, so ward 1624 das zurück gefallene Küchen- und Schenken-Amt vom Herzog Christian, Bischof zu Minden, Johann Behren, Groß-Voigten, Geheim-den- und Kammer-Rath, Drosten auf Ahlden, der schon 1613 darauf beanwartet war, verliehen.

Und als besagte Hof-Aemter an Herzog Georg Wilhelm wieder zurück gefallen waren, haben solche von demselben Friederich Behr, und dessen Bru-der Joh. Albrecht Behr, und deren männliche eheliche Leibes-Erben 1667, den 30. Jul. wieder zum Lehn erhalten.

Im Jahr 1728 den 30. Jul. wurden von Kö-nig Georg II. Joh. Georg Wilhelm Behren mit zu Behuf seiner Brüder, Adolph Dietrichs Christians, und seiner Vettern, Ludewig Frie-drichs, Rabe, Levins, und Ludewig Stats Behren, seel. Johann Albrechts Behren Söhne, mit beiden Hof-Aemtern belehnet, die 1742 an den Rittmeister, Herrn Adolph Friedr. Behr zu Stellicht gelanget sind. (Köhler p. 30, 33.)

C. Das Lüneburgische Erb-Kämmrer-Amt hat die adeliche Familie der von Knesebeck seit 1374 verwaltet, da Werner von dem Knesebeck von Herzog Albrecht zu Sachsen und Lüneburg da-mit ist belehnet worden. Aber vor 1374 gehörte das Kämmrer-Amt einer Linie von dem Berge, die sich

1293

1293 von der andern trente. Nro. XXVIII. Beil. Im Jahr 1303 komt vor Gebhard de Monte Pincerna.

Im Jahr 1564 belehnten die Herzoge, Heinrich und Wilhelm der jüngere, ihren Hofmeister Christoph von Kniesebeck, als den ältesten mit Zubehuf Achatius und Georgen, seiner Vettern, damit, und 1573 erhielt solches Jürgen von Kniesbeck vom Herzog Wilhelm dem Jüngern, wie auch 1594 vom Herzog Ernst.

Heinrich von Knesebeck, 1612 vom Herzog Christian.

Boldewin von Knesebeck, 1638 an statt und in Vollmacht Wärner Curdts, als damaliger Aeltester vom Herzog Friedrich.

Joachim Friedrich von dem Knesebeck, Land-Rath und Hofgerichts-Assessor 1690 vom Herzog Georg Wilhelm.

Thomas Heinrich von dem Knesebeck, Amts-Hauptmann zu Marnitz 1733.

D. Das Lüneburgische Erb-Pödker- oder Pütker-Amt.

Ehe das Lüneburgische Erb-Truchseß oder Erb-Küchenmeister-Amt mit dem Erb-Schencken-Amte war vereinigt worden, verwalteten ersteres die von Groten; nemlich Otto Dapifer, 1294, 1205, Werner, sein Bruder 1225, Gerhard, sein 2ter Bruder 1224, Gebhard des Ottonis Ur-Enkel bis 1320, Gebhard, dessen Bruder bis 1337. Beide Gebharde hatten Brüder, die das Geschlecht fortsetzten, und

der

der letzte Gebhard hatte einen Sohn, deſſen Söhne 1376 unbeerbt verſtorben.

Im Jahr 1379 war Werner von dem Berge Droſte, der bis 1381 lebte, und einen Sohn Segeband hinterließ, der nach 1422 ſtarb. Nach 1379 findet ſich keine Spur von dem einzelnen Truchſeß-Amte, ſondern ſtatt deſſen war das Erb-Pötker oder Pütker-Amt eingeführet worden. Aber noch iſt es nicht entſchieden, worin dieſes Amt eigentlich beſtanden habe. Anderswo iſt ſelbiges nicht gebräuchlich geweſen, als in dem Erz-Stifte Bremen, und in dem Fürſtenthume Lüneburg; es müßte denn ſeyn, daß der Buticularius darunder verſtanden würde, den du Freſne denjenigen nennet, cui buticularum vel potus cura demandata erat; aber das war ja ſchon die Function des Erb-Schencken. Das iſt gewiß, ſagt der ſeel. Scheidt in den Anmerkungen zu dem Cod. diplom. p. 36. daß aus demjenigen, was Pfeffinger von dem Pötker-Amte ſagt, niemand klug werden kann; denn T. l. Hiſt. Brunſ. p. 290. behaupte derſelbe, es ſei nicht das Erb-Schencken-Amt geweſen, und p. 97, 291, macht er es dazu. Indeſſen iſt ſchon 1367 Johannes v. Spörken an dem Hofe der Herzoge, Wilhelms und Magnus, Pötker geweſen; und 1403 ſoll deſſen Bruders-Sohn, Johannes, Erbherr auf Molzen, eben dieſes Amt verwaltet haben.

Hartman Spörke iſt 1526 von Herzog Otto und Ernſt. Johann Spörke 1529 von Herzog Ernſt, 1556 von Herzog Franz Otto, 1560 von

Herz

Herzog Heinrich und Wilhelm. Ernſt Spörke 1583 und 1594 von Herzog Wilhelm. Werner Spörke 1607 von H. Ernſt. Werner Herman Spörke 1666 vom Herzog Wilhelm damit belehnet worden, und 1737 iſt Herr Auguſt Ludwig, Frei-herr von Spörke dazu gelanget.

Da alle Urkunden und Lehn-Briefe von den ei-gentlichen Amts-Verrichtungen dieser Erb-Hof-Beam-ten schweigen, so komt es darauf an, wer am glück-lichſten iſt, die Bedeutung des Namens zu errahten.

Die verſchiedenen Auslegungen erzählt der seel. Köhler, p. 34-41. Einige derselben können hier nicht übergangen werden.

Der seel. Hofr. Scheid erkläret sich für die Mei-nung p. 36. l. c. daß das Pötker- oder Pütker-Amt der Herren von Spörke so viel als einen Kellner bedeute. In den Stiftern und Klöstern sei das Amt des Pater Groß-Kellners eines der ansehnlichsten Aem-ter, welches man ganz unrecht für das Erb-Schen-cken-Amt halten würde.

Andere glauben, daß unter diesem Pötker-Amte das Küchen-Meister-Amt (Dapiferatus) zu verstehn sei, dem die von Langlingen ehemals vorgestan-den, und deren Güter die von Spörken guten Theils besitzen. Püt oder Pott soll nach dieser Erklärung einen Topf, ein unentbehrliches Küchen-Geschirr bedeu-ten, daher der Pötker ein Ober-Aufseher der Kö-che, des Küchen-Geschirres und was dazu gehöret, ge-wesen sei. Dies war freilig die Function der Dapi-ferorum, der Küchen-Meister, Droſten und Truch-

Dd   sessen;

seſſen; allein daß das Hof-Küchenmeiſter-Amt, und Pötker-Amt zwei verſchiedene Aemter geweſen, verſichert der Schluß einer Brieflichen Urkunde vom Jahr 1367, da es heißt: *over alle deſſen Stücken und Deeghedingen hebbet geweſen - - Kerſten von Langleegne Kockemeſter,* und *Iobann Spoerke Pütteker.*

Ein anderer behauptet, der Name Pötker ſtamme zwar von Pott; aber hier bedeute dieſes Wort keinen Topf, ſondern überhaupt alle Gefäſſe, aus welcher Materie ſie auch gemacht wären, und alſo auch Weinfäſſer. Demnach wäre ein Pötker eigentlich eben ſo viel, als ein Bötticher, Bütner oder Faßbinder; aber es könne auch ein Keller-Meiſter, oder ein ſolcher Hof-Beamter darunter verſtanden werden, dem die Aufſicht über den Fürſtlichen Keller anvertraut wäre, welches Amt ſich für einen adelichen Vaſallen gar wol ſchicke. Aber hat man Exempel, daß adeliche Perſonen das Keller-Meiſter-Amt bei Hofe verwaltet haben? Pfeffinger macht den Pötker zum Ober-Schenken. Aber wenn dem die Aufſicht über den Fürſtl. Keller ſonderlich anvertraut geweſen ſeyn ſolte, was war denn die Function des Erb-Schenken? und würde nicht alsdenn der Pötker, Erb-Schenke, Ober-Schenke entweder einerlei ſeyn, oder der Ober-Schenke und Pütker hätte nur die Stelle des Erb-Schenken vertreten müſſen? Und alsdenn würde ſein Amt vielleicht auch nicht erblich, ſondern nur täglich geweſen ſeyn. Und wollte man unter dem Pötker nur einen ſolchen But-

Butigfer verstehn, der die Aufsicht über die Bu=
teln, Trink=Geschirr, Becher, Schalen, und
alles Silber=Geschirr, das zum Schenk=Tisch gehö=
ret, geführet hätte; so gehörte diese Sorge vielmehr
für den Silber=Cämmrer oder wol gar Silber=Diener.

Die Deutung des seel. Köhlers gehet dahin:
Pütken, oder pötken soll in der Nieder=Sächsischen
Sprache so viel seyn, als das Ober=Sächsische Ni=
pen, d. i. ein wenig kosten, ein klein wenig trinken;
eben das, was die Lateiner pitissare, degusta=
re, nennen. Daher wäre ein Pütker ein Wein=
Koster aber doch ein adelicher Beamter, der dem
Fürsten den Wein credenzet. Und da dieses von ur=
alten Zeiten her ein gar gewöhnliches Hof=Amt gewe=
sen; so sei es höchst glaublich, daß der Erb=Hof=Pü=
tecker den Lüneburgischen Herzogen bei feierlichen Gast=
malen den von dem Mund=Schenken überreichten Wein
zuvor credenzet habe. Diese Meinung scheinet auch
dadurch einiges Gewicht zu erhalten; weil in der Bre=
mischen Stifts=Matricul der Pütecker gleich auf den
Schenken folget. Ein rühmlichst bekanter Gelehrter
erkläret sich hierüber schriftlich also: Nach meiner Mei=
nung war der Truchseß der Aufseher über das ganze
Finanz=Wesen des Hofes, (schlug aber das nicht in
das Officium des Erb=Cämmerers?) so wie ehemals
dem Dänischen Reichs=Truchseß, dem Küchenmeister,
als Aufseher über die Victualien, dieselben zur Tafel
geliefert werden mußten, wie denn noch ietzt einige
Beamte in Mecklenburg den Titel Küchen=Meister
führen; der Pötker hatte für die Anschaffung alles

Ge=

Geschirres, und besonders der Trink-Gefäße zu sorgen, so wie der Schenke für das Getränke selbst sorg-
te. Der Pötker war also mit dem Oestreichischen
Erb-Land-Hof-Silber-Kämmrer zu vergleichen. Das
Credenzen ist in Teutschland nicht so üblich gewesen,
als in andern Reichen, wo man mehr von Vergiften
wußte. Pötker heisset nach der Natur der platteut-
schen Sprache ein Töpfer und überhaupt einer, der
mit Geschirren umgeht. Püttken kan Nippen
heissen, ist aber auch zugleich der Pluralis von Pütt,
ein Topf, und wird iezt Püttjen ausgesprochen. Man
pflegt einen geizigen Hausvater-Püttjen Riber zu nennen. In Güstrow am Mecklenburgischen Hofe war
im XIV. Seculo auch ein Pöttker; es läßt sich aber
die Beweis-Stelle nicht so gleich finden.
Aber in Schomackers Lüneburgischer Chronick
Nro. XXIX. und XXVI. wird ausser den von Estorp
auch der in Ersteigung der Stadt Lüneburg 1371 er-
schlagene Campe von Isenbüttel Pötker genant,
Balthas. Melzing heißt gleichfalls 1395 Pötker, nicht weniger der von Ostorp. Damals waren
ja schon die von Spörken mit diesem Erb-Hof-
Amte belehnet; und wenn erst genante Herren neben
den von Spörken dieses Amt zugleich verwaltet haben,
so müßten auch mehrere Pötker-Amts Geschlechter gewesen seyn. Das ist eben nichts seltenes, daß
zu gleicher Zeit verschiedene Personen, auch von andern
Familien, an eben demselben Hofe einerlei Hof-Aemter
verwaltet haben. Die Vorfahren des erschlagenen
Jans von Campe waren, so weit die Nachrichten

ten zurück reichen, sämtlich in gerader Linie Dapiferi, Drosten, Küchen-Meister gewesen; aber schon im Anfange des 14ten Seculi, nemlich 1307 war, wie bereits oben in der Anmerkung zum §. 3. des 2ten Abschnitts im 2ten Theile ist angezeigt worden, dieses Hof-Amt von der Campischen Familie ab, und auf eine andere gekommen; warum aber solches geschehn? und in wie ferne das Küchen-Meister-Amt mit dem Pütker-Amte entweder conner geblieben, oder vertauscht worden, so daß dieses da anfängt, wo jenes aufhört? das ist der Knote, der sich mit allem Nachforschen noch nicht völlig lösen läßt. Vielleicht hat der Erb-Pötker den Theil des Küchen-Meister-Amts verwaltet, der die Anschaffung der Victualien, Küchen- und Keller-Geräthe betraf, da hingegen der Erb-Küchen-Meister die Aufsicht über die Küchen-Bediente geführet hat. Und so können auch wol in mehrern Districten dergleichen Hof-Pötkers nöthig gewesen seyn; Wie das aber eigentlich zu verstehn sei? das müssen wir andern zur Entscheidung überlassen. Diese einzige Anmerkung des Herrn Geh. Raths v. Praun aus dem oft angezogenen Mspt. sei mir noch erlaubt beizufügen: es scheine in der Mitte des XIV. Seculi nicht mehr üblich gewesen zu seyn, sich von einem dergleichen Hof-Amte zu schreiben, sondern man habe sich mit den andern Zu- oder Geschlechts-Namen zu begnügen angefangen.

Dd 3   Anhang

Anhang
der Beweise und verschiedener ungedruckter Urkunden.

Num. I.

Conradi Episcopi Hildesiensis confirmatio resigna=
tae decimae in Gropelhorne, quam Balduinus
Miles de Blankenburg ecclesiae Steinhorstensi, in
praefectura Giffhorn, ad sustentationem sacerdo=
tis donat.

1244. Conradus Dei Gratia Hildesheimensis ecclesiae Episco=
pus vniuersis Christi fidelibus, ad quos hae literae perue=
niunt, in eo, qui salus omnium est, salutem! Notum
facimus omnibus, tam futuris, quam praesentibus, quod
Balduinus Miles de Blankenburg decimam in Gropelhor=
ne, quam ab ecclesia nostra iure tenuit feudali, in ma=
nus nostras libere resignauit - - - Nos igitur eandem
decimam nobis sine quaestione vacantem, cum sacerdos
deseruiens eidem non possit congrue sustentari, contuli=
mus ecclesiae Steinhorstensi, quatenus idem sacerdos
consolationem episcopalem et nos a Christo retributio=
nem perpetuam habeamus. Ut autem factum nostrum
nemini reuocetur in dubium, sed euidens sit et firmum,
praesens scriptum sigillo nostro apposito duximus munien=
dum. Huius donationis testes sunt ecclesiae nostrae ma=
ior Praepositus, Magister Geroldus, Hildesheimensis Ca=
nonicus de Verierforo, Johannes Dapifer noster dictus
de Suthem, Conradus de Embeke, Lippoldus de Stok=
ken et alii quam plures. Actum Poppenborg anno
MCCXLIIII, V. Jdus April, Pontificatus nostri XXIII.

Num.

Num. II.

Jordanus Miles dictus de Campe transactionem fa-
cit cum Patruo suo, Milite, eoque Alberti Ducis 1297
Dapifero de permutandis decimis in Bodendorp
et Blekenstede.

Nos Jordanus Miles dictus de Campe omnibus audituris hanc literam et visuris volumus esse notum, quod
cum consensu et voluntate bona heredum meorum permutationem fecimus cum - in Bodendorp et Blekenstede - quod
nos cum consensu heredum meorum dedimus dilecto patruo meo Jordani Militi Dapifero illust. Principis Alberti Ducis in Bruneswich, ac Luneb. decimam in Bodendorp cum omni iure suo Decima in Blekenstede c. omni
iure - possidendam. Vt autem hec permutacio rata maneat et
in mutabilis presentem literam sigillo meo fecimus roborari.
Testes vero sunt Johannes miles et Ludolph miles fratres de Hobenlaghe, Gheuchard miles de Berech-
velde et alii quam plures fide digni. Dat. anno domini
MCCXCVII. vi. Jd. maj.

Num. III. ex Archivo. St. Michael. Luneburg.

Anno famulus dictus Drohste dat Domino Georgio 1316
Militi, dicto longo dimidietatem decime in Bodendorpe.

Vniuersis presentia visuris vel audituris. Nos Anno famulus, dictus Drohste te cupimus esse notum. Quod
cum consensu et voluntate nostrorum amicorum heredum
damus Domino Georgio militi dicto longo dimidietatem decime in Bodendorpe cum omnibus iuribus ac pertinenciis, sicut ad nos spectat, et si indiget, ipsi plenam Waradiam pre-
stabimus & consuetam. In cuius rei testimonium sigillum
nostrum presentibus duximus apponendum. Dat. in Bodendike anno Domini MCCCXVI. in festo omnium sanctorum.

Num. IV.

Jordanus Miles Dapifer, senior donat Monasterio S. Michael in Luneborg dimidietatem decime 1319
in Bodendorpe. (ex eodem Archiuo.)

Vni-

Vniuerfis Chrifti fidelibus prefentia vifuris feu audituris,
Ego Jordanus miles dapifer fenior notum effe cupio. Quod Fridericus Pafteke cum fuis fratribus et ipforum progenitores dimidietatem decime in Bodendorpe
dudum a me et a meis progenitoribus iure poffederant
pheodali. Cum igitur dictum ius pheodi fit ad me folum
et ad meos heredes legitimos deuolutum, Ego confenfu
et ratihabitione omnium heredum legitimorum meorum
prefatum ius propter deum et ad Inftantias proborum virorum contuli Abbati et conuentui Monafterii S. Michaelis in Luneborg perpetuis temporibus poffidendum. Ut
igitur hec mea donatio propter falutem anime mee et parentum meorum rationabiliter facta firma perfeueret et
inuiolabilis figillum meum coram pluribus clericis et lai-
cis, militibus et famulis fide dignis prefentibus eft appen-
fum. Datum anno dominice incarnationis MCCCXIX.
v. Kl. Augufti.

Num. V.

1330   Anno Dapifer filius Domini Jordani totalem decimam quatuordecim manforum ad curiam ipfius in
Ysenbutle pertinentium vendit Conuentui Monialium in nouo Ysenhagen.

In nomine dei Amen. Ego Anno dapifer dictus de
Kampe filius dni Jordani dapiferi felicis memorie
ad ppetuam noticiam omnibus, quibus prefens fcripturam
oftenfum fuit cupio pervenire, quod totalem Decimam
quatuordecim manforum ad curiam meam in Yfenbutle
pertinentium vendidi in ppetuum pro decem octo marcis
in pfolutis Dno Wafmodo prepofito et Conuentui fancti
monialium in nouo Yfenhaghen cum omnibus fuis vtilita-
tibus et fructibus ac iuribus vniuerfis tam in campis quam
in agris ppetuo poffidendam. et renuntiaui expreffe et
renuntio per prefentes omni vtilitati et Juri quod m in
predicta decima qualucunque et vndecunque in campis
agris et filuis bon petebat et competere potuiffet in fu-
turo.

turo et promisi fide data et promitto per prefentes Dno. Prepofito et Conuentui predictis quod volo eos ab omni impetitione fi quidem ipfis ab aliquo mouere contigit de predicta decima legitime disbrigare et indemnes conferuare quandocunque id a me fuerit requifitum. Ad quod faciendum et fideliter complendum me ipfis obligo prefentibus literis figillo meo et figillis amicorum meorum Dni. Rodolphi militis de Garslebutle patenter et firmiter communitis. Huius rei teftes funt prefati omues qui figilla fua huic pagine appofuerunt et Widikindus dictus de Gasslebutle, magifter Conradus, vicarius apud fanct. Blafium in brunswic, Ludolph dictus de Withinge et filius fuus Johannes et alii quam plures fide digni. Datum anno domini millefimo trecentefimo tricefimo pridie Kalendas Marcli.

Num. VI.

Kauf Brief wegen des Zehenten zu Bodendorpe, den Heinrich und Jordan von Campe mit Confens ihrer Brüder an die von Guftede verkauffen.

1344

We Hinric unde Jorden Brudere gheheten vamme Campe bekennen openbare in desme breue vnder vfen ynsheghelen. Dat we hebben vorcoft - - den brüderen van Guzstede un eren eruen de lenwere des tegheden to bodendorpe met willen vn met volbort vser bruder vn vfer eruen - - also vfe vader en vs gheeruet heft. Vn scolen en des eyn recht were wesen wor se des bedoruen vn begherende sint. Vort mer tu eyner beteren wisneheit we Bertram Ludolf vn Cunrat brudere vamme campe bekennen des indesme suluen breue dat deffe cop deffes tegheden is gheschin met vseme willen vn volbort vn willen vsen brudern hinrike vn Jorden helpen rechte were wesen vor iordene vseme iunsten bruder vn vsen eruen vn wor de van guzstede des bedoruen. Dat deffe rede ewigch vn vnvorwandelt scal bliuen - des hebbe we vse ynsbeseghele

Ee   laten

laten ghegheket an deſen bref na godes bort druteyn
hundert iar in deme ver vn verteghesten iare in der weken vor sunte viti daghe.

Num. VII.

Aſchwins van dem Kampe Verkauf-Brief.

1345 Ek Aſchwin van dem Kampe bekenne openbariken
in duſſen breue alden de duſſen Bref ſen odder horen
dat ek hebe vorkoft Jane van Garsnebutle vn ſinen
brodern Bertolde vn Jurieſe vn Roleue vn eren
rechten Eruen enen hof in deme Dorpe to Eſſenrode
met aller nut alſo ekene vere hadde an Dorpe an Velde
an holte an weyde, deſſen vorbenomenden Houes wil ek
ere rechte were ſin vor allerleye Anſprake vn dat duſſe
ding en ſtede vn vaſt gheholden werde ſo hebe ek en duſſen bref beſeghelt mit mineme yngheſegle, duſſes vorbenomenden Kopes des ſint tughe Gunſelin Droſte iunge We-
dekint van Garsnebutle vn lippolt Boterek vn ſin ſone
Lippolt. Deſſe bref is ghegheuen na der bort ghoddes
duſent iar vn drehundert iar in deme viue vn verteghe-
ſten iare des donnerdaghes na mit vaſten.

Num. VIII.

Heinrich und Ludolff Brüder von Wenden verkaufen an die von Gersnebüttel 2 Höfe zu Iſenbüttel.

1350 We Hinrik und Ludolff brodere gheheten van Wenden Knechte ichtes wanne hern Hinrikes ſone van Wenden redderes bekennen openbare in diſſen ieghenwor-
dighen breue vor alle den di ene ſen ider leſen, dat we
mit gudem willen hebben verkofft to rechtem Kope Lu-
degere deme Drozten vn Jane vn Bertolde van
Gatsnebutle broderen vn eren eruen twene houe in
dem dorpe to Yſenbutle, vn eynen hof in deme dorpe
to Kaluerlaghe, vn eynen hof in deme dorpe to Allers-
butle - - - des einer betughinge - ſo hebbe we en diſſen bref gegheuen, de beſeghelt is mit vſen ingheſeghlen
vnde is gheſchen na ghoddes bort Duſent iar drehundert

iar

Iar in deme viftigheſten iare des anderen Sundaghes in der Vaſten wanneme ſinget reminiſcere.

Num. IX.

Reſignatio decimae in Iſenbüttel.　　　　　　　**1368**

Deme edelen Vorſten vnſeme gnedeghen heren hertoghen Alberte hertoghen to Brunsw. un ouer Wold - - Jan, Anne un hans brodere gheheten van deme Campe ere un deneſt to allen tyden berede - - de lenware des teghenden des landes dat to deme houe to yſenbütle hort un ouer alle land dat to ten houen höret de den van Garſenbütle weren, de we van juwen Gnaden hadden to lene de gheue we gik up to des cloſters hand to yſenhaghen un bidden gik denſtliken dat gi de lendere des teghenden der vorbenomeden Stücke en willen eshenen dorch God un vnſes Denſtes willen weret dat gi des nicht en deden so en is vnſe up ſend - - nicht. In eyne betüghniſſe deſſen vore ſcreuenen - - ɛo hebbe vnſe ingheſeghele ghehenget an deſſen bref dat. in anno domini MCCCLXVIII in die - - virginis.

Num. X.

Schenkungs-Brief wegen einer Mühle an die Kirche zu Steinhorſt.

Wy Henrick vnde Wyger brodere geheten van　　**1372**
dem Kampe bekennen openbare in diſſen breue vor uns vnſe erven umde vor allesweme de enne seen edder hören leſen dat wy dorch vnſer Oldern unde vnſer Zele Zaleheit geuen dem Ridder ſunte Gürgen der Kerken tor ſteinhorſt unſe Queren Molen darſulues vnde eyne katen darby vnde alle dat dat to horet in velde in wischen un myt aller gerechticheit nütte, vnde tinſe ſyner Kerken vnde dar nene ansprake mer an to doende wy vnde alle vnse Eruen de nu rede gebaren ſint vn noch gebaren moten werden, dat loue wy vorbenompte Broders den Ritter ſunte Yurgen Stede vn vaſte to holdende vnde ſodane molen nicht wedder to eschende sondern ewichliken by

funte Yurgen to blyuende. Dat alle unse Olderen un alle
unse Eruen Zele mogen delhaftich werden der guden
Werke de dar scheen an syner Kerken an Miſſen Beden
an allen guden Werken to den leuen Gade to bedende
düſſer milden Gauen eyner getuchgeniſſe hebbe wy
vorgemelten Broders unse ingesegel wittliken an duſſen
Brefft heten hengen na Chriſti unſes heren Gebort dri
teinhundert in dem twe vnde seuenegſten Jare an dem
hilligen Dage ſancti Gegorii des hilligen Marteleres.

Num. XI.

1261   Arnolds von dem Lohe Stifftung einer Capelle zu
1302   Bordenau.

Ick Arnold von dem Lohe bekenne vor my un mine Eruen de ſe find un hernahe to ewigen Tiden wáſen
möget, dat ik hewwe tho dei Ehre der Moder Goddes
eine Capelle tau der Bordenau gebawet un einen Vicarien darin beſtellet, dat dey ſchal vor mine Seele aller
miner Vorfahren un aller miner Naſolger Seelen alle tit
den leſten Fritag in Monate ock tau dey ver Tjede alle
Feer tage firen un vor uſer aller Seelen Vigilien un Seel
Meſſen leſen in Andacht eine Stunne des Tages tau der lewen Moder Goddes Been un dat uſe Seelen in den Him-
mel genommen un nich gepeiniget wäret. davor ſchal
uſe Vicarius einen frien Hoff un drey Häuſe Lannes un
TeinFeuer GrasesTeget un Schatt frieen-hewwen darto ok
einen Garen von veir Acker Lannes, dat hewwe eck von mi-
nen ſchlote tau der Bordenau in dei Ehre de Moder Goddes
gegewen, ock ſchallen un willen mine Veddern to Luch-
huſen dei Capelle ohnbegiffet ſich laten. Dagegen
ſchal uſe Vicarius wen wie det begehren, bowen dei
Tien us Vigilien un Miſſe leſen un wen dei verſtarfft
oder aftöge ſau ſchal hei dat Lehn mit 20 Rienſchen Gul-
len verbetern un ſolckes bi der Belehnung anlowen. Wo
den dat Herr Dirick Polle den ick tom Vicarien beſtellet
angelowet hefft un dei Kranken to beſoucken un ober ſei
dei

dei Miſſe to hohlen nicht verwegern ſchal un wat tau
einen truen Vicarier mehr hört.   Duſſen Breiff heff ick
verſegelt in Jahr MCCCII. an des hilgen Marterers Ste-
phans Tage.

Num. XII.

Arnolds von Dom geheten von Campen Donation 1306
an die Capel e zu Bordenau.

Ick Arnold von Dom aaders geheten von Campen,
Dircks Sohn eines Ridders bekenne und betüge mit
düſſen Breſe, dat ick in dei Ehre der hilgen Marien bi
miner Veddern Capelle to der Bordenau geven heſſe
eine Huſe Lannes oſtwerts belegen. Davor ſchal der Campen
Vicarius Mi un Herr Dircken un Gotſchalk von
Campen to alle vier Tien eine Miſſe ſingen un ſune
Naſolger dei Hauſe Lannes Schat un Teget frie hewwen,
aſſe ick un mine Erwen ſei alletit Schat un Teget frie
hat hewwet.   Dat to der Nachrichtung hewwe ick min
Jngeſegel an düſſen Breif hanget, dat ſchein is in Jahr
1306 am St. Thomas Tage.

Num. XIII.

Auszug aus Lindenblatte geſchriebener Chronick in dem 1391
continuirten gelehrten Preuſſen 1725. p. 36. 47.

Anno Domini XC. primo (1391 uff deſſe Czit wart ge-
cköpt zu Dompnow Her Otto von Kampen, der
eyn gewones apt was von Lünenburg vor ſenthe Michael,
der hatte eyne ſin herſchafft das nymant wuſte woler
was gebleben, unde was lange Czit zu Pruſſin geweſt
mit dem Wibe, und als her von erſten quam yn dat
Lant, do wart her Glockner czum Tyrgarthen und
wart dornach hoffemeſter czu Merckelshoſe unde - -
- - - dornach czug her ken frodelant unde
melczte und arbeite als ein arm Man unde hatte eyn ey-
gen huſs do gekaufft unde kauffte deme komphur von
Brandenburg getreide yn als ſin dienſt, und uff eyne
Czit als Got nicht lenger vorhangen wolde, wosen geſte

in deme Lande den is vormelt vvart, die hulffen im zu
dem tode, das her gericht vvart als her vvart funden.

Num. XIV.

1573

Copeil. Auszug aus einem Fürstl. Vertrage auf die
Kirche zu Bordenau, so Herz. Erich und Lulff
von Campen eigenhändig unterschrieben.

Betreffendt die Capelle zu Bordenau, wiewohl Lulff von
Campen Vorfahren Sehl. dieselbe lange zuvor, auch ehe
weyl. unser Seel. geliebter Herr Vetter (Vater) Hochlöbl.
Gedächeniß den Poggenhagen unter andern derer von Campen Güther in Sitz bekommen, nicht verliehen; jedoch weil
er gleichwohl darüber ietzo seine Gerechtigkeit mit unverletzten
Siegeln und Briefen dargethan, sich auch in andern Puncten
aller Schicklichkeit erbothen; so haben wir solche Gelegenheit und seine Unterthänigkeit angesehn und ihm hinwieder
solch sein ius conferendi mit Gnaden eingeräumt und über-
geben, thun auch solches hiemit vor uns und unsern Erben
und Nachkommen dieser Gestalt, daß er den ietzigen von uns
dahin präsentirten Pfaar Herrn alda unentsetzet will bleiben
laßen, doch ietzo von demselben seine habende präsentation
empfahn und dagegen ihm seine investituram mit theilen und
geben - - - und also ferner bei uns und unsern Erben das
ius confirmandi in alle Wege stehn und beruhen soll, ohne
alle Gefehrde.   Anno 1573. d. Febr.

Herzog Erich
Lulff von Campen?

Num. XV.

1291

Otto Dei gratia Dux de Bruneswic et dominus in
Luneborg omnibus has literas inspecturis salutem in domino. Quia necessarium est ut acta presentium scriptu-
rarum testimonio perhennentur ne cum cursu temporis
a memoriis temporum evanescant. Igitur nos recognoscimus volentes rationabile factum nostri dilecti domini
Hartvvici prepositi et totius sui conventus in Medinghe
ad noticiam posterorum peruenire quod nos habito Con-
silio

fillo dilecti noſtri patrui venerabilis domini Conradi Verdenſis Epiſcopi et noſtrorum conſiliariorum cauſa utilita-
tis noſtre eidem prepoſito et ſuo conventui unum chorum
ſalis & dimidium chorum ſalis in ſalina Luneborch in domo Montſinghel in quolibet flumine tollendum reſigna-
uimus pro aliis bonis equiualentibus in dicta ſalina titulo
permutationis in perpetuum poſſidendum nobis heredibus
et ſucceſſoribus noſtris nichil iuris in eisdem reſeruantes.
Preterea Warandiam et defenſionem dictorum bonorum
in perpetuum preſtabimus eccleſie memorate. Et ut hec
dicto prepoſito et ſue eccleſie pariterque ſuis ſucceſſoribus
a nobis heredibus ſucceſſoribus conſiliariis aduocatis noſtris
inuiolabiliter et perpetualiter obſeruentur. Nos et noſtri
Conſiliarii infraſcripti ſcilicet Thydricus de Monte
aduocatus noſter Gheuehardus. Heynricus fratres de Monte.
Wernerus de Medinghe Mareſcalcus noſter Thederic. de Al-
tene. Boldevvinus de Bodendike fidem preſtitimus
manualem, nos etiam Conradus verdenſis eccleſie epiſcopus
recognoſcimus publice proteſtantes quod preſentialiter
interfuimus permutationi jam predicte habite inter eccle-
ſiam medinghe et illuſtrem principem Ottonem patruum
noſtrum ducem de Brunſvvich, ad evidentiam huius facti
ſigillum noſtrum ad preſentem literam ſigillatam ſigillo
eiusdem patrui noſtri Ottonis duximus apponendum.
Acta ſunt hec anno domini MCCLXXXXI. in die ſancti
Viti preſentibus viris honeſtis et diſcretis.

Num. XVI.

Boldevvinus. Wernerus. Johannes. Bol 1286
devvinus dicti de bodendike omnibus ſalutem in
ſalutis autore. Ad noticiam peruenire uolumus tam ad
preſencium quam ad futurorum Quod nos pari conſenſu
et bona voluntate quidquid iuris in decima uilſe hasle ha-
bere dinoſcimur eccleſie ſancte marie nec non ſancti mau-
ricii in medinghe donamus propter deum per preſentes
literas libere reſignando, ut autem noſtra donatio volun-
taria

taria maneat ftabilis et inconuulfa noftris figillis duximus confirmandam. acta funt hec An. Domini M. CC. LXXXVI: hartvvico, prepofito eandem ecclefiam procurante.

Num. XVII.

1317 Ex I. H. Büttneri collectione virorum cum clericorum tum laicorum nobilium et ignobilium, qui teftes adhibiti fuere in Diplomatibus antiquioribus. (Ex Copiario Monafterii Ebbekeftorpenfis).

N. 24. Albertus Bokmaft et Johan Wreftede milites Dietericus Bokmaft et Hinricus Ottersleue famuli atteftantur quod Ermegardis Conradi iunioris de Boldenfen famuli uxor Dn Henrico Praepofito et Conuentui Ebftorfienfi dotalitiam fuam (Leibgebing) quae fuit curia in villa Bolzen cum 3 m denar. Luneb. et 9 menfuris filiginis cefferit praefentibus Ottone von der Schulenburg feniore Henning van Badendik Ioh. Bockmaften famulis Bernhard Brufchen Johanne Stein Bernhardo Vilters Frederico van Roderfen Confulibus Urbis Ulleffen.

N. 37. An. 1318. in die b. Martirum Thebaeorum Johannes de Melzing fenior Johannes et Henricus fratres b. Hinrici v. Melzing Equitis filii vendunt Nicolao Praep. et Conv. Ebftorf. Curiam etc. in Eftorpe cum omnibus attinentiis pro 55 marcis denariorum Luneburgenfium manuali fide praeftita a Fred. Spörken, Johanne de Merica Bukmaft, Bernhardo et Hinrico de Remftede, Henningo van Badendick.

N. 50 Henning, Anno, Conrad, Baldevvin et Werner fratres de Badendicke beati Werneri Equitis filii donant Monafterio Ebftorff villam Lindedhe propterea quod forores fuas Margaretam et Gyfelen affumferant in Monafterium. Anno 1320 in craftino B. Jacobi apoftoli. Praefentibus Johanne v. Badendick patruo eorum, Wernero, Conradi fenioris et Warnero Conradi junioris de Bol-

Boldenfele et Annone et Baldewwino præfentibus eorum, et tandem Johanne de Badendick.

N. 102. Johannes et Henricus fratres de Meltfin-
ge, filii domini Henrici quondam militis dicti de Melt-
zinghe permutationem faciunt cum Domino Nicolao Praep.
Ebstorfienst unius Curiæ in Ebstorp antiquo, quam inhabi-
taverunt et 2 casarum ibidem etc. pro 3 curiis in Retfin-
gen cum decima totali earundem &c. et promittunt ho-
nestis viris et famosis Dn. Prepofito jam dicto et Dn. Sege-
bando a Wittorp et Dn. Wedekindo Protonotario etc.
cum compromissoribus Ioh. de Meltsinghe patruo ipsorum
et Bernhardo de Remstede avunculo nec non et Johanne
Wresteden famulo Boldewino de Bodendicke
Thyderico de Eldinghe Dat. 1328. in Oct. paschæ.

N. 153. Anno, Boldewinus et Werner fratres, Iohannis Equitis de Badendike filii cum consensu patris
sui vendunt Nicolao Praep. Ebstorf. 8 curias in villa Stadorp cum omnibus juribus inprimis Advocatia &c. pro
285 Marc. denar. Luneborgens. warandantibus avunculis ipsorum Wernero, Conradi senioris, et Wernero,
Conradi junioris filiis, Equitibus, v. Boldenfele.

N. 154. Henningus eques et eius filii Anno et Boldewin samuli de Badendick vendunt Hildemaro de
Odeme 7 curias in villa Stadorp ad aquam Swinow pro
140 marc. Luneb. denar. sub conditione reluitionis An.
1320 feria 3 post diem Palmarum. Compromissores
funt vvernerus de Boldenfele, Ioh. de Merica
ad manus Henningi &c. supradictorum uti et Dni Gode-
fridi militis, Gevehardi et Gerhardi dictorum de Odem et
Thyd. dicti Gyz famulorum.

N. 155. Iohannes de Badendik miles cum
consensu filiorum suorum Annonis, Boldewini, et Warneri vendit Præpofito Nicolao et Monasterio in Ebstorp
Curiam in Stadorp Ao. 1321. in die S. Ioh. Bapt.

N. 163. Anno et Boldewin fratres, Iohannes de Badendick militis filii cum confensu patris, et fratris Werneri vendunt Nicolao Praepofito et Monafterio in Ebftorpe 3 Curias in Wefterweynde: compromiffioribus Dn. Ioh. de Badendick, nobili viro Dn. Conrado v. Boldenfele et Bardamo de Knefebeck &c. Anno 1317 die B. Nicolai.

Num. XVIII.

1371

We Wedekind Ludingher und Sander deffulven Wedekindes Sone alle gheheten van Garfenbutle Knapen bekennen openbare - - dat vve mit endrechticheyd und mit vulbord alle unfer eruen vorkopen to eyneme rechten evveghen Kope unfen groten Sedelhof in deme dorp to Edzenrode mit twen Kempen uppe deme woften Velde daran fin twene und drittich morghen landes teghet vry by der Suderwifch twene und dryttich morghen landes teghet vry uppe deme Dyftel Kampe twolf morghen landes teghet vry. und uppe deme herze campe twintich morghen landes teghet vry de Suderwifch de Stummelwifch und ver deyl in der deylwifch. und de Syuerde wifch un wat dar to horet und dat holt bouen deme herze Campe dat holt twiffchen deme woften Velde und deme Dyftel Kampe dat holt bouen deme vvoften Velde und twene Achtword in deme Kleye und mit aller nüt und rechte im Dorpe -- Alfe wy one befetten hebben rowelïken wente an deffen dach und unfe Vader gheeruet heft Jane vamme Campe ver Ylfeben finer hülsvrowen und eren eruen un on to trüwer hand Pardeme vamme Knefebeke Otrauene van Wenden und Hanfe vamme Campe vor dre und drittich lodeghe Mark Brunfwiker wichte und witte de uns rede deghere un al betalet fint - ok fcholle we und willet on helpen to den heren wes we moghen dat id on ghelenet werde. vortmer do we Afftichte van deme Gode dat we und alle unfe eruen neyne Anfprake dar mer an hebben fcholen -- Datum Anno Dni M.CCC.LXXI. in octaua Epiphanie Domini.

Num.

Num. XIX.

Ego Jordanus Dapifer ... nobiliter ... Vniuerso- 1291
rum volo pervenire quod filiis nobilis viri Annonis de
Heimborg pie memorie quondam commorantis in Tzellis
videlicet Henrico Herwico Conrado et Annoni dimisi decimam in burge decimam in Ridesto Decimam in Hareo-
bapst et Decimam in parvo Helen sub hac forma et diclas
Decimas possideant eo iure quo avus ipsorum Henricus
miles de Oesingen clare memorie ipsas possedit temporibus vite sue. Nihilominus ipsos remitto ad Nobilem
virum Ottonem Comitem de Welpia a quo diclas decimas in pheodum renqi et ab eodem inpheudentur de decimis memoratis. Huius rei testes sunt Baldewinus de
Wenden Henricus de Wenthen, Johan de Escherte, Henricus Honhorst, Kanno milites ac Ludolphus Honhorst.
Ad cautelam abundantem sigillum meum duxi presentibus
apponendum. Datum Brunswig An. MCC.XCI. XII.
Kal. Augusti in die B. Praxidis Virginis.

Num. XX.

Nos Jordanus Miles et Marschalcus de Cam- 1292
pis et Henricus de Campis et Bodo de Campis
fratres. Vniuersis notum esse volumus per presentem
litteram roboratam appensione sigilli nostri nichilominus
protestantes quod nos reliquimus filiis domini Annonis
de Heinborg beate memorie quondam commorantis in
Tzellis videlicet Henrico Herwico Conrad Annoni decimam in Luffge et decimam in Ryderle et decimam in Ha-
reohorst et decimam in parvo Helen eo iure quo Henricus miles de Osinge habuisse dignoscitur ipsos quidem
supradictos filios domini Annonis nos remittentes quo
etiam Dn. Jordanus Dapifer remittet ad Dominos nostros qui
porrigent decimas memoratas. Testes vero huius rei sunt
Dni Johannes miles de Escherde, Ludolfus de Hohnhorst dat.
An. Inc. Dn. MCCXXXXXXII. Kal. Aug. in die Praxedis Virg.

Num.

(Diefer ist verhanden ... gedruckt ... Bur-
... Ln. Hift. II. 1064. Aber die Jahrzahl scheinet nicht recht angegeben zu seyn, und muß wol 1292 heissen.)

1245

Bernhardus et Adolphus Comites de Dannenbergk. Ne quod rationabiliter gestum est dubium fiat uel oblivioni forsitan deleatur non inutiliter scripti memoria et lingua testium introducta est. Noverint igitur presentes pariter et futuri quod nos intuitu remunerationis eterne nostrorum in remissionem peccatorum jus pheodale quod de Isenhagen habuimus pro petitione Domini nostri Ottonis Ducis in Brunswic in manus ipsius ad edificandam domum monachorum Ordinis Cysterciensis resignavimus liberaliter et libenter et hanc resignationem in monasterio Ullessem publice nos fecisse presenti littera et sigilli nostri testimonio profitemur. Huius rei testes sunt Conrad. Comes de Welpe. Conrad de Haldenstede, Geuchard de Moldessem Nobiles. Johannes de Bodendick, Otto Magnus de Luneborch et Wernerus de Zwerin fratres, Winandus advocatus de Cellis. Ministeriales nostri et alii quam plures acta sunt hec Anno MCCXLV.

Num. XXII.

2205

Nos Otho dux de Brunswick et de Luneborgh recognoscimus in his scriptis quod cum karissimis avunculis nostris Alberto et Erico ducibus Saxonie unionem concordiae inivimus sub hac Forma quod a festo S. Michaelis proxime nunc venturo ad triennium propter nullam causam nec propter aliquem erimus inimici nec aliquod damnum vel periculum eisdem de Terra seu munitionibus nostris in quantum precavere poterimus ab aliquo fieri permittemus. Ut autem hec premissa firmiter observentur. Nos una cum militibus infra scriptis promisimus fide data videlicet Geveherdo et Henrico de monte Walmado de Knesebeke item Johanne et Wernero de Bodendike militibus et Domino Henrico de Wendhen item Ottone Barvot, Henrico Ryben Wernero de Medinghe Gerhardo de Odem et Conrado de Estorpe militibus promisimus etiam premissa fide quatuor militibus supradictis Geveherdo scilicet de monte Q. Beaehen Hinric

...tibo de Parlantront Wasmodo de Knesheken firmiter
observare quidquid super omnibus caufis inter nos venti-
latis five ventilandis ordinaverunt faciendum. In cuius
rei teftimonium Sigillum noftrum prefentibus eft appen-
fum datum Eyclinge anno gratie MCCCIII. in die omnium fanctorum

Num. XXIII.

Nos D. G. Otto Dux Brunfwicenfis et Luneburgenf. 1290
recognofcimus prefentibus publice proteftantes quod Ho-
nefto viro Henrico de Veltftede Civil Brunfwicenfi et
fuis variis heredibus venditionaret dimifimus pro centum
et quinquaginta marcis puri argenti ponderis Brunfwicenfis duos Choros falis omni flumine in fulta Luneborg in
quatuor fartaginibus fitis in domo que dicitur Volquar-
dinghe iure hereditario perpetuo poffidendos ita ut ipfe
fuique heredes legitimi hiis iugiter fruantur bonis eo iure
quo ad Nos pertinebant, nullus enim de hiis cenfus dabi-
tur feu exactio aliqualis. Praeterea fi nos quod abfit
contigerit cum dilectis noftris Patruis Ducibus de Brunf-
wich feu cum quocunque alio difcordare nichilominus
idem Hinricus aut fui Heredes dictorum reddituum pro-
ventus recipient omni impedimento procul moto. Si
vero defectus quis dicto Hinrico aut fuis Heredibus fub-
ortus fuerit in premiffis pro ipfa fubplendo nos una cum
noftris Militibus infra fcriptis domino Eckardo de Boy-
neneborg Domino Werzero de Medingh Domino Afini-
no de Saldere ad octo dies prehabita monitione Tiellis in-
trabimus inde nos exituri donec dicto Hinrico aut Heredibus, de defectu huiusmodi fuerit fatis factum. Idem
Dominus Thidericus de Althen Honovere iacebit Das
Thedericus de Walmoden intrabit Lichtenberg aut Inde-
ginem Dn Ludolphus de Cramm Hildenfem Lichtenberg aut
Indaginem Dn. Boldewinus de Boue adike Villeffen
aut Bodendike intrabit Dn. Ghevehardus & Dn Hinricus de
Monte dicti Luneborg intrabunt obftagio ad iacendum.
Dicti vero milites noftri quamcunque iftorum munitio-

Ff 3

230

cum prsentibus ingressi fobutet tiffe non existat cuidodit
Henrico aut suis Heredibus fuerit plenarie satisfactum.
Adicimus cum hoc. quod si prescripta bona reemere de-
crevimus a proximo festo nativitatis B. Johannis Baptiste
dehinc adunando infra tempus illud hoc reemere possi-
mus pro prescripte peccunie quantitate. Hec autem
omnia quemadmodum sunt prenotata sepedicto Henrico
et ipsis heredibus seorare inviolabiliter promisimus fide.
data una cum nostris militibus prenotatis hiique Milites
sunt huius rei testes. In evidentiam etiam pleniorem
prenominato Hinrico presens contulimus scripturam nostri
sigilli munimine roboratam. Datum Lunchurch Anno
Domini MCCLXXXIX in die Paschatis.

Num. XXIV.

1263   Dei Gratia Albertus et Johannes Duces de Brunes-
wik omnibus hoc scriptum cernentibus salutem in Domino, recognoscimus tenore presentium quod cum nos
gravati multis debitis peteremus dilectos burgenses nostros in Luneberch et alios Bona in Satina nostra ibidem
habentes ut in subsidium solutionis debitorum nostrorum
quatuor marcas puri argenti de singulis saraginibus nobis darent sine quorum adjutorio a tam gravi debitorum
onere non poteramus absolvi quia nos dictos Burgenses
nostros qui nobis sicut et nostris Progenitoribus semper
benevoli in necessitatibus extiterunt in admissione huiusmodi petitionis nostre voluntarios invenimus et paratos
ut ipsi nobis dictam summam favorabiliter dissolverent.
Nos eis vicissim parcere volentes talem ipsis eorum exi-
gente benevolentia concedimus libertatem quod si nobis
imposterum incumbat similis necessitas talis petitio sive
exactio hactenus inaudita contra ipsos nec per nos nec
per heredes nostros attemptabitur allo modo. Ut eorum
hec libertas a Nobis concessa dictis Burgensibus solidis
rata imposterum et firma permaneat presens scriptum si-
gillorum nostrorum appensione munitum ipsis dari iussi-
mus

mus ad cautelam. Huius rei teftes funt. Conradus de Dorftat. Luthardus de Meinerfen Nobiles. Baldewinus de Campo. Baldwinus de Wenethen. Henricus de Wreftede. Jordanus Pincerna nofter. Fridericus de Nendhorpe. Heinricus de Heinborch. Heinricus de Borchdorpe. fideles noftri Otto magnus. Hunerus de Odem. Wernerus de Medinge. Ecgehardus Scacko. Lippoldus et Tethardus fratres de doren. Fredericus de Movle. Otto de Boyzeneborg. Euerardus de Odeme : fideles noftri. Item. Gherardus nipere. Hogerus de promerio. Ricbernus Bernardus Sabel. Godehardus. Volcmarus de nouo foro. Wicbernus Paron. Hoierus Stufe. Johannes Todonis. hogerus albus. Lodingerus confules. et alii quam plures. Datum Tfellis per manum prepofiti hinrici. Anno dni. M. CC. LX. III. in die beati vitalis.

Eben diefe Zeugen find in einem gleichlautenden Documente der Herzoge Dat. Lubeke Anno Dni. M CC LXIII. in octava apoftolorum petri et pauli. Es ift daffelbe in des Herrn Hofrath Jung Abhandlung de iure falinar. fylloge Docum. fect. II. n. V. p. 80. feq. aus dem Original angeführet.

Num. XXV.

In nomine fancte et individue trinitatis. Mechtildis 1267 dei gratia. Duciffa de Brunefwich omnibus in perpetuum. Quia diutina temporum vetuftas rerum geftarum obliuionem inducit multotiens et errorem confultum utique fore nullus ambigit fane mentis ea facta quorum memoria utilis eft, et neceffaria priuilegiorum teftimonio confirmari. Prefertim, ut quod rationabiliter ordinatur a prefentibus non poffit a fubfequentibus irritari. Omnibus igitur tam prefentis, quam futuri temporis, fidelibus, volumus effe notum. quod dilecti burgenfes noftri in Luneborg. diligentes honorem ac libertatem ciuitatis ipforum multis nobis petitionibus inftiterunt, ut

etiam

etiam fummam pecuniae acceptaremus et daremus proprios homines noftros, quoscunque in ipfa ciuitate Luneborg haberemus, a proprietate liberos et folutos.
Nos itaque cum rationabiles eorum preces femper exau-
dire in omnibus, que honorem ipforum refpiciunt inten-
damus, ad petitionem eorundem Quinquaginta marcas
argenti acceptantes, de pleno filiorum noftrorum, Alberti. Johannis et Ottonis. et filiarum noftrarum confenfu, vniverfos proprios homines. tam mafculos, quam
feminas. quofcunque modo eos, fiue ratione patrimonii,
fiue ratione aliorum bonorum noftrorum in ciuitate Luneborg manentes habemus, filios quoque et filias ipforum fi quos progenuerint, nec non et omnes eorum fuc-
ceffores, ab omni feruitute et proprietate, liberos dimit-
timus et folutos. dantes eis per omnia et perpetuo inte-
gram libertatem, ita quod nec nos, nec filii noftri. nec
filie noftre. neque aliqui fuccefforum noftrorum, quicquam
juris, in ipfis de cetero habeamus. neque in herrueda. neque
in Rade accipienda nec in aliquibus bonis ipforum, fed tota-
liter liberi fint a nobis. Ne igitur hec donatio libertatis, a
nobis publice celebrata, ab ullo heredum, vel fuccefforum noftrorum, mutari valeat vel infringi prefentem pa-
ginam inde confcriptam in augmentum fidei et teftimonium veritatis, figillo noftro, fecimus roborari. Huius
rei teftes funt. Olricus Comes de Regenftene. Ludolfus. Comes de Hairemunt. Borchardus Comes de Wol-
denberge. Hermannus nobilis de Werberge. Ecbertus
de Affeborgh. Hanno de Heynborg. Baldewinus de
blankenborg. Anno dapifer nofter. Henricus
Grubo marfcallus nofter. Herwicus camerarius nofter.
Fredericus de Esbeke. Heino de wenden. Gheuehardus
de borffelde. Otto magnus. Gherhard de Doven. W. de
Medinge. Gheuehardus iuuenis. Otto de boyceneborg.
Seghebandus et Luderus fratres de monte. Manegoldus
et Alardus fratres de Eftorp. Segebandus de Marbolde-
storpe.

thorpe. Nicolaus Aries. Theodorus de Area. Euerardus
de Odem. Seghebandus Aduocatus noster. Milites. But-
genses vero Nicolaus de Lubec. Hoygerus de pomerio.
Jordanus. Gherardus, filius Lamberti Nyperi. Hermannus iuxta cimiterium. Lambertus inftitor. Wasmodus.
Ludwardus, filius Cleri. Bertramus Monetarius. Gerber-
tus Iohannis Todonis. Ricbernus. Bernhardus et Abél.
Volcqwardus. Johannes sartor. Johannes Lamberti, et
frater eius Nicolaus. Iacobus et Johannes filii Jacobi.
Ludingerus. Olbernus. Fredericus aurifaber. Leonardus.
Florentius. et alii quam plures viri probi et honesti. Datum Luneborg. per manum Iohannis notarii nostri anno
dominice incarnationis. M. CC. XL. VII. die vitalis.

    Aus einer gleichzeitigen, und im XV. Jahrhunderte
    collationierten Copey.

Num. XXVI.

Wy Hinrick van Godes gnaden Hertoghe to Bruns-   1388
wik vnde to Luneborch. Bekennet openbare in aessen
breue vor alles weme dat wy twyschen nu und paschen
neghest to komende na ghift desses breues desse nabeno-
meden Vanghenen ledighen schullet vnd willet also datt
se der Vengknysse alsose vor Wynsen up der Alre in des
hilgen lychames daghe neghest vorghangen. Vnd oken
deyl eer gevanghen worden. deghere vnd all quiit led-
dich vnde loos werden. Vnde dyt sint de Vanghenen.
de wy ledeghen schullen. der wy nogh vnmechtich sint.
Her Gherd vnde her Ortghis Klenckoke. Her Hase. Ro-
dolf van Oppyn. Ludelef van Eftorpe. de iunge
pütteker. junghe Schulteke. Hinrik Vyscule. Hinrik Bleke. Heyne Quand. Erneft Bok. Langhe Wulbrand van Reden. Werner van Reden. Wulbrand düuel.
Wyghertzen. Gherd van Botmer. Johan van Botmer.
Iohan Slepegrelle de eldere. Clawes vnd Henneke van
Bremen. Swederftorp. Jungheberch. Haffele. Gherd
van Stelle. Clouwynghusen. Ludelef Moltzan. Hans

    Gg   Hid-

Hidzaker. Johan Romele. Cord van dem Horm Jonghe Zegheband van dem Berghe. Vader. Ghereke Schutte. Hinrik ftos. Lowenkop. Dyderik Lutzeke. Konyngk. Dyderik van dem Haghen. Henneke Schutte. Harneyd van Wreftede Borcholte. Swaff. Hinrik van dem Heynbruke. Alard van deme Bufche. Ludeke Dere. Otto van Senden- Keyenberch. Johan bok. Cop. Segheman van Bauenfen. Frederik Wend. Werneke bok. Johan van welmede. Amelungh van deme Bufche. Hermen van der Borgh. Dreweleke van Atzünghe. Olrik Schilder. Bernd van Ghefmode. Alard van Velften. Gherlich v. Leydebur- Egghehard Slingkworm. Yorden van Hentzingedorpe, wynnynghufen. Hennyngk molbergh. wedeghn. Quitzow. Hans Kemerer. Luder. Tydeken. Sunnenbach. Hans des daghes. Henneke van deme wede. Und alle deffe vorfcreuenen Knechte de gevanghen find. Konde wy auer de vorbenomeden Vanghenen alle nicht ledeghen bynnen deffe vorfcreuenen tyd. fo fcholde uns eyn verdendeel yares ane vare wefen, men bynnen der tyd. fo fcholde uns eyn verdendeel yares ane vare wefen men bynnen der tyd fchalle wy fe alle ledeghen. were ok yement van den Vanghenen vorgheten. den de Rad tö Luneborg. edder de Rotemefter mit ereme rechte beholden wolden. dat fcolde ok ane vare wefen. Vnd dat wy Hertoge Hinrik de vorfcreuenen vanghenen ledighen fchullen vnde willen bynnen deffe vorfcreuenen tyd. dat vorpende wy vore to vorwaringhe deme Rade vnde den Borgheren to Luneborch mit willen vnd mit volbord vafes bolen hertogen Berndes Luchowellus vnde Stad mit aller tobehoringe, fo langhe bruckliken und roweliken to beholdende, bet wy de Vanghenen ledighen. alfo vore is gefcreuen. wanner wy auer de merkelikeften der vorfprokenen vanghenen gheledighet hedden fo fcholde wy vor de ungheledegen vanghenen deme vorfcreuenen Rade to luneborch, andere vorwaringhe dön. de denne

nug-

nugh aftich were na befegghinge der Prelaten vnde man-
feop. de vnfeme Rade find. de vorwaringhe fcolde de Rad
to Luneborch denne van uns nemen vnd uns Luchow
wedder antvvorden in vnfe vvere. Dyt loue vvy Hinrik.
Hertog to Brunfvvyk. vnde to Luneborch vorbenomet
myt vnfen eruen. deme vorfcreuen Rade unde borgheren
vnde eren nakomelinghen in guden truvven to holdende
vnuorbroken. vnd vvy Bernd van Godes Gnaden. Hertoge to Brunfvvik vnde to Luneborch bekennet in deffem
Breue. dat deffe vorfcreuene vorvvaringe. vnde vorpen-
dinghe mit Luchovve. deme Rade. und den borgheren
to Luneborch. ghefcheen is myt unfer vvitfcop vulbord
unde vvillen. Vnde des to bekanntniffe hebbe vvy brodere beyde vnfe Inghezegele. vvitliken und mit vvillen,
ghehenghet heten an deffen breff. de gheuen is to Luneborch Na Godes bord drytteynhundert Iar. dar na in
deme. achte und achtentegeften iar. in deme hilgen daghe
aller Apoftele. alfo fe delet vvurden.

Num. XXVII.

Wy Wafmut unde Jordan Broder gehetenn van
Medingenn bekennen openbar vor unns unnd vor unnfe
Eruen vor allvvehme dat vvy mit vvilkere unnd berade-
nem Mode unde na Rade unnfer Frunde in beidenthal-
tenn frundtliken hebben gedelet unnd entvvey ghefat
unfere Gudere de vvy unvorfat unde unvorpendet hadden
vonn unfenn vaderliken Erue des vnnfer ein den andern
ein Regifter befegelt hefft med finem Ingefegele uthge-
nomet fo beholde wy thofamende dat mar-
fchalckamt mit aller Rechtigkeit in deffer
wife. vor wy thofamende up dem Velde zyenn fo
fcholle wy alles vordeils ghelik genetenn wor aver uon-
fer eyn wehre und de ander nicht de fchal des Vordeils
bruken gefunden woet dar eyn ftrid gefchlagenn worde,
ftad eller flot ghewunnen worden dar fick van der Banre weghen edder Ampts vordeil aff borde dat fchal un-

fem-

1423

femmetliken gelden unde de Oldefte in unfeme flechte
de Banre tho hebben. Vortmer beholde wy thofamende dat Gerichte over twe Dorpe to Voghelfen unde tho
Meehterfenn. vortmer beholde wy thofamende unnfe
Kockenfolt ver und twintich fus de vnns de Provest vann
Lüne gifft, vnde twelff Sus de uns de Sotmeifter
betalt unde vort fo beholde wy thofamende eynen wu-
ftenhoff to der Putzenn und dat holt darfuluest unde eine
Kote tho Badendorpe unde eine Kote to Wortorpe. deffe
vorbenomede Güder ghedelt efft ungedelten fchal unfem
neyn vorlopen vorfettenn edder vorlatenn unde nicht ho-
her vorpendenn funder des andern Willenn unde volbor-
de unde mag unfer eyn unnfe Güder van unfenn veder-
likenn Erue tho fick lofenn wan eme dat beqweme is.
wan ock de ander effte fine erven willen fo mogen fy,
defüluen Güder umme de helffte des Geldes to fick lofenn unne denne dat like delen. Ann deffer degedinge,
unde Delinge fe bekenne wy her Geverd vann Bervelde,
eyn Her to funte Mychele Herrn Warner vann dem
Berghe Ritter Iohann vann Wittorpe Bertram und Luleff
geheten Hafelhorfte vor uns gefcheen is twifchen Waf-
mude unnde Jordan unnfer Fründe. Des tho mehrer
Tüchniffe fo hebben wy Wafmut unde Jordan vorfchre-
uen vnfe Ingefeghele vor uns und vor unnfe Eruen ann
deffen Breff ghehanghenn de geven unde fchreuen is na
Gadesbort Dufent verhundert iar dar na in deme achte unde
twintigeften Ihar in funte Dyonifius Daghe na Michaelis.

Num. XXVIiL

1374 Wy Albrecht van GodesGnaden Hertoge to Saffen vnde
to Luneborch bekenne openbare in deffeme Breue dat wy
hebben geligen unde lene gegenwardigen in duffem breue
Wernere vame Kneffebeke wandages Hern Ludelue fone
vame Knefsbeke enes Ridders deme god gnedich fy dat
Kamer ampt unffer vorbenómpten Herfchop to Luneborch dat eme erfflikenn vanne fines Elder Vaders weghen

gken Hern Wernera van den Berghe Ridders angefallen
is unde togefundenne in aller wyffe alfe uns dat to Le-
nende boreth donde alfe dat vor unfer gegenwardicheyt
unde duffer naghefcreuenen Heren unde van ehm ghede-
let unde infchedenne is myn rechte vore deme Erwerdi-
gen in god Vad.... unde Hern Heren Gherde biffchop
to Hildenffem Herrn Wedekinde biffchop to Mindenne
vor deme hochgeborne Furftenne Frederike vnde bernde
Hertoghen to brunfwik unde Luneborch Greuen Ker-
ftimo vamme delmenhorft vor den Eddelen Herren Hinrike Herren vanne Homborch Junghere Badean vanne
Hombroch Herrn Wedekinde Herrn to deme berghe
Junghere Szimone Junghere Otten Junghere
Johanne fzineme broderen vor denen ftrengen Ridderen Wernero van Bertensleue Ludelue van Knefsbeke Diderik van Altenae unde vor mer guden Ludenne
Ridderen unde Knechten to eyner beteren bowifinge.
hebbe wy unfe Ingefeghel gehengen heten wytlikenn to
duffeme breue, de gefcreuenn unde geuen is to. Luneborch Na gades bort drutteyhunderth Jare in deme veer
unde fepentigften jare in funte Mertensdage des hylg-
henne Biffchoppes.

Num. XXIX.

Aus Schomakers luneburger Cronica nach einer faft
gleichzeitigen Handfchrift.

Ad An. 1371. De vornemeften erfhclagenen Viende. Hr.
Siuert van Salder Johann van Salder H. Sy Sohn Hr
Bartoldt van Brake Ridder. Hartoch Ritzerowe.
Campe van Ifenbuttel Pottker. Meltzing.
Bürdehöuet. Hartich Pren. Puftke. Henninck van
Badendick Grote Heine. Boldewin van Meding.
Dyrick van Alten Hl. Dy. Sohn.

Ad An. 1395. Item et worden vnfe G. H. velen Forften
und Edlen ungenedich der Sacke haluen den fe
wolden de Sacke gar underdrucken dar fich Graff

Gg 3 Otto

Otto van Schonborch und vele van Adel wedderfot-
teden und vvulden de geschvvarne Sache holden
und geholden hebben, darauer vvorden die Heren
Hertzog Hinrich und H. Berndt dem Grauen Viends
und deden veele schaden im lande. Item de Hern
unde den Grauen tho entscheiden vvart van den
Sateshern ein dach thor Harborch geholden, dar
vvorden vam Rade tho Luneborg gesandt Herr Iohan Lange H. Hinrich Vischkule unde Burgermei-
ster Her Claus Schomaker Herr Johan Semmelbe-
cker Radtmann. Auerst de Vientschop word nicht
componeret. Darauer wort ein groth Kriech. Dat
Hertzog Hinrich und *H.* Berndt dem Grauen eine
Veste Inn fin Landt buweden und deden daruan veele Schaden. De Veste hete do Fredenoue. Item
umme differ Sake willen, dede de Försten der Stadt
ock vele Ungnade. Iohann Meltzingk Pottker dede vele Schaden vor der Stadt.

Ad An. 1371. Na desser tidt is eine harte Ridende Vee-
de twisschen den Heren vann Sassen unde Hertog
Magno und S. Gnaden verwanten etliche Iharlang
geholden, besondern ihrden Verwanten Hi M. to
Biekede und andere Veste vonn wegen H. M. Inne
hadden alse Siuerdt vann Salder und dem van
Ostorp Potkerss hart tho gesettet also dat der-
suluen vacken Schade belegent is de ock Schaden
vvedderumb gedan hebben.
Dieser Haupemann v. Bulde heisset in andern Nachrichten
Mantle von Ostorpe.

Nro. XXX.

Auszug aus Georg Hamstedt ungedruckter lüneb.
gleichzeitiger Chronik, die 1567. vollendet ist.
Ao 1520. Hertoch Hinrich heft mit einer ledigen Deren Auo
na v. Campen heimliken tho geholden, bewwegen ehme de
Förstin und sin Sohn, Hertoch Ernst gantz weigerl. gewehsen,
tog,

... vorhalben in Frankrich un blef der lange Bidt der lente
wegen vehler Unkost to groter Beschwehrung. Ao 1527.
Da kam Hartoch Hinrich wedder uth Frankrich und tog up
Wesen. Indeß heft Hartoch Ernst einen landtach to
Scharnbecke geholden, ... uth hengeschicket Hr. Lücke von
Daffel, Hr. ... Töbing beide Börgemester, ... öhme disse
Handel mit maß, toch ... am stillen Frydage spate tho Lüne-
burg up sin Huß, so he to war Anno 1503 he sülvest hebbe
... laten. Hartoch Hinrich lach tho Lüneberg bit de
Freydag nach Jubilate. In der Stadt sande öhme der Rath
däglich ... des Sommesters Köst 7 Richte und 4 Stöcken
Wien, do averst Geschreyende an den Rath kam von Hartoch
Ernst, worden Hartoch Hinrich de Breve thogestellet u. öh-
me ward nicht mehr gesandet.

Actum Jubilate. Doch bleff Hartoch Hinrich to Lüneborg beth de Sake dahin verhantelt, dat öhme to Winhusen
sin Hofflager bestellet ward, dar Sine Fürstlike Gnaden ok
gestorven u. begraven. Nach Aftervende stars Gemahle
der van Meißen heft he eine andere Byschleversche gehatt
mit welcke lichtfartigen Plage de Fürste sonderl. verhaftet ist
gewesen. Desülve heste he sk sinen Sonen tho weddern tho
Lüneborg dorch einen Papenmester Dietrich Rohden bybringen,
u. truven laten, und mit dersülven getheget twe Sonen, welke
seck hernach tho se to Jahren kehmen, hebben mit ihem land
theen willen. De eine is von Hartoch Ernstes Sonen de
herren van Zelle in ewiger Gefängniß geholden, darinne he
ok gestorven. De andere, Frank Hinrich geheten is in
Frankrich wol daran gewesen.

Nro. XXXI.

1403 aus den Braunschw. Anzeigen de anno 1746.
Nro. 60, 61.

Werner, Boldewin, Ludolph, Gevert, Dietrich und
Alverich von Bodenteich verkauften 1403 dem Prob-
ste und der Priorin zu Ebstorf das Dorf Elvringen-
dorf oder Ellendorf.

We Her Werner von Bodendicke, Baldewin und Ludolf fine Sones Her Henning Domher tho Minden, Gevert deſſalven Her Werners Bröddern, Dieterick u. Alvert und Werner, Heren Werners Veddern, alle geheten van Bodendicke bekennen openbahre in düſſen Breve, dat we mit Willen unde Vullbord unſer Erven, de nu ſin u. noch kamen mögen, u. alle der da ſick mit Rechte darto then mögen, hebbet verkofft u. laten u. verkopet u. laten ewiglichen in düſſen Breve den Ehrlicken geiſtlicken Lüden, Heren Heinricken Proveſte u. der Priorinden u. dem Covente des Kloſters Esbeckſtorpe u. ehren Nachkahmlingen u. deme de düſſen Bref hefft an ere wedderſpraken unſe ganze Dorp tho Eldringdorpe, mit dem thegenden, Grat u. lüdick u. mit alle den Hofen u. Hofſteden de dar binnen belegen ſind, mit Holte u. ſunder Holte, mit Achtworden mit Drifft mit Ackern mit Watern mit Fiſcherige u. mit Weyde u. mit allem Rechte, u. Richte Högeſt und Sideſt u. mit aller Thobehöringe, alſe et dar tho höret u. alſe we dat der tho gehad hebben u. von Lehn Guth beſeten hebben wente an düſſen Tag vor twe hundert Mark u. tein Mark Lüneborger Pennige, de uns redelick nach Willen leverd ſin u. uns ſe Erven willen u. ſchullen en alle dißen Gudes Rechte wahrende weſen vor rechter Anſprake, de dar mit Rechte up dohn mögte welke Tiet ſe dat Eſchet odder Eſchen latet; u we dat alle deßes Gudes ene Rechte vortichten, u. beholdet uns u. unſen Erven in dem ganzen Gude u. Dorpe tho Eldringdorpe mit dem tegenden mit ſiner thobehöringe, als ſe vorſchreven iſ nenerlei Recht. Ocken ſchollt wy noch en willet ir Lenware unſen Heren ope geven mit guden Willen. Tho mehrere Bekandnuſſe hebe we unſe Frundt de hierna geſchreven ſtaht tho borgen u. en tho Wiſſenheit geſatt. Und we Cord van Boldenſen, olden Cordes Sohn, Johann Pütker wohnhaftig tho Molten Ernſt Spörken darſülveſt, Segeband van Eſtorpe, Segebandes Sohne, Herman Spörke, Hartmans Sohne bekennen openbare in düſſen ſülven Breve, dat we gelavet hebben u. lavet dem vorbenommeden Heren Hinrick Proveſte, der Priorinden u. dem ganzen Covente u. dem de düſſen Brev hefft

hefft ane ere Wederſprake. Were et dat en in enig Anſprake
mit Rechte geſchehge an dem vorbenomten Dorpe u. dem Guh⸗
de tho Elderingendorpe mit ſynen tho Behöringen ebber hin⸗
der in den Artickeln, alſs verſchreven iſ u. we darumme mah⸗
net werden, ſament ebber beſundere, ſo ſchulle we u. willen
de Anſprake aſdon binnen den negſten veer Wecken na der en⸗
nige ane Vortog. Were et dat we es nicht en deden, ſo ſchul⸗
len we en willen beyde Sake Walden u. Börghen van ſtunde
an, wenn veer Wecken ummekamen ſin, rieden in de Stadt
Uelßen u. dar en recht in lager holden, u. dar nich buten tho
ben achtende de anſpracke u. hinder ſy berichtet u. entworden.
Alle düße vorſchrevene Stücke de love we Her Werner van Ba⸗
dendiecke, Boldewinn, u. Ludelef ſyne Söhnes, Her Hen⸗
ning, Gehverdt, Diederick u. Alverick u. Werner, alle gehe⸗
ten van Badendicke, Sacke walden vor uns u. uſe Erven.
We Cord van Boldenſen, Johann Pürker, Ernſt Spör⸗
ke, Segeband van Eſtorpe, Herman Spörke, Börghen alle
vorbenomet den vorbenomenden Heren Hinricken Proveſte, der
Priorindin u. dem ganzen Convente tho Ebbeckeſtorpe u. denne
de düſſen Brev hefft ane ere Wedderſpracke, in guden trnwen
mit ener ſameden Handſtede u. faſt tho holdende ane Argeliſt.
Das tho mehrer Bekäntnüße we alle Sackwolden u. Börg⸗
hen vorbenohmet unſe rechte Ingezegele mit Wittſchep u. mit
guden Willen gehengen laten an düſſen Brev, de geven u.
ſchreven is na Godes Bort. veerteyn hundert Jar, darna
in dem dritten Jare des negeſten Mittewekens na der Domini⸗
ken alſe man ſinget, Jubilate.

Nro XXXII.

Des weil. Paſtor, Conrad Koch zur Harburg Troſt⸗
ſchreiben an die Fürſtin Mechtilde gebohrne von Cam⸗
pe, wegen Ermordung Ihres Bruders, Hinrichs
v. Campe 1546.
Des Durchlauchtigſten Hochgebornen Fürſten und He⸗
ren Hern Otten Hertzoghen tho Brunſuick vnd Lü⸗

Hh   neborgh

neborgh mynes G. H. Christligken Gemaell Fruwen
Metten myner gnedigen Fruwen.

De Gnade Gades des Vaders, de Frede unses Heren Jesu
Christi, welker all Synne avertridt, de Werkunghe unde trö-
stunghe des Hiligen Geistes sy G. F. unde Förstinne myth
J. G. sampth mynen G. Hochgebornen F. unde H. unde alle
den Juwen van Gade dem Vader durch synen einigen gebornen Sone unsen Heren unde einighen Heilant Jesum Christum. G. F. unde Fürstinne, indem ick offte unde velmales geseen
unde gehöret wo fürich unde hefftig J. G. de waren godtliken
reinen hiligen Seryfft Bel. — lesen unde dar van so vertreuliken
reden, alse eyne ware Christlike Fürstinne, darvan sick ider-
man verwundern mach, ock erdelen moth dath sülckes nicht
anhe den Preise Gades geschen kan, da dath ock by unser vee-
len de wo Gades Worth predighen sülke grothe Krafft unde
Vorstant nicht gesporet werth, dar uth my ock gantz woll
bewust dath J. G. ock in allen Trost sprocken der Gadliken
hilgen seryfft woll erfaren - sick süluest ock woll weten darmede
tho tröstende in allenantigende nöden unde droffnissen, myth wel-
ken J. G. nycht weinich beladen. Dewile auerst dath Fleisch suack
is unde nimmermehr trostes genoch edder tho vell hebben kan in
dem Cruße — wo men dat sülffte klar sehn moth in dem XIV. XV.
XVI. unde XVII. Capitel Johannis do he umhe unser sünde
willen dath suare Cruße synes Lidens dregen schalde, wo vell
mehr trostes unde — bedoruen wy arme süncken Minschen.
Ick erkenne my J. G. arme dener des Euangelii Jesu Christi
vorplichtet gehorsames Dienstes, ock umhe nrennigfeldiger un-
telliken grothen Hülpe unde Woldath, so my G. H. unde F.
und J. G. ahn my unde den mynen mannigerli Wyse ertöget
ock noch dáglikes bewiesen unde ertöhgen plichtig unde schuldig
hebbe der Orsacke ock nicht unterlaten konth nach mynen ryn-
ken Vormöghen dusse kleine trostseryfft ahn J. G. tho schri-
vende so ick erfaren hebbe dath J. G. tho weten gekregen hefft
den klageliken Affgank J. G. geleweden Broders van desser
Werlt, wor van ick woll ermeten kann dath J. G. nicht myth
wini-

ringer Sorge unde dröffnissen beladen is. Ick hedde ock
J. G. woll eher geschreven, wenn ick nicht sülvest durch anlig-
gende dröffnisse so J. G. woll bewustlh wer verhindert gewest.
J. G. willen derhalven my enthschuldiget, nehmen, unde
düsse myne ringen Troßscrifft in Gnaden ahnnemen unde tho
Harte vaten.

Erstliken, G. F. und Fürstinne schall J. G. sick erinnern dath wy in der Werlt gekamen sint, nicht dath wy darinne bligven schallen, wenthe dath wer im Elende gebleven,
darummhe wenner Gade durch den tytliken Doth uth düsser
Werlt nimpht, lunse Vader, moder, Susterte, Broder
edder andere Fründe ja ock uns sülvest, so wert henwech gelecht
alle Elende, Arbeit, moge unde Sorge, dat men des alle
enthleddiget werth, wente dyth lebent is alse S. Pawel secht II.
Corin. V. alse eyne Hütte unde erdisch Huß, unde wen dat
thöbrocken werl, dath wy ein gebuwet hebben van Gade gebuwet, eyn ewich Huß dorth im Hemmel, dath nicht myth Han-
den gemacket is, wor nach uns varlanghen schall, dath wy
myth der Behusinghe bekledet werden, wente in düsser Hütten
synt wy — unde II. Petri I. Ick werh dath ick myne Hütten
balde afflegen moth ock schriven beide S. Peter unde S. Pawel,
dath wy hyrman Fremdelinge unde Pellgrimme syn de hir nene
bliuende Stadt hebben. Dewile den J. G. gelevede Broder
un affgelecht hefft düsse vergenelike Hütten, schal thom ersten
dyth J. G. Trost syn, dat he affgelecht hefft unde enthlediget
is düsses Elendes arbeides, moge unde Sorge, dath syn aff-
scheident ehme nenen schaden sünder vollmehr vordell unde Gewinst gebracht alse S. Pawel tho den Philippern I. secht. Ster-
ven is myn Gewinst, alse is ock alse men singet var der Christ-
liken Begreffnisse Syn Jammer dröffnisse unde Elende is ge-
komme tho eynem salighen Ende. He hefft getragen Christus
Joch, is gestoruen unde lewet doch noch, dath is syn Ge-
winsth.

Thom andern wille J. G. sick ock verinnern unde trösten, myth der herliken Trost Predungen S. Pawels I. Theff

XV. dath de Christen nicht schallen trurich syn alse de Heiden
de neuen Höpen hebben. Sünder de leuendige Höpenunge de
wy in Christo hebben schall alle trurigheit verdriuen,) dath
is well war, dat in sulchem Falle dat minschlike Harte ahn alle
Trauricheit nicht syn kan, wente wy synd nicht stene edder Blö-
cke, dat wy gar nicht dar von scholden Bewogen werden, wenner uns eyn guder Frundt affgeit. So wen sick schall, unde
anderen trösten als S. Pawel dar by secht, so meth jo tho vo-
ren Truricheit dar syn, anders wer neues tröstens von nöden.
Wy hebben ock helle exempell in der Scrift, dath sick de Christen umenhe ehre guden Fründe bedröuet hebben. Alse S. Pawel tho den Philipp. II. bekent dat he sy bekömmert gewest un
de hebbe truricheit gehat alse Epaphroditus Hebbe krank gelege
hen. In den Gesichten der Apostell am VIII. hebbe wy, dath
alle Godsfürchtige Menne hebben grot leidt gehabt ower Stef-
fanum do he gestenniget was. Ock sehen wy Johann am XV.
dat unsem Herren Jesu Christo sülven de oghen sint awergahn
alse Lazarus gestorven was, dat de Jöden sprecken, seth wo
leff hefft he en gehat. — Ja S. Pawel vorbüt myth salcken
Worden den Christen nicht, dat se sick uth thegene de leue ohres
Vorlaren Fründes, gar nichts de beduren schallen Sünder
dat se nicht uth Vortwievelinge unde ungeloven sick umher de
Ohren bedröven schallen, wente dat wer idill bitter Galle dar
ut eyne Truricheit ower de ander kamen wörde. — G. F. unde
Fürstinne düssen söten Zucker schall J. G. Manck de bittern
Gallen juwer do ... se mengen unde ju darmede trösten, der
wile J. G. sülvest weth sampt alle der Juwen. Ja wy ock
unde alle de J. G. geleuenden Broder gekannt hebben weten
nicht römens tho seggende sünder Gade tho ehren. J. G. unde
den Juwen tho tröste, dath he in synen levende Jesum Christum
recht bekannt hefft ohne unde syn gödelike ware reine Wort gelesen, gehöret, gefordert ock sülvest uthgebredet unde gerne
dar van geredet. Is ock in sinem latesten Nederlich doby gebleven, alse ick van laffwardigen Lüden von Brunswick darbe in
Gott verscheden is gehöret, de ehme des zeligen Gedechtnisse
unde

underschnitte nach genet. Nun secht unse Herr Jesus, wol
wy bekent vor dem Minschen den wyll ick wedder bekennen vor
mynem Hemmelschen Vader. Item woll Rederlich blift wen=
te in dat Ende de wartt salich worden, so is nun jo gewisser,
dat he de Hemmelsche ewighen Behusinghe, de nicht myth
Henden sunder van Gadt gebuwet is, erlanget hefft, dat he
nun by Godt dem ewigen Vader unde unserm Heren Jesu
Christe varhaftich is in synem Ricke de Hemmele, van dar
he syck nicht wedder wunschede. Is J. G. dat nicht eyn
groeth Trosth, welck J. G. unde alle de synen billick mehr
tho Freude also tho Truricheit forderen schall. Jesus Sirach
secht am XXXVIII. Capittel Myn Kynd wann eyn störvet,
so bewene en, unde tröste dy ock wedder ect. — Also dede ock
de gelöwighe Königh david am II. Böcke Samuelis am XII.
Cap. auer synen Kynde dath gestorven was unde sprack, Nu
idt doet is wath schall ick nun fasten, kan ick en ock wedder
ummhe halen? ick werde wol tho em faren, idt kumpt averst nicht
wedder to my. J. G. wylle sick ock so trösten hyr mith unde
alse eine Christlike gelöwige Fürstinne holden unde bewisen.
   Thom dritten beneuen dissem andern vornemelickesten
Hopphen tröste dat J. G. geleuen de Broder seliger Gedechtnisse
durch Jesum Christum den he bekenet, bekant, unde in de
he gelöuet in dath ewighe leuent hendurchgedrungen is, so is
J. G. dath ock nicht eyn kleine Trosth, dat he ock hir in sy=
nem leuende eyn gadsalich leuent geföret hefft, de wile ne=
mant vom em myth Warheit nha reden mach, alse von einem
Oueldeder, Mörder, Deff, edder Ehebrecker, sunder dat
he ein frommer Christ gewesen is mit Worden unde Wercken,
ia dat he ock ungerne eyn Kindt vortörnet hedde, möten wy
alle de myth em ummehegohn hebben ock betughen, unde wo
woll he leyder so vorrethliken, Hemmeliken unde erbarmliken
is verwundet unde gedödet worden, mach doch niemant seggen
dath he alse eyn Oueldeder geledden hebbe, sunder als eyn
unschuldig Marteler, darvon he nicht unbillick in den Tal der
Hilligen Marteler mach getellet werden, in dem se neue rechte

Hh 3   Sack

Sacke tho em gehat hebben, dat ock sine Unschult gantz Brunswick betüget unde bekläget, wenner J. G. nu dath de Truricheit wolde vormeren unde groetmaken, dath he so vorrethliken is ummhe gebracht worden. also woll tho gedencken is,
so schall J. G. sick erinneren unde trösten der Tröstlicken Wörde Christi, dath alle unse Haer up dem Höuede getellet syn
unde det sülssten nicht eyn antze dem Willen des Vaders im
Hemmel darvon fallen kan, Ja dat ock nicht eyn Sperlinck,
der men doch twe ummhe 1. Pf. köpen kan, nicht en fallt van
dem Hemmel antze den Willen des Vaders, wo vell meher
dan J. G. gelevende Broder, de meher is gewest alse vele
Sperlinge, kan nicht antze den Willen unde Tholatinge Gades so ummhe gebracht syn, J. G. wylle ock ansehender hellen
tröstlicken Exempel der Scrifft, wo velmals Godt der bösen Werlt
thogesehen unde thogelaten hasst, eher wötent unde wordent
ahn die Framen tho vullenbringen, wor was Godt? was he
nicht im Hemmel ein almechtig Godt? Saeh he idt nicht?
Do de Mördersche Cayn synen Broder den unschuldigen Framen rechtferdigen Abell doet stoch? Ja friglick saeh he idt woll,
Gadt sprack tho Cayn, dat bloet dines Broders scriet tho my
in den Hemmel, Item S. Johannes de Döper, de hillige herlike
man, vor welke van Frawen nemand groter uppestaen, de ey-
nige Früedt des Brudegammes, eyn Vörlöp-r Christi, de meher is gewest alse alle Propheten, is nicht mith Gerichte edder
rechte gedödet, ock nicht mith falscher anklage vor Gerichte
(wo unse Herr Christus) sundern vorrethlicken unde hemeliken
warth he ummhe gebracht in dem Gesenckvisse, düsser beider
Hilliger Menne unschuldige Doeth, unde aller anderen Hilligen Merteler Doet so Godt hefft thogelaten unde thogesehen,
schall J. G. trösten. Alle dröffnisse unde Truricheit vortrie-
ben — — — Mit dusser kleinen korten trostscrifft u. mith an-
anderen trostspröken unde exempeln der scrysst Szo J. G.
Gade loff woll bewust, wylle sick J. G. trösten unde sülvest sick nicht tho sehr krenken — — Unde de wylenun Godt
J. G. geleuenden Broder geropen u. gefordert hesst uth dussen
elende

elende in ewige Freude u. salicheit, So schall J. G. idt will
lichlick u. gerne von Godt upnemen, dewile idt ock syn wylle
ys, darum he wyllet ock nicht teghen synen Wyllen reden
edder schrien — nemet idt mith Gedult van em ahn, alse
eyne vcderlicke heimsölinga, sprecket mith Job, So wy dat
Gude van der Hant des Heren entfangen hebben warumh
wolde wy dat quade den nicht lyden, de Herr heff ehn uns
gcwene, de Herre heff ehn wedder hengenomen, de name
des Heren sy gebenedeiet, alse idt dem heren heff gefallen
also isst geschen.

Juwe G. wylle ock Juwe leven süster ock de nagela-
ten Wedewen u. Wesen dusses sulfften gelicken trösten, dath
Godt J. G. u. se alle versöcken wyll alse den Job, wo gy
Juw stellen wyllen un he Jo uth den Oghen genhamen heff
dat Juw leff u. werthis gewest, dat Juw darumh trurigh syn,
dat leth Godt woll tho, auerst men mouth uth dem Creature
Gades, idt sy Vader, Moder, Süster, Broder, Wyff,
odder Kinder nenen Affgodt macken, dat kan Godt nicht
lyden, wente wy möthen alleyn unsen troest u. Hopen up
Gadt stellen u. wy unse Trost u. Hopen up eyner Mynschen
setten u. up andere Creature meher, so isset unrecht unde
geyt de flöck over uns dar de prophete Jeremias van secht,
verflocket sy de Mynsche, de synen Hopennghe up eynen
Mynschen settet, weude allen mynschen Hülpe synt allene tho
gebruckende, wenn se gegenwardich synth. So balde averst
alse se uns entogen werden syo schülle wy up eyne andere
Hülpe sehen, dat is up Gade u. varen saten wat dar varet,
wanne in welker creatur wy am meisten unsen trost u. leve setten, so eher werde de lever Godt uns datsülffe uth den O-
gen nynupth u. vöret uns so up sick. Wer ide nu Gades wylle
gewesen, dat her im levende gebleuen wer, also idt nicht gewest is So hedde he myth Gades Hülpe syner Frowen u.
Kindern alse eyn Mydell van Gade gegeuen helpen kont, atß
he ock truwelick gesinnet was, dewile he ock am latesten do
he hyr tho der Harborch was uth christlicker Vaderlicher gu-

der Meninghe syne twe Sones Ernst u. Hinrick so he noch tho Huß bedde myth my tho wesende, in de schole tho gande bestellede up dat se in Christlicken Dogenden tho der erhe Godes mogten uppetoghen werden. Nu enhe averst sülck Myddel u. Hülpe van Gade genomen, wyll se Gode also up sick wören dat se im solcke Hülpe van Gade bydden u. warnhemen schollen hirump secht ock Christus Math. XXIII. dat wy nemande Vader heten schollen hie up erden, na dem male eyn unse Vader im Hemmel is, dat is Godt wyll u. mach des nicht liden, dath wy ichtes wath up erden hebben dar wy uns up verlaten, alles guden hopen u. vorwathen u. went ock unse lyfflicke Vader wer, wente he sulvest godt wylt alleyne syn, tho dem sick men könlycken vorsehen schall, wente he kan uns nicht vorlaten de wyle he nicht eyn erdischer sünder eyn hemmelscher Vader is.

De süllffte almachtige Godt unse ware rechte Vader tröste u. sterke J. G. sampt J. G. Hochgebornen christlicken Eegaden mynen G. H. u. Fürsten myth allen so J. G. vorwant myth dem rechten waren troster dem hylligen Geiste in allen Anliggenden nöden u. droffnissen, geue und vorleihe ock mynen G. H. u. F. unde J. G. geluckfaligen Woffunge der heylsamen waren erkenntnisse Jesu Christi aller godtselickheit, segen, stercke, tytlicker Wolfart, unde gudt Regiment u. na dessen leuende dat ewighe leuent durch Jes. Christum unse alder leuesten Herrn u. eynigen Heylandt: Amen Amen gegeuen tho Harburgh den iv dach Juny MDXLVI

J. F. G.

underdenige Dener
Conradus Kock Pastor thor Harburgh.

Num. XXXIII.

Auszug aus des Herrn Geheimden Raths v. Praun Mspt. besonders die gemeinsame Abkunft der v. Campen zu Isenbüttel u. der Schenken v. Meindorf betreffend. 1750.

§. 23.

Daß die Schencken von Meindorf mit den von Campen ungezweifentl. zusammen gehören, ergiebt nicht allein die

durch,

durchgehende Gleichheit des Wapens, welche sich in den ältesten
Siegeln de anno 1251, 1289, 1299, 1319, ꝛc. zeiget, sondern
auch dieses, daß anno 1196 Jusarius Pincerna ein Bruder von Jordano Dapifero und Annone de Blankenberg genennet wird, und daß An. 1296 Jordanus Dapifer
selbst sich de Nendorpe nennet.

Auf einander folgend kommen vor: Jusarius Pincerna
1196-1212. Jusarius Pincerna 1223-1240, welcher auch
anno 1231 Cesarius pincerna de Brunswic heisset. Jordanus
Pincerna de Blankenh. 1237, 1238. Jusarius Pincerna et
Ludevicus fratres 1248, 1254. Jusarius Pincerna de Blan-
kenburg 1254. Ludevicus Pincerna de Nendorpe oder de
Nendorpe Pincerna de Brunswic 1273-1300. Jordanes
Pincerna de Nendorpe 1311, 1312, 1319, 1329.

§. 24.

Die Oerter des Nahmens Reindorf sind mancherlei. In
dem Fürstenthum Wolfenbüttel ist ein Reindorf am Oesel,
bisweilen Graue-Reindorf genannt, nicht weit von Det-
tenburg, so die von Lochweisen jetzt inne haben. Ein anderes soll ehemals zwischen Mackendorf und Bardorf gelegen
haben. In der Mark Brandenb. bei Gardeleben ist ehemals ein
Kloster Reindorf gewesen. Im Fürstenthum Halberstadt und zwar im Amte Oschersleben ist ein Hans Reindorf, so denen von der Asseburg gehöret, und ein ander
Haus dieses Namens im Amte Gatersleben unweit Schwane-
beck, wovon diese unsere Schenken, welche auch sonst zu Wage-
leben und Gröningen gesessen, den Namen haben, obschon auch
an eben diesem Orte ein Königl. Amt ist, und gewisse Walt-
fen daselbst gesessen sind, so von hier (Braunschweig) mit einigen Ländereien zu Gilzen belehnt werden.

§. 25.

Diese Schenken vom Reindorf aber sind ferner so wol von
denen Halberstädtschen Schenken, die von Dunstedt,
Emersleben und Flechtingen sich schreiben, und n über einander gehende Biber im Wapen haben, als auch von andern
Familien gleiches Namens von Reindorf wol zu unterscheiden.

3 I

Die

Die Halberstädtsche Schencken haben vordem das in hiesigen
Landen belegene Gut Lauingen im Amte Königslutter von hier
zur Lehn getragen, so itzo die Mullere inne haben, und Heinrich Schenck Gebhards Sohn zu Langlebern nebst Achim von
Bülzheim, Heinrichs Sohn zu Destedt ist anno 1594 auf die
hiesigen Schencken Güter expectiviret worden —

§. 26.

Das Haus Neindorf, wovon die hiesigen Schancken
benahmt sind, hat wie aus dem Theilungs-Receß vom J. 1203
zu ersehn, denen Herzogen vor Alters angehöret, durch die
Kriegszeiten ist es aber ab- und in dem Stift Halberstadt zu
liegen gekommen. Das Haus selbst ist auch zulezt nicht mehr,
sondern nur das Kirchenlehn mit der Capelle und einem Altare
daselbst von hier zur Lehen gegangen. Das Ober und Nie-
der Schencken Holtz am Wallstein nebst dem mehrern
Theil von denen andern zum Schencken-Amte gehörigen Per-
tinentien liegt im vorbesagtem Stifte. Das, was davon im
hiesigen Landen zu Rissenbrück, Volzem, Salzdalem rc. liegt,
und noch ausfündig zu machen gewesen, ist an einige Braunschweigische Patritios verlehnet. An. 1361. ist von dem Hertz.
Albrecht zu Grubenhagen das ganze Dorf Rüningen nebst
Vogtei und Kirchen Lehn, an Jordan den Schenken von Neindorf annoch verlehnet worden.

§. 27.

Die unterschiedenen Familien des Namens von Neindorf
können besser nicht, als durch die besondere Vornahmen und
Wapen von den Schenken so wol, als unter sich unterschieden
werden. Es sind ausser den Schenken derselben vorneml. noch
3, so zu Ende des XIII. u. in der Mitte des XIV. seculi vorkommen. Eine derselben ist, wozu Olricus et Theodericus de
Nendorpe, ciues Magdeburgenses, die An. 1282 vorkommen,
gehöret. Theodoricus war zugleich auch miles: denn seine
Söhne Henricus, et Theodoricus werden An. 1312 filii Theo-
dorici Militis genennet. In den Siegeln haben so jene, als
wie einen Querbalken geführt. Es ist daher fast die Vermuthung,
daß sie ein Geschlecht davon den Schenken von Neindorf mbizen
aus

ausgemacht haben. Von einer andern Familie iſt geweſen Henricus miles de Nendorpe cognomine Meyer dictus, deſſen Siegel de anno 1290 zween Pfäle aufweiſet. Und wieder von einer andern Familie ſind geweſen die milites et famuli de Nendorpe, caſtellani in Esbecke, ſo von An. 1350 biſ 1363 in 4 Generationen vorkommen und in ihren Siegeln de anno 1314, 1333, und 1363 drey krumme Widderhörner geführt haben. letztere beide ſcheinen zu denen Schenken dieſes Nahmens nicht zu gehören, wiewol auch die Ungleichheit der Wapen allein ihnen die Agnation abzuſprechen nicht hinlängl. iſt.

§. 28.

Derer von Campe und von Nendorf alte Lehen Herren ſind nicht allein die Herzoge von Braunſchweig (An. 1245, 1253, 1267, 1300, 1332) und die Biſchöfe zu Halberſtadt (An. 1270, 1302, 1306) ſondern auch die Erz-Biſchöfe von Magdeburg (1303) die Grafen von Limbere (1209) die Grafen von Woelpe (1252) die Grafen von Schladen (1265) die Grafen von Falkenſtein (1273) die Edle von Meinerſen (1278) die Grafen v. Schaumburg (1305) und die Grafen von Wernningerode (1338) geweſen, wie aus denen Lehnsauflaſſungen zu erſehen: denn vollſtändige Lehn-Briefe von dieſen älteren Zeiten nicht herbei zubringen ſind. Die erſte Urkunde, ſo einer aus der Familie ſelbſt ausgeſtellet hat, iſt vom J. 1229 und aus andern Familien werden ſich auch nicht viel ältere auftreiben laſſen. Vorhero kommen Perſonen adeliches Stans des nur als Zeugen in andern Urkunden vor, oder es wird in ſtoſen ihrer, daß ſie etwas von ihren Gütern verſchenkt, oder aufgelaſſen, nur Erwehnung gethan. Ueberhaupt iſt, daß man ſo viele alte Nachrichten von dieſer Familie annoch hat, es ihrer Mildigkeit zu danken, welche ſie den hieſigen Stiften und Clöſtern wie auch dem Hoſpital B. M. V. in Braunſchweig erwieſen. Es will gar vorgegeben werden, als habe ſie das Cloſter S. Crucis vor Braunſchweig geſtiftet, allein aus dieſes Cloſters eignen Urkunden will ſich nicht erfinden laſſen, daß ſie demſelben mehr, als einem andern Cloſter zu gute gethan. Das Cloſter Michelſte zu am Harze für ungleich mehrere Freygebigkeit ſich von ihr zu rühmen.

Num.

Num. XXXIV.

Dem Ehrenvesten unserm lieben getrewen John v. Camp (1569)
Von Gottes Gnaden Heinrich der Jünger, Hertzog zu Braunschweig und Lüneburg.

Erbar lieber getrewer. Wir mögen dir nicht verhalten, das
der Hochgeborn Fürst unser freundlicher lieber Oheim und Schwager, Herr Frantz der Jünger, Hertzog zu Sachsen, Engern und
Westphalen bedacht ist, vier und zwantzig Rappen bei einander
zu haben, unter welcher Zall Ime noch etliche mangeln. Wou uns
uns den zu berichten wissen, das du verschiener Zeit einen Rappen
von Hansen Schluter bekommen hast, als thun wie gnedig gesin-
nen, du wollest denselben vberlassen u. fürderlich den nechsten an-
hero bei deinem diener nach Lawenburg schicken mit Anzeigung
was ehr dir stehet, das soll dir alßdan Fürstlich und woll erstattet
werden. Darzu verlassen wir uns und sein es in Gnaden zu erkennen geneigte. Dat. Lawenburg am 14. Aprilis Anno 1569.

Heinrich der Jünghere, manu propr.

Wollest uns damit je nicht nachlassen, ob du auch ein
ander swartz Pferr wissest an einem Ort stehn, das
wollest du uns bei deinem Diner alßbald wissen lassen.

Num: XXXV.

Dem Erbaren unserm lieben getrewen Jhan v. Camp (1569)
Von Gottes Gnaden Wilhelm der Jüngere, Hertzog zu
Braunschw. und Lüneburgk.

Erbar lieber getrewer. Wir mögen dir nicht verhalten, daß der
Hochgebornen Fürst unser Freundtlicher lieber Vetter Gefatter
und Bruder Herr Julius Hertzog zu Braunschweig und Lüneburg uns umb Willpret gebeten; wenn wir den G. L. gern hierzu
willfaren wolten, aber mit Netzen, Hunden und Winden dieser
Zeit übel versehen sein, als thun wir gnediglich begeren, du wollest uns deine Netze, Hunde und Winde eine kurtze Zeit leihen und
mit denselben jemandts deiner diener abfertigen, welcher morgen
Mitwochs bey unserm Jegermeister zu Gißhorn an kommen
und Ihme daselbs nach Rehen und Hasen helffe jagen. Daran ge-
schicht Uns zu angenehmen Gefallen in Gnaden zuerkennen. Dat.
Zell am 27. September An. 69.

Wilhelm d. Jhre. Hr. Br. u. Lüneb. zeichnann

CPSIA information can be obtained at www.ICGtesting.com
Printed in the USA
BVOW02s1000220415

397261BV00011B/63/P